# 出版沉思录
## 改革探索
The Meditations on Publishing

何志勇 著

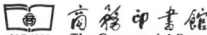
商务印书馆
The Commercial Press

图书在版编目(CIP)数据

出版沉思录:改革探索/何志勇著.—北京:商务印书馆,2020
ISBN 978-7-100-18558-5

Ⅰ.①出…　Ⅱ.①何…　Ⅲ.①出版工作—体制改革—研究—中国　Ⅳ.①G239.2

中国版本图书馆 CIP 数据核字(2020)第 087860 号

权利保留,侵权必究。

## 出版沉思录:改革探索
何志勇　著

商　务　印　书　馆　出　版
(北京王府井大街36号　邮政编码100710)
商　务　印　书　馆　发　行
北　京　中　科　印　刷　有　限　公　司　印　刷
ISBN 978-7-100-18558-5

| 2020年9月第1版 | 开本 710×1000　1/16 |
| 2020年9月北京第1次印刷 | 印张 22½ |
| 定价:108.00元 | |

# [序]

# 出版改革的思想者和践行者

柳斌杰

志勇同志准备出书，定名为《出版沉思录》，要我写序，我慨然应允。一是因为我对志勇非常熟悉了解，可以说，我是看着他成长起来的。二是因为志勇有思想，有情怀，有担当，一直坚守在新闻出版行业内做事，在很多出版单位干过，都干出了非常好的业绩。我国出版业之所以能创造历史上新的辉煌成绩，成为世界公认的出版大国，就是因为有一大批像志勇同志这样的中坚力量。作为他的老领导，接到这样的邀约，我义不容辞。三是因为志勇既是一个实干家，又是一个理论家。在他近三十年的出版生涯中，志勇既勇于在实践中创新，又善于在探索中进行理论提升，发表了大量富于启迪的文章，为我国出版业的改革发展做出了理论研究上的贡献。这一点，我特别赞赏。

认识志勇，是我在四川省委工作期间。因分管宣传工作，我对当时四川省新闻出版系统的重要人事调整记忆犹新。我清楚地记得，他是从西南财经大学出版社社长任上调到四川省新闻出版局任副局长的。那时志勇还不到四十岁，在当时是很年轻的干部。我调往国家新闻出版总署工作后，由于工作上的关系，我们的联系和交流就更多一些。令我印象特别深刻的是，志勇出任四川出版集团总编辑期间，为纪念小平同志诞辰100周年，四川出版集团推出了《邓小平画传》等"永远的小平"系列图书，受到社会各界广泛好评。这对四川出版扫除20世纪90年代"出版事故"留下的阴霾、增强发展信心产生了重要作用；同时，这一系列图书也为我国出版界纪念小平诞辰100周年添上了浓墨重彩的一笔。

2005年，志勇从四川出版集团调到四川党建期刊集团任党委书记、管委会主任。在"一把手"的位置上，他充分展示了自己的运筹能力。经过几年的努力，他把濒临亏损的四川党建期刊集团做得风生水起。我在总署工作期间，他多次就四川出版业的改革发展来找过我。我很欣赏他这种善于思考、开拓进取、奋发有为的精神状态。

四川出版，有过辉煌灿烂的历史。四川出版业的改革，也一直走在全国前列。但是，一段时间，四川出版落后了。这是新闻出版总署和四川省委省政府都不愿意看到的。2016年四川省委做出了"振兴四川出版"的战略部署。在这个关键时期，志勇正好担任四川出版的主力军——新华文轩的董事长，遂担起了振兴四川出版的重任。这让我看到了四川出版重新崛起的曙光。由于我在四川工作过好几年，对四川很有感情，所以一直很关心四川的变化，尤其关注四川新闻出版业的发展。期间，我在媒体上经常看到志勇的文章和相关报道，了解到四川振兴出版的一些情况，包括他们推进的改革举措，以及这几年四川出版发生的明显变化。据报道，新华文轩旗下的几家大众出版社，2015年亏损2880万元，到2019年实现盈利1.7亿元；文轩出版的市场占有率全国排名，也从2015年的第26位跃升为2019年的第7位。短短三四年，四川出版的活力激发出来了，这是一个了不起的成就。从振兴四川出版的措施和成效看，我认为新时代的四川出版走上了一条健康的发展之路。

基于振兴四川出版取得的成绩，2016年和2019年，志勇两次荣获由出版人杂志社和北京开卷公司主办的书业评选之"年度出版人"大奖。这个奖主要基于数据和市场评价，是专业认同度很高的奖。在这个奖的评选史上，他是目前唯一的两次获得者。恰好这两次都是我在颁奖典礼上为他颁奖。两次颁奖，我都表达了同一个意思：一个出版家只要热爱出版事业，坚守出版本分，研究出版规律，注重出版效果，不断改革创新，就能够在出版文化这片沃土上开出灿烂的鲜花，结出丰硕的果实。

出版是传承文化、传播真理、普及科学、教育人民、服务大众的基础文化事业。出版事业的发展进步，决定着整个文化发展的面貌。我们出版工作者，无论什么时候，都肩负着记录历史、发展文化、服务人民的重任，承担着建设文化强国的使命。为此，在我国当前的出版领域，我们要在打造具有世界影响力的内容产品上、利用新兴科技增强国际传播能力上、建设具有国际影响力的出版传媒集团上、培养世界一流"大师级"的出版人才上、提升我国人均图书占有率上，切实肩负起历史责任和文化使命，为推进我国出版强国建设勇挑重担，创造中国出版史上的新辉煌。

毋庸讳言，在传播技术大革命的今天，出版业面临很多新的情况和问题，需要我们有更多的理性思考，做出更深入的研究。一方面我们要坚守出版的本来，不管出现什么情况，无论科技如何进步，变化的永远是技术、载体、平台，而不变的或者说永恒的，是思想、精神、文化价值。所以，任何时候，呈现好的思想内容，推出好的内容作品，都是出版业的责任与使命。另一方面，我们要跟上时代前进步伐，积极运用互联网、大数据、云计算、区块链、人工智能等新兴科技，创新出版的形态、业态、产品和服务方式，不断满足人民美好文化生活的新需要。同时，还要着力推进出版融合发展、高质量发展和国际化发展，构建与我国经济文化社会发展水平相匹配的出版格局，提供更高水平的知识服务。

坚守与变革，是出版业的时代主题，也是出版人永恒的研究课题。希望有更多的出版工作者像志勇同志一样，在工作中思考，在思考中实践，用更多的研究成果和实践经验来丰富我们的出版理论，提升我们的出版能力，引领中国向着出版强国迈进。振兴出版，没有终点，唯有不忘初心，永远奋斗。祝愿志勇同志在以后的工作中更上一层楼，做出更大的贡献。

2020 年 2 月 15 日

# 目 录

## （一）

时代呼唤更多的出版家 …………………………………… 1
我们需要树立什么样的出版理念 ………………………… 5
出书·出版·出版人 ……………………………………… 33
出好书：出版人的责任与担当 …………………………… 53

## （二）

社长：出版社第一竞争力 ………………………………… 72
牵住出版社发展与繁荣的"牛鼻子"
　　——谈年度选题计划的制定与落实 ………………… 82
实现两个效益相统一，推动企业做优做强做大 ………… 89
依托集团优势，推动民族出版社发展 …………………… 94
公益性出版社改革发展的探索与实践 …………………… 102

## （三）

努力培育和提高我国出版业的核心竞争力 …………… 111

股份制改造：壮大新闻出版产业的有效路径 …………… 146

关于出版业引入"金股份"制度的探讨 …………… 156

当前出版改革若干问题的调查与思考 …………… 169

组建出版集团的十个问题 …………… 192

当前组建出版集团若干问题的思考 …………… 199

## （四）

努力创造四川期刊业的辉煌 …………… 218

中国期刊业集约化经营的路径选择 …………… 226

媒体融合发展的方向与路径选择

——兼谈四川党建期刊集团媒体融合发展的

思路与做法 …………… 239

做好集团项目规划的几个维度 …………… 254

## （五）

让阅读成为一种新生活方式

——《中国出版传媒商报》记者专访 …………… 260

实体书店发展亟待来一场"行业大分工" …………… 274

新华文轩要勇做行业供应链服务先锋
　　——《中国出版传媒商报》记者专访 ………………… 291
实施"三多"策略，开创振兴实体书店新局面 ………… 309
推动馆店融合发展，建设阅读服务新高地 ……………… 318
推进"品牌经营+融合发展" 开创振兴实体书店新局面… 325
新华文轩：做国内一流的文化消费服务品牌
　　——百道网记者专访 …………………………………… 340

后　记 ………………………………………………………… 346

## 时代呼唤更多的出版家*

经过评委们的认真审读和悉心评选，入选 2008 年度《四川省出版研究论文选》的优秀成果就要结集出版了，这是四川出版界的一件盛事。省版协正培主席要我为论文集的出版作序，这使我感到有些为难，但身为版协副主席又分管理论研究专业委员会方面的事务，为出版理论研究鼓劲加油是我分内之事，所以完成这个任务又显得义不容辞了。

我一直认为，出版业的繁荣与发展，需要人才作支撑。而出版人才的培养，一个很重要的途径，就是营造浓厚的学术研究氛围，加强出版理论研究。人们常说，想得到才能做得到。这话有一定的道理。勤于思考，潜心研究，必定会使出版实践更加科学和理性，使出版者拥有更高的眼光和更长远的规划，路子走得更好、更实。换言之，在理论研究基础上的实践，能够使具体的出书工作视野更加开阔，做得更加到位；在实践基础上加强理论研究，能够使个人的实践经验得到总结提高，能够更好地指导具体工作。

四川是一个出版大省，不仅出版社的数量居全国各个省份的前列，而且出版过大量有影响的图书，这奠定了四川在全国出版

---

\* 本文为《四川省出版研究论文选》序言，四川少年儿童出版社 2008 年版。

界的重要地位。特别是20世纪80年代推出的一大批影响巨大的图书，更是为世人称道，让四川出版人引以自豪。但是，四川还不是出版强省，在日趋激烈的出版竞争中，四川要建成出版强省，任重而道远。一方面，我们的产品竞争力不强，持续推出好书乏力，特别是体现出版运作能力的畅销书、长销书、社会影响较大的图书较少，与作为出版大省的地位不大相称；另一方面，四川对出版发展的重大问题系统研究不够，在全国出版界的声音太弱，在业内少有四川的言论和研究成果，缺乏一大批在全国有较大影响的出版家。这又是四川出版人为之焦虑的问题。

成为一个出版家，首要的条件是有丰富的实践经验，成功运作过大批有影响的图书；其次是形成比较系统的出版主张和出版理念，对出版业的改革与发展有自己独特的认识和看法，在业内有较大的影响力和认同度。

四川有不少实践经验非常丰富的优秀出版工作者，他们的经验是四川出版繁荣的重要支撑。这些优秀的出版工作者执着于其特有的出版理念，默默地做着他们的本职工作，由此也催生了四川不少好书的出版。但是，由于理论层面的研究不够，丰富的出版经验没有得到很好的总结而成可供传承的流派，先进的出版理念没有得到系统的整理而上升为大家可以学习的理论，独特的出版主张没有归结为研究成果而外化为他人可以接受的观点。因此，这些宝贵经验能够成就个人的业绩，却难以得到大范围的推广和流传，其影响力往往是零星的、松散的，对出版业的整体推动作用非常有限。"匠"与"家"的分别仅仅就在这一线之差。对四川许多优秀出版工作者来说，"写"对他们并不是难事。问题是他们没有"写"的意识,更没有将"写"上升到社会责任和历史责任的高度来认识。也因为他们的不"写",给四川出版留下了更多的遗憾。这是四川少有全国知名的出版大家的重要原因,也是四川出版业在全国影响力不够的重要因素。

当然,在繁忙的工作之余坚持出版研究也绝非易事。我们做图书出版业务是本职工作的分内之事,而研究问题则是需要工作之余挤出时间来做的事情。因此,要坚持研究与写作,既不那么理直气壮,又劳神费力。也正因为实际做起来并坚持下去很不容易,才更显出出版研究的可贵与重要。出版家的成长之路,就是在实践中不断总结提炼,在研究中不断深化实践,并在二者的良性互动中扩大视野,提高能力,成就事业。出版的功能是传承。我们的出版工作者在传承文化、传承历史的同时,也应该很好地把自己的经验和主张通过出版的方式传承下去。这是一代又一代出版人的责任。

已经离我们而去的王庆同志能够成为四川在全国知名的发行人和改革家,不仅因为王庆同志有丰富的实践和卓著的业绩,还因为他善于思考,不断总结,有大量的实践心得和学术探讨,发表了不少可供全国从业者学习和探讨的理念和观点。王庆同志勤于思考、潜心研究的作风,是值得我们学习的。四川应该拥有更多的像王庆同志那样有行业影响力的出版家。

当前,四川出版业正处于一个重要的改革与发展关头。四川出版业要按照科学发展观的要求实现健康、快速、可持续的发展,需要一大批出版工作者通过广泛的研究,倡导新的出版理念,引领和带动一大批优秀的年轻同志创造出新的业绩和辉煌。科学发展,需要我们有科学的研究、科学的态度、科学的理念、科学的规划和科学的运作。我希望四川出版界的有识之士,能够采取各种有效的方式并以自己的实际行动来倡导和推动出版科学研究,进而推动四川出版的繁荣与发展。

四川出版的希望在于年轻人。可喜的是,在这本论文集中,有相当数量的论文是由年轻同志撰写的。尽管有些文章还显得稚嫩,还不尽完善,但我很欣赏他们研究问题的态度。从他们当中,我看到了四川出版的希望。我期待着四川涌现出更多的全国知名出版家。

# 我们需要树立什么样的出版理念*

做好出版工作，需要出版理念引领。我们需要树立什么样的出版理念？这是我们要深入探讨的问题。为什么要探讨这个问题？主要原因在于，尽管近年来四川出版产业综合实力排名靠前，但这个排名主要是靠印刷和发行支撑起来的，就狭义的出版而言，也就是从出版社出书的情况来说，与出版强省相比，四川差距甚大。这个差距，表面上体现在出版规模、利润及好书数量上，但本质上体现在出版理念的陈旧落后上。出版理念落后，不仅影响当下，更会影响出版的未来。

四川出版理念落后，既有较为封闭的地域环境因素，更与改革推进缓慢有关。我们认为，在事业发展过程中，多审视自身存在的问题，更有利于推进事业的发展。更何况，即使多谈自己的不足，也不会否定已经取得的成绩，反而是我们有自信心的表现。所以，我们今天不忌讳说自己的出版理念陈旧落后；同时也希望通过今天的讨论，唤起大家的思考，使我们的出版理念有所提升。

---

\* 本文摘自 2005 年 10 月为四川省出版社社长、总编辑培训班授课的内容。

## 一、出版家都有自己的出版理念

"理念"一词,根据《现代汉语词典》的解释,有两层含义:一是信念,二是思想、观念。通常情况下,是先有意念;然后,正确的意念成为观念;进而上升到理性高度的观念,这就成为理念。因此,理念是理智和理性的,而非随意和情绪化的;是经验上升到理论之后形成的,能指导人们进行思考和判断。由此,我们认为,出版理念是指人们在出版活动中,基于实践认知、经验积累和规律把握所形成的对出版工作具有指导意义的思想和观念。出版理念有广义和狭义之分,广义是指一般出版理论和宏观、中观层面的出版思想观念;狭义是指特殊的、具体的、微观层面的出版思想或出版主张。前者主要是指出版理论修养,具有一定的共性,属于非操作层面;后者主要是指个人的出版主张,有一定的个性,并在一定的现实条件下具有可操作性。

所以我们讲"出版理念"问题,就是讲人的问题,讲人的思想观念、对出版的认知理解和出版发展思路等方面的问题,当然还包括这些思想观念与时俱进的问题。不仅出版社社长要不断提升自己的出版理念,出版主管部门领导也需要树立应有的出版理念并不断加以提升。这样,我们的事业才能更好地满足并引领人们的精神文化需求,进而处于领先地位。

出版理念有三层含义:一是出版工作者的精神追求,就是为谁出书,出什么书,怎样出书。二是出版工作者的事业目标。这反映了出版工作者对出版活动社会效益和经济效益二者关系的认识。三是出版工作者的出版动机。这是社会发展的客观需要在出版工作者头脑中的反映。出版活动的目标与动机会受到社会客观环境的制约。处于不同环境的出版人，认知水平和能力不一样的出版人，出版活动的目标和动机也是不一样的。

出版理念是一种客观存在的认识。任何一个出版社，或是编辑个人，自觉不自觉地都会在出版活动中形成自己的出版理念，区别在于，有的比较明确，有的可能尚不清晰；有的是正确的，有的则是不正确或不完全正确的。一般透过出版社提出的口号，透过其出书品种和品位，就可以看出他们实际上恪守的出版理念。不同的出版社依据自己掌握的出版资源，从自己的出书力量、出书范围出发，会形成不同的出版理念。正确的出版理念具有共同的特点，那就是：站在时代发展的前列，代表先进文化的前进方向，贴近读者，追求精品，努力满足社会的精神文化需求。

树立正确的出版理念，是出版社健康发展的思想保证。我国许多有影响的出版社，都非常重视确立自己的出版理念。百年老社商务印书馆，早在张元济先生主持下，就以"昌明教育、开启民智"作为自己的出版理念，体现了商务人对自己所承担的文化使命的认识。

出版社对出版图书抱一种什么样的态度，追求一种什么样的目的，直接影响着出版图书的品位。反过来说，所有的精品图书、高品位图书，都折射出出版工作者出版理念中所蕴涵的文化品位和价值追求。出版工作者的出版理念不同，所出版图书的品位则大相径庭。例如，同样是出版教育辅导书，有的出版社把教辅书做成精品，不论在内容、编校、印制各方面，都力图追求一流，真正对学生的学习有切实的帮助；有的则东拼西凑，粗制滥造，图书内容错误百出。

判别一个出版工作者是不是职业出版家，主要依据其"出版理念的成熟程度"。因而，有没有成熟的出版理念，就成为我们判别出版工作者是否为出版家的重要标准。

作为出版社社长，总有自己对出版的理解，有自己的出版理念。不同的社长，对出版的理解不同，其出版理念的内涵也不尽相同。出版社的运营效果，一定会受到社长出版理念的影响。也就是说，出版社社长的出版理念，必然会影响到出版社的出书风格、运营模式和发展态势。

一般情况下，我们看到一本好书，总会联想到这家出版社，甚至会想到这家出版社的社长。这就是"书如其社""书如其人"。出版社推出的书好与不好，往往不是偶然的，既与这家出版社的经营管理状况密切相关，更是这家出版社、社领导班子、社长出版理念的集中反映。所以，出版社的运营，无不体现着各自的出版理念。

## 二、出版工作者应当树立的出版理念

从微观视角看，出版工作者应树立以下几个出版理念：

### （一）发展理念

一家有品牌影响力的出版社，一定有明确的发展目标。而在这个发展目标背后，一定有清晰的发展理念。出版社要多出好书、由弱变强，不仅要有自己清晰的发展理念，还要有符合自身出理念的发展战略。这个发展理念可以归结为两个问题：一是想不想发展，二是靠什么发展。

1. 想不想发展——是满足于"过小日子"，还是着眼于长远发展？

一家出版社的发展，社长想到的是一年还是三五年乃至十年，效果很不一样。如果没有长远发展目标，仅仅满足于眼前利益，满足于"过小日子"，那么，在操作上，就会见子打子，"走到哪里黑，就在哪里歇"。这样，出版社就会宁愿选择出版论文集而非长销书。因为出版论文集，可吹糠见米；而出版长销书，则要承担风险，短期难以见效。前者不需要任何规划，当然也没有主攻方向，有什么出什么，简便易操作；而后者不仅需要规划组织，还要锲而不舍，苦练内功，需要付出辛劳，需要承担风险。但选择后者，无疑出版社会走得更远，走得更好。

因此，出版社有发展战略，有长远发展目标，今年做什么明年做什么心中有数，就会有发展后劲，就会持续发展，道路也会越走越宽。

这里所说的"发展战略"，不是人们常见的写在纸上的战略规划，而是"生长"于出版人内心的战略思想，不是表面的而是内在的。

在现行体制下，表面的、形式上的发展战略很多，而内在的、真正意义上的发展战略较少。这不能完全责怪社长，主要是体制机制弊端造成的。一方面，社长干好干坏一个样。相反，有的出版社发展了，社长业绩很不错，但得罪的人多，告状的多，社长也就给换了。另一方面，轮岗交流一刀切。这一届干满了，下一届谁来干说不清楚。干部调整不是以业绩论英雄。一言以蔽之，出版管理缺乏有效的激励约束机制，是造成出版社社长很难真正有一个长远发展战略的主要原因。这也是国企存在的普遍现象："有种草的积极性，没有种树的积极性。"

从出版主管部门来说，也有一个要不要发展的问题。一种情况是维持现状，谁困难就支持谁，其结果就是"会叫的孩子有奶吃"，大家都争着向上面伸手。这种做法使出版社没有发展积极性，"不找市场找市长"，系统内部的凝聚力较弱。"有钱不见面，背时大团圆"就是这样一种写照。再一种情况是，对出版社的支持和奖励科学化、指标化，建立起一套有效的激励约束机制，做得好的，给予奖励；做得不好的，给予处罚。从某种意义上说，让社长继续在其岗位上干，也是一种认可和激励。

2. 靠什么发展——是靠垄断生存，还是靠核心竞争力发展？

出版社到底应该靠什么生存发展呢，是书号，是垄断经营吗？这一定是靠不住的。为什么现在各出版社的差距那么大？有的出版社一年几个亿的发行码洋，开始向集团化方向发展了，而不少出版社却步履维艰。这说明，仅仅有了书号，并不能使出版社发展壮大。书号仅仅是出版社发展的必要条件。出版社的发展还必须有自己独到的东西，就是我们所说的核心竞争力。

出版社的核心竞争力是支撑出版社生存发展且难以被替代的独特的竞争能力，主要有以下特点：一是战略性或决定性，即这种竞争力在出版社处于战略性地位，对出版社的生存发展有着决定性作用；二是独特性或不可替代性，即这种竞争力是其他出版社难以模仿和替代的；三是发展性或创新性，即这种竞争力是随着出版社的发展而不断发展、不断创新的。

每位社长都应想一想自己出版社的核心竞争力是什么。尽管各出版社的核心竞争力各不相同，但我们认为，出版社最核心的能力，应该是选题策划能力和市场营销能力。

选题策划能力是指出版社面向市场策划推出具有市场竞争力的图书产品的能力，它是支撑出版社生存发展、可持续发展和做强做大最重要的能力，是铸造出版社产品特色、出版品牌的原动力。表面上看，每家出版社都在做选题策划，没有一家不做选题策划的出版社，但是不同出版社所策划选题的效果却大不一样。好的选题，包含市场要素、文化要素、策划（组织）要素、创新要素等选题策划的核心要素。构建选题核心要素的能力，就是出版社核心竞争力的重要表现。

市场营销能力是指出版社在市场上宣传推广自己的好书并实现销售的能力，是出版社谋求发展必须构建的核心能力之一。市场营销不是简单的产品销售，而是要在出版的每一个环节都注入市场意识和读者意识。如果仅仅在图书发行之时才想到读者，那么，读者就已经离你很远了。所以，出版社营销能力的大小不仅体现在发行能力上，而且体现在整个出版社贴近读者、引领读者、满足读者需求的能力上。出版各环节在多大程度上注入了市场要素，就在多大程度上构建了出版社的核心竞争力。

### （二）选题策划理念

选题策划能力的大小，与选题策划理念有很大关系。

在出版理念中，最重要的就是选题策划理念。出版社是做什么的？是做选题的。一个社长如果不懂选题，不懂得规划出版社的选题方向、确定出版社的选题思路，就不是一个称职的社长，这样的社长也很难把出版社搞好。我们说一个出版社社长是不是内行，主要看他是不是懂选题。这也是为什么不能把普通企业的厂长、经理调来当出版社社长的原因，这不是说他不懂经营管理，而是他不懂选题。

要做好选题，提升出版社的选题策划理念，有几个问题是需要讨论的。

1. 选题与选题思路、选题特色的关系——明确出版思路和特色是策划选题的前提。

出版社是知识经济的前沿，知识经济是知识创新的经济。创新是出版的灵魂。出版社要有所作为，有所发展，必然要进行体制创新、管理创新，而最终都要体现在选题创新上。选题创新是每家出版社都孜孜以求的。但是，就单个出版社而言，每家出版社的能力都是有限的，且这个能力有所长也有所短。要在每年全国新出的几十万种图书中求新求好，十分不易。这就需要出版社扬长避短，精耕细作，就需要各出版社为自己定位，明确"我是谁"，从而找到自己的发展思路和选题特色，找到自己的"魂"。

出版社只有找到自己的位置，明确自己长于什么，拙于什么，拓展什么，克制什么，有所为有所不为，才能驾驭选题、优化选题、深化选题，也才能夯实多出好书的基础。如果出版社思路不定，选题四面出击，往往会浮于表面，难以深入，如同自然经济中的小农，什么都要做，忙忙碌碌，却不能发展壮大。因此，出版社只有集中精力在某一个或几个领域不断开拓，深入下去，才能有所创新，有所发展，有所作为，才能实现"选题—好书—效益……"的良性循环，最终赢得读者和作者的认同。

最近我在天地出版社调研，发现一个很好的情况，天地社的领导班子已经开始研究自己的选题特色及主攻方向了。记得我在1998年给出版社发行部主任培训班讲课时曾说过，天地出版社的社名起得非常好，既体现了原来专门出版"农村文库"的渊源，又为今后的发展提供了很大的空间。但是，如果天地出版社不解决好自己的出书特色问题，不找到自己的主攻方向，"天上的也出，地下的也出"，那么，不仅会把读者弄晕，出版社自己也会晕，就很难发展起来。

出版社如何为自己定位，怎么确定自己的出版思路和选题特色？主要有两个途径：一是总结优势、强化特色，总结自己过去多年已经形成的优势和特色，将其升华为一种理性的发展思路，并在此基础上不断深化开拓；二是发展优势、创造特色，在分析论证图书市场发展变化趋势、同行竞争对手的相对弱势以及自己的相对优势的基础上，确定自己的选题主线和发展目标，集中力量在确定的领域内拓展，凝聚自己的特色，从而逐步形成自己的优势。

在总结优势、强化特色方面，清华大学出版社是典范。要说清华大学的学科门类，各个领域在全国都有相当的优势，也有一批在全国叫得响的专家型作者。但是，清华大学出版社并没有全面开花，而是选择了有广阔市场前景的计算机作为出版社的特色和主攻方向。早在几年前，只要人们一说到计算机图书，马上就会想到清华大学出版社。

在发展优势、创造特色方面，北京理工大学出版社是楷模。北京理工大学隶属于中国兵器工业总公司，所涉及的学科都是专业性很强的尖端领域。过去，北京理工大学出版社主要出版一些校内使用的教材，基本上处于亏损状态。1994年，新来的一位社长带领出版社一班人，搞了大量市场调研，比较自身优势，最终确定了做汽车图书的主攻方向。结果出版社在市场竞争中求得了一席之地，并在经营上形成了良性循环。

2. 选题与面向市场、适应需求的关系——面向市场适应读者需要，是策划选题的出发点。

策划选题，制定选题计划，目的是出好书。一般而言，评价好书有两个标准：一是专业标准，二是市场标准。这里强调市场标准。把面向市场、适应读者需求作为策划选题的出发点，主要有以下几个原因：

其一，是由我国社会主义市场经济决定的。出版工作的主要目的是满足人民群众日益增长的精神文化需要。在社会主义市场经济条件下，所出图书是否很好地满足人民群众的精神文化需要，人民群众是否真正欢迎出版社所出版的图书，都会直接体现在图书的市场销量上。因此，适应市场需求与满足人民群众需要二者在本质上是一致的。

其二，是由我国出版业迈向市场的紧迫性决定的。我国出版业在计划经济体制中封闭太久，至今尚未真正迈入市场。从目前的出书结构看，有两点令人忧心：一是教材教辅占比大。这说明我们还在吃计划经济的饭。二是平庸书占比大。这说明可出可不出的书多，我们还在吃垄断饭、吃书号饭。在社会主义市场经济初步形成、我国加入WTO并面临诸多挑战的今天，出版社面向市场、选题面向市场，已是我国出版业一个十分迫切的战略问题。

其三，是由出版社自负盈亏的企业化管理决定的。出版社只有面向市场，多出畅销书、长销书，获取经济效益，才能生存和发展，也才有条件出版以专业标准来看文化积累价值高、学术价值高而市场销量较小的图书。从这个意义上讲，出版社面向市场，多出版市场接受、群众欢迎的图书，是开发选题的主流。

当然，适应市场是以社会效益为前提，绝不是迎合极少数人的低级趣味。社会主义市场是有严格管理的市场，低级趣味的出版物实质上没有市场。

最近我对教育社领导讲，教育社不需要硬着头皮去做一些非自己所长的一般图书，既投入了大量的精力和财力，又未见得有好的效果。目前教育社在做一般图书上存在两个误区：一是做一般图书就是非教育类的，因此做了许多科技类、文化类的一般图书；二是做一般图书就是为了拿大奖，就是要做学术性强的、要赔本的图书。教育社的优势不在非教育类的一般图书上，而在教育类的图书上。教育社的一般图书，就是面向市场的教育类图书，这个类别的范围非常宽。教育社需要转变办社理念。

我们倡导做一般图书，绝不仅仅是为了做做样子，而是为了培养我们在市场中求生存、谋发展的能力。所以我们要明白，不是有钱了才来做书，而是通过出书来赚钱。

再说教育社的问题。教育社有自己的品牌优势、作者优势、营销优势、编辑优势，这是其他出版社不具备的独特优势和出版资源。因为教育社常年联系中小学教育单位，有许多站在教学第一线的作者,还有自己的品牌。遗憾的是,由于出版理念未能与时俱进,教育社这些年没有在计划品种以外做好自己应该做的一般性教辅和大众教育图书,反而花了不少精力在非自己所长的选题上,做了很多不该由教育社做的产品,结果是自己的田荒了,别人的地也没有种好。这里不是批评教育社,这与我们整个四川的出版理念有关。

3. 选题与选题计划的关系——抓好选题就必须做好选题计划,特别是年度选题计划。

选题是出版社的生命线。抓好年度选题规划,就等于牵住了出版社发展与繁荣的"牛鼻子",对出版社意义重大。为什么要做好选题计划特别是年度选题计划呢?主要有以下原因:

其一,随着我国市场经济发展,出版社的工作重心已经由作者交稿后的编辑加工,前移到作者交稿前的策划和作者成稿时的争夺方面来了。选题策划已经成为出版社核心竞争力的重要内容。在这种情况下,选题计划自然就成了出版工作的重要一环,正如有人所说:"有了好的选题计划,别人为你打工;没有好的选题计划,你为别人打工。"

其二,年度选题计划与图书出版周期相吻合,因而它是出版社选题管理的有效手段。出版社的选题策划和出版周期一般为一年左右,与年度选题计划的时间大体一致。通过制定年度选题计划,将所确定选题纳入其中,可以使出版社的出版工作按计划运行,让相关工作人员心中有数,使出版社整个工作目标明确、井然有序。

其三,制定好年度选题计划,可以强化出版社的出版特色和经营思路，避免选题杂乱无序。通过制定年度选题计划，既可以优化出版社选题结构，把握选题走向，合理安排重点选题和核心选题，又可以有效控制出版社的出书总量和品种结构，避免和克服选题跟风、过度追踪热点等问题，有利于出版社整个工作规范化运行。

其四，制定好年度选题计划，有利于出版社按选题的轻重缓急分别予以实施，使出版社有限的人力、财力和物力得到综合调度，合理使用，从而释放出最大效应。每个出版社的能力都是有限的，只有充分掌握情况，精心规划并按计划实施，才能做到管理出效益，走上集约化经营的道路。这一点，许多出版社目前做得还比较粗放。

**（三）市场营销理念**

近年来，出版环境变了，市场竞争来了，而适应这种变革，总还需要一些时间，需要一个认识过程和思考过程。但我们看到，有一些出版社适应环境变化非常快，如电子工业出版社、机械工业出版社、外语教学与研究出版社等，他们先人一步采用了市场经济的经营管理理念，借鉴行业国际惯例，开展出版社经营管理改革与发展工作，取得了显著成效。

当前，提升出版社经营管理水平迫切需要解决的问题就是，树立和提升出版社的市场营销理念。结合国内外出版社经营管理的做法、经验，提升出版社的市场营销理念，可以从以下几个方面入手：

首先，要研究读者需求。要反复问自己"我为谁"，答案只有一个——读者。一切为了读者,这是第一等的学问。德国人马里奥·欧霍文在其著作《推销高手的魔法:实现完美销售的成功策略》中,把客户(也就是我们的读者)比作推销员求婚的对象,要求推销员倾力表现自己,并大声说"我爱你"。读者今天要什么、明天喜欢什么,我们必须潜心研究,彻底满足他们,成就他们。当然,这种满足,必须是在符合党和国家有关出版管理规定的前提下。唯有如此,经营者的目标才能实现。研究和满足读者需要,永远是企业的生存之本。

其次,要研究自身特色。要彻底搞清楚"我是谁",知道我在干什么,我要干什么。这是出版社的定位问题。出版社不能什么都想干,更不能自以为什么都能干。不能饥不择食地迷了路,自己搞不清自己是谁。若自己都搞不清自己是谁,那市场就更说不清你是谁,读者也就无论买什么书都不会想到要找你。没有品牌,没有形象,自然难以开拓市场。参加再多的书展,也展不出自己的风采。

再次,要打造出版社的竞争力。这就是要知道"我怕谁"。要明白,不是所有的竞争对手我们都能够战胜。即使比我们差的同行,也有值得我们"怕"的方面。或许大家有同样的特色,但一定要有自己的核心竞争力,要有让别人"怕"的力量。而这种力量,只有潜心打造和日积月累才能凝成。

### (四)经营管理理念

出版经营理念与出版管理体制密切相关,有什么样的出版管理体制,就会形成什么样的出版经营理念。受我国经济体制的影响,目前大体有计划出版理念、转型出版理念和产业出版理念三种。在现今出版人的意识中,这三种理念都不同程度地存在着。

1. 计划出版理念

计划出版理念是我国计划经济体制下形成的一种出版理念,也是目前在我们头脑深处比较普遍的一种出版意识。这种出版理念的特点是,重编辑轻发行,重伏案轻策划。主要表现为:一是选题主要依靠作者上门"投稿",协作出书、补贴出书较多,基本上没有出版社的选题思路和主攻方向;二是出版社领导班子不是按照出版环节或类别分工,而是每一位社领导分管若干编辑室。据说,出版社领导若不分管编辑室,就难以获得较高收入。

在这种理念管理下,出版社基本上是靠计划保护、教材教辅、书号资源过日子,各个出版社的市场表现如何,更多地取决于各自所占的"口岸",即专业分工以及过去计划经济体制时期留下的知名度(也算是品牌)。

2. 转型出版理念

转型出版理念是我国出版业在转型发展过程中形成的出版理念。其特点是,既重编辑又重发行。出版社把编辑和发行视为发展的两个轮子,一个转一个不转,出版社就只能原地打转,前进不了;既重编辑加工又重策划组稿,并且有一些措施来激励选题策划。现在一些比较活跃的出版社,基本上就是在这种出版理念指导下发展起来的。应该说,这种理念比前一种有很大进步,但也仅是传统体制下的改良,尚未实现真正的转型,与市场经济的要求还有距离。

在这种理念管理下,出版社难以走出原来计划经济体制下大而全、小而全的模式，由于人员身份尚未转换，出版社存在着内部矛盾多、包袱重、效率低等问题。因有一线岗位、二线岗位与一般岗位的差别，出版社内部矛盾会抑制出版社效率提升，进而影响出版社发展。如果发生矛盾，出版社往往采取妥协的办法，如缩小各等级之间的差距来解决。这样只会降低经营管理效率，放慢改革步伐。

3. 产业出版理念

产业出版理念是与市场经济相联系，以出好书、壮大出版产业为目标的发展理念。在这种理念指导下，出版社通过出好书赢得市场，获取双效益，实现做强做大的目标。因此，策划选题为出版社的核心业务，其他业务则尽可能地社会化。由此带来的出版社管理机制设计与计划经济时期全然不同，策划编辑成为出版社的核心人员。这里，策划编辑已不是一个职务或"帽子"，而是实实在在能够从事选题策划的人。这样的人员，是出版社的"白领"，而其他人员如文稿编辑则退到了相对次要的地位。在国外，一些出版社的文稿编辑，已经属于"蓝领"，类似于车间里的普通工人。这个变化是由市场经济体制下出版社谋求市场竞争地位决定的。

这里强调策划，并不是说不要或轻视案头编辑，更不能形而上学地认为，这是轻视编辑工作。选题的策划组织与文稿的编辑处理，共同构成了出版社的编辑工作，二者是缺一不可的。但是，就市场经济条件下的出版工作来说，选题策划组织更为重要。若没有有效的选题策划组织，出版社就没有整体经济效益，案头编辑也就巧妇难为无米之炊。从劳动复杂程度来说，策划是创造性劳动，需要的是复合型人才。从事策划编辑的人员，既要懂得编辑业务，又要具有经营意识、市场意识，还要有较强的公关能力；而编校工作虽然需要专业性人才，但相对而言，是技术性、重复性劳动，单一的专业人才就可以胜任。关键在于，前者是极少数人能够做得好的，而后者是大量的人可以胜任的。在市场经济条件下，竞争必然会形成"物以稀为贵"。因而策划编辑是构建出版社独特市场竞争优势的重要因素，是出版社核心竞争力的重要组成部分。

我们现在要摒弃那种"有文凭就可以当编辑，认得几个字就可以当校对，什么也干不了就搞发行"的做法。出版社过去以编辑为中心，其实质是"以文凭为中心"，编辑有没有实际工作能力，缺乏一个考评和鉴别机制；以为有了文凭，往往就自以为有编辑能力了。在市场经济条件下，外部的市场竞争必然会转化为出版社内部的岗位竞争（迟早会走到这一步），形成能者上庸者下的机制。

以上三种出版理念与我们所经历的三种体制密切相关。我曾经做过一个比喻：在计划经济体制下，出书犹如飞机撒传单，不管这些传单怎么飘，最终都要落到地上；在市场经济体制下，出书犹如打高尔夫球，把球打进洞是非常不易的，高手才能够进球。

## 三、社长在经营管理中要强化的几个观念

### （一）选题观念——社长要抓好选题工作

社长是干什么的？是抓管理、抓选题的。抓管理就是用好人、以制度管好人；抓选题就是为出版社把握选题思路和确定选题规

划。有人说："出版社是社长抓经营管理，总编抓选题。"这种说法把经营管理与选题工作对立起来了，或者说是割裂开来了。社长作为出版社的一把手，全面负责出版社的经营管理工作，而经营管理最重要的方面就是选题工作。离开了选题，出版社的经营管理工作就是空的，就无从谈起。反过来说，如果总编不带着经营管理的意识抓选题，也是抓不好选题工作的。总编在选题工作中，主要职责是组织落实好已经确定了的选题计划，并负责出版导向、编校质量的把关。当然，总编也是确立选题思路、进行选题决策的重要角色。但是，选题工作的第一责任人应是社长。这个职责不分清，就会在二者之间产生矛盾，影响出版社的发展。现在我们许多出版社的社长、总编由一人担任，有的出版社干脆不设总编。据说这是因担心社长、总编分设容易出现矛盾而采取的应对之策。造成这个状况的原因，其实质就是没有理顺社长和总编的职责关系。从工作性质上来说，社长、总编各有分工，应当分设，由两人担任，更有利于发挥各自的作用。两者相辅相成，也可以避免独断专行。处理好这个问题的关键是要明确各自的职责，明确社长是第一责任人。只有在这个前提下，社长、总编两者分设，才有其积极意义。其实，任何一家公司"最后拍板"的，都不可能是两个人。

社长要把握好出版社的效益，唯有先把握好出版社的选题。只有把握住了选题，才能把握住出版社发展的主动权。所以我们说，选题是出版社的生命线。出版社是做什么的？就是做选题的。选题没有做好的出版社，一定不可能发展得好。对出版社来说，选题与发行，是"皮"与"毛"的关系。选题不行，发行做得再好也没有意义。这就是人们常说的"皮之不存，毛将焉附"的道理。出版社只有把选题做好了，发行做好才有价值。

出版业的竞争，从根本上说，是内容的竞争。因此，提升出版产业核心竞争力的关键在于内容资源的积累。目前，很多出版社都已在围绕内容资源"跑马圈地"，因为优质的内容资源是不会过期的。前段时间，已有出版社将以往出版的一些"过期"图书重新包装上市，取得了非常好的业绩，如《假如给我三天光明》《长腿叔叔》《三毛作品集》《张爱玲作品集》等。这些多年前出版的图书之所以能够畅销，就是因为内容好。现在这些书都已成了畅销经典。

关于是"内容为王"还是"渠道为王"，业界争得不亦乐乎。表面上看，哪个为王都有道理。实际上，这是一个伪命题。对出版社来说，因是出版图书的，一定是"内容为王"，出版社不能提供好书，就什么都不是。对于书店而言，因是做渠道经营的，自然是"渠道为王"，离开了渠道，也就什么都不是。

（二）制度观念——管理要依靠制度

这里讲的制度，主要是指出版社的内部管理制度。由于出版理念不一样，所以各出版社的管理制度也不完全一样。一定的出版理念，要通过一定的内部管理制度来落实。不同的制度，带来的效应当然也是不一样的。

一个好制度能够自行"区别真伪"，自行提供让人诚实守信的引导与激励。有了这样的制度与机制，社长会很轻松，可以把精力用在更加重要的工作上，出版社的运转就会处于良性状态。如果没有一个好的制度和机制，表面上看，社长权力很大，一切都在社长的掌控之中，结果是累死社长也不会有好的效果。

### （三）用人观念——管理必须用好人

出版社的发展需要出版理念的引领，更需要人才的支撑。出版社所用之人，要能理解社长的出版理念。用好人，一定程度上可以弥补制度的某些不足，同时也可以在不断探索中完善制度。

人才问题是我们面临的一个十分现实的问题。加入WTO，国外资本进来，必然要实现人才的本土化。上海贝塔斯曼读者俱乐部的管理人员全是中国人。现在，非国有书业也在转变观念，争取人才。就是我们国有书业，也已经展开人才的"争夺战"了。所以，如何建立一个好的用人机制，已是当务之急。湖南出版集团早在两年前就已经提出"一流的人才要去一流的岗位，做一流的贡献，拿一流的报酬"了。

### （四）市场观念——既要适应市场，又要引导市场

发行通常是被动的、传统的、按惯例的；营销则是主动的、现代的、创新的。发行仅仅是某些职能部门做的从上向下的工作，诸如发行新股票、邮票等，而人们是否喜爱、购买，则不是职能部门考虑的事。发行变为营销，不仅说明了服务理念的变化，也符合现代工商管理的特点。营销就是要最大限度、最近距离地贴近市场，并以此来校准服务。出版社的市场营销，就是要在出版各环节树立市场意识，并将其贯穿始终。换言之，出版社的主要

经营活动，都要以读者和市场为先导，并围绕市场来展开工作。

不少出版社老是存在着"编"与"发"之间的矛盾，主要原因有二：一是没有营销理念，二是缺乏一套把"编"与"发"的利益联系在一起的机制。

树立营销观念，不仅要懂得适应市场，还要懂得创造市场。我们在召开选题论证会时常说一句话："适应市场，开发适销对路的选题。"这句话本没有什么错，但随着市场经济的发展，如果一味地去适应市场，总有一天会难以适应，并被淘汰出局。

一位大学出版社社长曾跟我讲，他要出版一批原版英文经典学术著作。当时我的本能反应是，现在能看普通英文报刊的读者都极少，又去哪里找人来读你100本艰深的英文原版学术著作呢？他轻松一笑，说这就是适应市场还是创造市场的问题了。当时这句话，给了我很大震动。由此引发了两点思考：第一，市场是惰性的、被动的，只要有策划人的正确激发，就有可能创造营销奇迹。这方面最成功的，莫过于外研社社长李朋义先生说过的一个例子。20世纪90年代初，外研社青年编辑曾提出推出"90年代英文名著读物"丛书的构想。当时的英文读物，大多是一些肤浅的语法、词汇知识的介绍，而出版英文原版文学名著，在常人看来是要冒很大的市场风险的。所以外研社编委会一时没有把握，犹豫不定。后来，这位青年编辑通过对社会各阶层及书店广泛深入的调查，写出了长达3万字的选题报告，说服了编委会。结果书出版后，每一种发行量都在5万册以上，创造了当时英文出版的一大奇观。第二，市场是可以创造的，但创造市场需要两点：一要能发现市场的潜在需要，二要善于将潜在需要变成现实需要。前者需要出版者敏锐的市场直觉；后者则需要出版者果敢的行动。

2004年6月28日，我与天地社的领导一道，向来四川参加中国农村文库编委会会议的徐惟诚同志汇报工作。其间，他说到中国大百科全书出版社出版《中国少儿大百科全书》的营销情况。他说，四卷本的这一套书，原来考虑印2万套，要定价400多元才能够略有盈利。但是，这么高的定价，有多少人能够买得起呢，尤其是农村读者更加买不起。于是，从适应广大农村读者的角度考虑，出版社给这套书定价200元。但这个定价，必须发行4万套才能够盈利。随后，出版社大胆印了10万套，最后实际销售了20万套，取得了巨大成功。这说明营销一定要考虑读者的需求、读者的购买力。对这一成功案例，当时也有人提出了另外的意见。这个意见就是：该书定价400元一套，卖出1万套收回成本；然后其他3万套中每套拿出100元来做广告，扩大影响后再做简装本，这样，销量会更大。徐惟诚同志说，后一种方式，效果可能会更好，是一种现代市场营销理念的做法。

反观我们的做法，不管是什么书，老是就事论事，按印张数定价，总是考虑怎么打住成本，一定要使每本书都赚钱。算账一定要算大账，算总账。

（五）效率观念——出书对外要选择时机，对内要提高效率

市场是不断变化的，因此出书对外要选择时机，对内要提高效率。一是读者的需求在不断变化，时尚在变化，社会关注焦点在变化；二是经济形势在不断变化，不同时期或不同季节的经济景气程度是不同的，人们的收入水平也是有差异的。要适应市场，

就要规划好什么时候出书，什么季节出书，并使出书高峰与出版社的宣传结合起来。为此，出版过程中编、校、排、印、发等各个环节都必须高效率、快节奏。因为错过时机，就等于放弃市场，所以在市场经济条件下的出版运作，必然是快节奏、高效率的。

提高出版效率，并不是指要多出书，即把一年出书 100 种变为一年出 200 种，而是指要用高效率来应对难得的市场机遇。具体而言，一是要缩短出版周期，二是要选准出书时机，使出书与策划的初衷更加接近，以达到提高出版效益的目的。

经济学家张五常说："世界上的时间好像走得越来越快，你看欧洲的历史，封建制度的改革动不动就要花上百年的时间，你看中国的改革只花了 20 年的工夫。你们记不记得以前十字军东征，他们打起仗来要十几二十年，第二次世界大战只花了几年，现在打仗只需要两个月左右的时间。"同样，以前出版一本二三十万字的普通图书，仅仅停留在出版社编辑加工阶段的时间，就至少要一年。现在如果还是这样，编辑就只有喝西北风了。市场经济条件下，一切经济活动的效率都提高了。

反观我们有的出版社，从选题确定到书稿完成，需要近一年时间。再加上出版周期要一年半载，这样，出版一本书，从策划到出书，一般都在一年以上。而且对什么季节出书，没有规划。像这样慢腾腾，只管自己做事，不管市场变化，就如同打麻将，只看自己的牌，不看台面的牌，结果经常是下"理论叫"，和不了牌。

在提高出版效率的同时，要处理好时间与质量的关系。生产时间过短，往往会影响出书质量，这是许多出版社面对市场屡屡碰到的矛盾。解决这个矛盾，要研究出版规律、编辑规律，还要懂得用空间换时间、用时间换空间的技巧。

### （六）科技观念——运用科技手段提高管理水平和工作效率

出版社要树立应用科技的观念，即要运用新的科技手段来提高出版社管理水平和工作效率。一是要广泛运用计算机技术。尽可能地运用电脑管理，这不仅准确，而且高效。二是新材料的运用。现代技术，使新材料层出不穷，如何把新材料恰当地运用到出版当中，是抓住人们眼球的重要方式。三是注意 E-Book 的发展。

日本出版学校理事长、出版教育研究所所长吉田公彦说，在价值观多样化、社会不断发生变化的今天，在日本有一句流行语，什么东西都要"轻薄短小"。我看这是社会的发展趋势。由于不能准确判断新书出版后是否能再版，现在出版社都开始选择新书在第一版就要有利润的经营策略。所以，出版社必须缩短出版时间，压缩出版成本，这样才能获得预期的利润。在这种条件下，计算机是迎接未来的"文明利器"，编辑学习计算机就是要以"节俭书籍出版经费和提高书籍出版效率"为目的。现在出版的大环境，要使计算机技能成为编辑必备的技能之一。

### （七）风险观念——做出版与做投资一样，要有风险意识

出版的风险意识，有两层含义：一是指出版的投入是有风险的，需要慎重行事；二是指出版人要有甘冒风险的意识，看准了的，就要果断地上。从我国出版业目前的发展现状看，业内主要缺乏的是后一种风险意识，谨小慎微、不敢冒风险的情况比较多。

俗话说，高收益往往是与高风险相伴随的。没有敢于冒风险的意识，就很难有高收益的获得。这是经济学的一个常识。当然，能够承担高风险，是建立在对事物的准确判断基础上的，是有科学分析作依据的，而不是盲目地冒风险。要提高出版业的风险意识，增强出版人承担风险的能力，需要相应改革我们目前出版业的体制和机制。

目前我国出版业的管理体制，决策者的利益与出版社的收益之间关系不大，缺乏有效的激励机制，对决策者来说，实际上存在着"风险是自己的，收益是国家的"这种情况。管理者的风险决策，成功了是大家的、国家的，失败了是自己的，个人要负相应的责任。这些情况导致出版决策人宁愿少收益，也不愿多冒风险。

## 四、出版理念中的几个误区

### （一）有钱才能出好书

现在不少出版社，给领导汇报工作时往往要辩解，之所以没有好书，就是因为没有钱；其他出了好书的出版社，就是因为他们有钱。而一说到要出版社多出好书，就提出要给钱、给支持。这实际上是把"有钱才能出好书"与"出了好书才有钱"的关系搞颠倒了。这是我们出版工作者的出版理念还停留在计划经济体制时期的典型表现。

出版社的主业是什么，就是出书，就是通过出好书来获得经济效益。有了钱，拨了款，再让你来编书，就不需要推行出版社的"企业化"管理了，完全财政拨款好了。所以，不是有钱才能出书，而是出了书才有钱。我们的一些图书补贴方式，也要按照这个理念来实施，即对一些好书的补贴，应该把补贴的落实放在出书之后，要对成书进行评估，达到预期要求的再给予补贴。

### （二）出好书的目的，就是要拿大奖

现在有的出版社为了拿大奖，不惜工本搞大部头，搞豪华本，并美其名曰"为拿奖而出好书"。拿大奖肯定是好事，但不是为了拿奖而拿奖，而是通过出好书，在实现两个效益的基础上获得大奖，拿大奖是出好书的结果，而非出发点。最近巴蜀书社有一位编辑找到我说："我可以联系到一个选题，肯定能够拿到国家图书奖。但是，需要投资30万元，只要局里给钱，拿大奖没有问题。"对这个说法，我很茫然，有几个疑问：第一，好像拿大奖是局里的需要而不是出版社或编辑的需要。拿大奖是做给领导看的，而非出版社的内在需要。第二，拿国家图书大奖好像可以事先确定。实际上，拿国家图书奖本身，有很多不确定因素，不是说选题题材重大就可以拿大奖。第三，出好书似乎一定是要亏钱的。

### （三）好书就是系列书、大部头书

每当说到要多出好书，我们脑子里想到的就是系列书、大部头书。现在已很少讲"局长工程""社长工程"了，这是一个进步。过去大家习惯于用行政的办法和思维来推动出好书。既然是领导要求出的书，必须是拿得出手的大工程，这使出版社自然而然地就想到系列书、大部头书了。不是系列的大部头书，怎么上得了

台面呢？

在市场经济条件下，好书首先是读者满意的书，是能够给出版社带来较好效益的书。现在备受推崇的金盾出版社，就走了一条为基层服务、为群众服务的路线，他们没有什么大部头书，也没有多少获奖书，大多是一本本小册子，但是，在读者心目中却有很重要的地位，并有很好的社会效益和经济效益。

### （四）出好书是做给领导看的，是领导要我们出好书

现在一些出版社通过教材教辅出版或自费出书，小日子过得不错，缺乏出好书的内在动力和外在压力。有时在上级领导的催促下，也抓一些重点选题，但这主要不是为了拼市场，不是为了谋发展，而是为了给领导看，以彰显自己的"政绩"。这样的机制和心态是出不了好书的，或者说是不能多出好书的。所以，一定要改革出版社的经营机制，变"要我出书"为"我要出书"，使出版社有出好书的内在动力。

### （五）出版社有了品牌才有好的效益

做得不好的出版社，有一个典型的说法："开孬车与开好车的效果是完全不一样的。"这话初一听，觉得没有错，但仔细一想，却是有问题的。好车之所以成为好车，是出版社多年努力的结果；如果不努力，好车也会变成孬车。不是说有品牌的出版社就天然好搞，要更上一层楼，难度比低水平的出版社还大。所以，出版社的品牌影响力大小，不是好搞不好搞的原因。它们二者之间，只有层次上、水平上的差别，而没有难度上的差别。如果一个较

差的出版社都没有搞好,那么,一个好的出版社在他的手里也必然会搞砸。一个出版社最初进入市场时,是没有品牌的,只有当出版社获得了诸多成功之后,品牌才诞生,而且,维护品牌也需要不断地取得新的成功,否则,获得的品牌也要丧失。搞好一个出版社,首先要着眼的还是做好自己的图书。

### (六)出好书要重视编辑,"我是编辑,你必须重视我"

因为我们长期倡导出版社要重视编辑人才,所以,就有不少人认为"我是编辑,你必须重视我"。这是一种典型的计划经济体制时期的编辑观,更是出版社经营管理机制不到位的表现。编辑重要,是这个岗位所承担的工作重要。作为编辑个人,是不是重要,关键要看你的作用、你的贡献,而不是看你头顶上的"帽子"。在市场经济条件下,出版社重视的是效果以及能够实现好的效果的人才,而不是简单地重视哪一类的岗位或顶着某个岗位的人。

# 出书·出版·出版人[*]

当前我国出版业的主题词是：改革、发展、转制以及核心竞争力。显然，这些业内研究的问题，不太适合在这里讲。今天，我们谈谈有关出版的 ABC。如果通过这样一个漫谈式讲座，能够使大家对出版有一个初步了解，对你们将来写书、出书有所帮助，那么，就算达到目的了。如果通过今天的讲座，对我们新一代大学生有所震动，甚或立志将来投身于出版事业，那就更是一个意外收获。

## 一、关于出书

图书是人类文化传承和文化积累的重要载体，也是人类历史传承的重要工具。如果没有书籍，我们的文明就难以传承，就有可能中断，那么，人类就不会有今天这样高度的文明，甚至有可能徘徊在洪荒时代。当年秦始皇"焚书坑儒"，为什么会在中国历史上产生那么大的震动，几乎要把秦始皇统一中国的功绩给抵消了，就是因为他烧掉的不是几本书，而是历史和文化。

---

[*] 本文摘自 2005 年 4 月西南财经大学专家讲座授课内容。

我们说中国是一个文化底蕴十分深厚的国家，一个重要原因就是中国的文化传承和文化积累一直没有中断。这主要归功于图书，归功于出版业。现在大家看到有很多记录和积累文化的手段，而在古代，书籍可以说是用来记录和积累文化的唯一工具。中国的出版业诞生很早，中国的四大发明（指南针、火药、造纸术、印刷术），其中两个都与出版有关。正是因为有了出版活动，才使得中国的辉煌历史得以传承并发扬光大。所以，书在中国人的眼中有着很高的地位。

中国人历来把读书看作一件十分高尚的事情。过去只要家里住房稍有条件，哪怕是在阳台上，也要布置一个书房。现在，我们的居家条件已经比几十年前有了很大改观，很多观念都发生了变化，但是有一点没有变，那就是要设置一间书房的观念没有变化，尽管现在人们看书的时间比几十年前少了很多。

出书，可以说是每个文化人的梦想。一个思想者，要使自己的思想得以传播，要使自己的思想名留青史，就需要通过出书来实现。作家有很高的社会地位，作家是做什么的呢？就是写书、出书的。中国人受儒家传统思想影响，提倡一个人的生命要有意义，要在历史上留下一点痕迹。而要在历史上留下一点什么，最大的捷径就是出书。只有通过书，才能使自己的思想得以流传。

最近我们集团旗下四川少儿出版社出版了一本美国心理学家、教育家朱利安·泰普林教授写的书，书名叫《父母都是教育家》。泰普林先生对写作非常认真，对自己的书的影响也很在意。我们请他在全国十几个城市巡回演讲，搞签名售书活动，使他的几本书的销售情况都非常好。前几天，我请泰普林先生吃饭，其间，责任编辑给我讲了一个小故事：泰普林先生到中国来，不管走到哪里都是谈工作，休闲就是逛书店。他的书在中国出版后，他经常自己一个人到书店去，主动给读者（通过手势比划）说这是他写的书，如果要买，他可以给他签名。我听后感动不已。这种情况在我们中国作者中，是不可想象的。我们的作者，如果没有出版社或者书店的邀请，是不可能主动跑到书店去说这是我写的书，你买了，我就给你签名。一般的作者都放不下这个架子。这种做法，总让人觉得没有面子。我们开展作者签名售书活动，有时甚至怕来签名的读者少了使作者难堪，还特意安排一些人来"凑热闹"（就像今天这个讲座，估计很多同学都是被学校组织而非自愿来听的一样）。这是不同国家理念的不同，虽都看重出书，但中国人一旦出书了，就是文化人了，就显得"神圣"了；而美国学者则认为，既然他的书是有益的，是他的思想的结晶，就一定要想方设法多销售，销售越多，他的影响就越大，收益越好，写书的意义也就越大。实际上，这个泰普林先生在中国资助了十多个学生读书。

过去，由于经济条件等原因，一般人出书十分不易，写书和出书的人主要是专业的作家和学者。现在由于经济环境的改善，出版社之间有了竞争，出书变得越来越容易和方便，市场上图书的品种也越来越多。这与社会各界文化人加入出书行列有关。比如，出版社会主动邀请社会各界名人写书出书，因为名人都具有一定号召力，名人出书会有较好的发行量；由于经济条件改善，一些经历独特、勤于思考、有一定文化基础的人，通过自筹经费的方式出书（出版业内叫"自费出版"）。方方面面的人加入出书行列，就使出版物品种丰富了，题材多样了，客观上也推动了出版的繁荣。

图书除了是一种传承工具，还是一种引领思想、带动时尚的媒体。德国著名诗人和预言家海涅曾说："思想走在行动之前，就像闪电走在雷鸣之前一样。"当今社会，由于新技术革命和信息技术的冲击，使得文化格局、信息转换、观念调整等观念性的东西对历史进程的推动作用十分突出。我们已经看到，大至国家，小到企业，文化的发展与创新，不仅影响其发展进程，而且关系到其生存消亡。

那么，图书究竟有什么社会功能呢？大体上有这么八个方面的功能：（1）宣传教育的功能；（2）道德教化的功能；（3）传播知识的功能；（4）传递信息的功能；（5）积累文化的功能；（6）陶冶情操的功能；（7）鉴赏愉悦的功能；（8）消遣娱乐的功能。

随着新技术革命的到来，出版业受到来自电视、网络、电子音像等新型媒体的影响和冲击，尽管传统出版物图书的销量还保持增长，但在人们获取知识和信息渠道中所占的比重已经下降，人们已越来越多地关注电视和网络，现在手机也开始成为一种重要媒体。人们在数字时代、网络时代不需要读书了吗？这个答案无疑是否定的。可以肯定的是，网络或电子出版物代替不了传统纸质图书。以网络发源地美国来说，在互联网和电子产品迅猛发展的这十多年，图书的发行数量是增长的，出版业并没有因为网络或其他媒体的冲击而出现下滑态势。有人形容，图书与网络的关系，就像是走路与坐车的关系，人们永远都不可能只坐车不走路。美国著名出版家赫伯特·贝利说过："只要人类还在思维，并用写作来表达，就会有人写书，就会有人读书，就会有出版。"所以，在可以预见的未来，读书、写书、出书仍然是知识分子生活的重要内容。对于正处于学习状态的大学生来说，读书是获取知识、锻炼思维、提高文化素养的最重要途径。我们不可能通过看电视的方式来提高我们的知识水平，特别是对于我们的思维能力的锻炼，读书是其他媒体不可替代的方式。

## 二、关于出版

### （一）什么是出版

出版，在古汉语中，被雅称为"付梓"。现在一般把出版定义为"公之于众"。图书出版，也就是用图书的形式公之于众。实际上，把信息公之于众有许多方式，包括广播、电视，甚至在屋顶上大声喊叫。但是，这些方式都有很多的局限，比如，广播和电视，在空间方面可以传播很广，但是，它稍纵即逝，在时间上受到了广为传播的限制；传抄的手写读物，时间上可以保留很久，但是空间范围很小，影响不大；大喊大叫，时间和空间都十分有限，所以根本不能说是一种传媒。因为图书有较大的信息量，且价钱便宜，便于携带，可以反复阅读，所以，图书出版在文化传承与传播中有着特殊的地位和作用。

### （二）中国出版的特点

由于出版物对人们的思想意识会产生重要的影响（好的或者坏的），所以，出版具有很强的意识形态属性。我国历来对出版的功能十分看重，对出版导向（就是出版把读者朝什么方向引导）

的问题有一套比较严格的管理制度和规定，比如选题报批制度、重大选题备案制度、三审三校制度、图书审读制度、编辑人员上岗培训制度，等等。

同时，党和政府长期以来对出版业实施了一套特殊的保护政策。这主要体现在：

1. 出版社一直实行一种比较特别的体制——"事业单位，企业化管理"。也就是说，出版社是事业性质的单位，完全是国家所有。国家按照事业单位的性质来加以管理，人员是国家干部编制，享受事业单位的级别和保障。同时，由于出版社的产品要面向市场，所以，出版社内部又实行企业化管理，也就是说，除了少数有国家拨款的出版社以外，多数出版社都是自收自支，自负盈亏。

2. 国家对出版社实行审批制，你可以向国家提出办出版社的申请，但是，是否批准那是国家的事情。现在全国总共有560多家出版社。美国有多少家出版社呢？7万多家。我们国家只有560多家出版社，应该是很少的。我国出版社最少的省，全省只有两三家出版社。四川作为一个出版大省，有16家出版社，是除了北京、上海之外出版社较多的省份。出版社的多少，虽然是国家审批确定的，但是，也与这个省的文化底蕴与文化繁荣程度相关。因为出版社总的数量较少，所以，出版业是一个竞争相对比较缓和的行业，这使每个出版社都能够得以生存。现在还没有听说有出版社因为经营不善而倒闭的。

3. 税收返还等政策优惠。国家为了支持文化事业发展，制定了一系列配套政策，包括增值税先征后返的政策、减免所得税的政策、部分出版社实行财政拨款的政策、中小学教材出版发行专营的政策，等等。这些政策使多数出版单位在经济上有比较宽松的环境和条件，日子都比较好过，这样有利于出版社比较从容地出好书，做好出版主业的发展。试想一下，如果一个出版单位工资都发不出来，编辑连饭也吃不饱，怎么能够编出好书来呢？

4. 要求特殊。国家在为出版社提供这些保护政策的同时，对出版社也提出了许多特殊的要求，就是要坚持正确的出版导向，要按照国家规定的出版政策和法规来规范出版行为，不是你想出版什么就可以出版什么，一定要按照党和国家的要求来运作出版。"创作有自由，研究无禁区，出版有纪律。"文字从手写到印刷，是个质变。性质不同之处在哪儿呢？手写是个人行为，由个人负责；而公开出版，就表明这是出版社认可的，等于是把个人的写作内容以国家专业机构认可的方式向社会公众公开了，因为我国的出版社都是公办性质，所以公开出版就属于国家行为。公开出版，就会有很大的社会影响，所有出版的图书，都将被国家的主要图书馆和版本中心典藏。

### （三）传统出版与现代出版

图书出版，是通过出版业的具体单位——出版社来完成的。

传统出版，看起来很简单，就是作者写出稿子，送交出版社，出版社通过审查认为达到出版水平和要求了，就立项，经过报批程序后，进入编辑环节，包括编辑加工、封面和内文设计，送印刷厂印制，最后送新华书店销售就完成出版的过程了。在出版社内部，表现为整个出版工作是"以编辑为中心"。传统的出版，最大的特点是作者写什么，出版社就出什么，读者就买什么、看什么。

这种出版方式，在20世纪80年代以前的卖方市场条件下，没有问题。但是，随着市场经济的不断发展，我国图书市场已经转变为买方市场。在买方市场的情况下，传统的出版方式，使出版社出现了大量的库存积压，很多图书印出来，就只能堆放在仓库里，因为适应不了读者需要，卖不出去。

现代出版与传统出版完全不一样。现代出版是以市场为先导，根据市场规律和读者的需要，由出版社提出选题，经过论证，或者是向作者组稿，或者是向作者约稿，并且按照市场的需要来设计、包装、宣传，有针对性地推向市场。现代出版是"以管理为中心，以市场为先导"。

现代出版的运作方式，必然对出版工作者提出更高要求。要求出版人既要懂党和国家的出版方针政策、出版规律，又要懂出版社经营管理和出版物的市场变化规律。这就要求出版人必须成为复合型人才。原来那种只懂得图书编辑业务的专业人士，已经不能适应现在激烈的市场竞争了。同样，那种仅仅懂得经营管理，做过厂长、经理的人也做不好出版社的经营管理，因为他们不懂出版业的规则和规律。比如，说要适应市场，是不是出版一些低级趣味甚至黄色、反动的出版物就可以赚钱了？因为这些出版物的确有人买、有人看。实际上，这些出版物一旦印出来，钱还没有赚到手，可能就被相关部门处理了。因为我们的出版市场，是有严格管理的市场，低级趣味的出版物实际上没有市场。

**（四）出版社的运作方式**

按照重要性来解读出版社的工序，主要有这样几个：

1. 规划选题。出版社是做什么的？就是出书的。出什么书？出好书，出社会效益和经济效益两个效益俱佳的图书。出版好书是一件非常不容易的事情。就如同工厂要生产出好的产品一样，也是不容易的。不是随便什么书稿都可以出版的。出好书，首先就要做好选题的规划。出版社的核心竞争力，主要体现在选题规划能力上。出版社现在说得最多的就是选题策划。策划选题不是简单地想出一个图书的题目就可以了，它包括选题的设计和选题的实施一系列过程：（1）选题的设计，主要是提出选题的思路和方案。（2）选题的论证，确定出版社的选题计划。论证既需要有科学的方法，又需要有丰富的经验。（3）选题的实施，主要是遴选作者、组织作者、联络作者。出版社自己一般是不搞创作的，书稿由作者提供。所以，要获取好书稿，出版社就需要有优秀作者的支持，就要在一流的作者群中形成号召力。这就是为什么有名的作者是不愁找不到出版社出书的，出版社自然会主动找他，而初出茅庐的作者，就要去求出版社帮忙。一般我们说"店大欺客""客大欺店"，就是这个道理。

2. 稿件处理。出版社确定选题后，要向当地省级政府出版主管部门报批选题，待选题获得批准后，就可以实施出版的编印发程序了。特别敏感的选题，我们叫做"重大选题"（如涉及民族、宗教的选题，涉及党史军史的选题，涉及党和国家领导人的选题，等等），还需要向新闻出版总署报批。随后，出版社要组织编辑人员对书稿进行编辑加工，通过三审三校的程序，完成对书稿的处理。

3. 包装宣传。一本书以一个什么样的面目出现，是读者是否接受的重要因素，所以，图书的外观设计也是一个十分重要的工作。图书的设计包括封面设计和内文设计。在考虑图书设计的时候，出版社还要考虑图书的对外宣传方案，因为我国一年出版的新书达 20 多万种，没有适当的宣传，你辛辛苦苦做出来的书就可能淹没在书的海洋里。

4. **市场营销**。图书的市场营销，与一般的工业产品的市场营销不大一样。一般企业的产品比较单一，可以对一个产品做持续的宣传推广，形成品牌。出版社生产图书，一年要出几百上千种，每一种产品都面对不同的读者，所以，图书的市场营销比一般的工业产品的难度更大。对出版社来说，每出版一本书，都是一个投资项目，都要做市场分析和投入产出分析。每一个产品出来，都要考虑其营销方案。

按照市场的需要出书，并不是一件容易的事情。因为市场是不断变化的，一是时代在变化，社会关注的焦点在变化，所以读者的需求会不断变化；二是经济形势在不断变化，人们的收入水平也在变化。要适应市场，就要研究市场，研究读者的需求和读者的心理。同时，还要规划好什么时候出书，什么季节出书，并使出书高峰与出版社的宣传结合起来。为此，出版过程中，编、校、排、印、发等各个环节都必须高效率、快节奏。因为错过时机就等于放弃市场，所以市场经济条件下的出版运作，必然是快节奏、高效率的。

出版社在提高效率的过程中，需要处理好时间与质量的矛盾。出版生产时间过短，往往会影响到图书质量，所谓"萝卜快了不洗泥"。这是许多出版社在面对市场时屡屡碰到的问题。出版社要研究出版规律、编辑规律，通过以空间换时间的技巧，切实解决这个矛盾。

## 三、关于出版人

### （一）出版人的地位

文化是通过书刊记载、传播和积累的，所以，出版人特别是编辑就自然而然地肩负起了集中、加工、优化文化的责任，在这个过程中，编辑把社会的意志、社会的需求通过自己的编辑活动渗透在作者的作品中，对作品的内容进行筛选、增删、优化，并根据内容赋予作品以恰当的、完美的形式。从这个意义上说，与一般文化人相比，出版人的文化职责代表了更强的社会意志和更广泛的社会需求。可以说，一个时代有什么样的出版人，这个时代就有什么样的"文化品格"。中外文化史表明，出版人实际上充当了"文化的选择者"和"文化的设计师"的角色，他们对社会、民族和国家的文化的影响，是深刻而久远的。

正是因为作为出版人的编辑充当了"文化的选择者"的角色，所以，有一个说法，"编辑眼中无大家"。就是说，任何一个了不起的作者，要出书，都需要编辑把关，并经历一个严格的编辑过程。任何一个了不起的作者，都有一定的局限性，都需要编辑人员从另外的角度对其书稿给予校正。所以，编辑是一个十分神圣而自豪的职业。一个编辑，既可以和普通人交朋友，也可以和大家、伟人交朋友。作者的书稿，往往是未经雕琢的璞玉。任何好书，都是经过编辑的加工之后才出笼的。

正是出版人有了这样的社会和历史地位，所以，在出版业，出版人有一句经常勉励自己的话：不辱使命，肩负起自己神圣的社会责任。

## （二）出版人的素质

现在出版业特别缺乏既懂出版又懂经营的复合型人才。一个重要原因是现在的出版管理工作者大多是过去的编辑人员转变过来的，他们基本上是文史哲学科出身的，缺乏经济学和经营管理的系统培训，所以，现在出版业的经营管理水平，在国民经济的各行各业里相对是比较低的。当然，还有一个更重要的原因是，出版业长期受政策保护，改革起步比较晚，市场竞争不够充分。

出版业需要复合型人才，也说明了经营好一家出版社，当一个出版家，是一件非常不易的事情。做好出版工作，有着多方面的职业素质要求。

1. 政治素质上的要求

这是由出版具有意识形态特殊属性决定的。一本图书，一旦出版，就代表了一种思想，就会对人们产生或大或小的影响。正确的观点，会起到好的舆论效果；错误的观点，就会起到坏的导向作用，甚至引起社会的不稳定。我们在这方面的教训太多了。

关于这一点，我们与西方国家的情况是很不一样的。西方国家的出版业是以私有制为基础的登记制，谁都可以办出版社。国家对出版业的管理，是通过法律对出版行为加以规范，比如，不能出版黄色淫秽的东西，不能出版涉及国家机密的东西，不能出版伤害他人的东西等等。一旦有所触犯，就会吃官司，小则赔钱，大则进班房。一些出版物所涉及的观点，哪怕是触碰与其他国家关系的敏感问题，最多也是打官司，政府可以说这是作者和出版社的问题，不代表国家或政府的立场。而我国的情况不一样。我们的出版社实行的是审批制，出版社都是国家投资兴办的，是国家专属出版机构。这样的体制，往往给人一个认识，出版社出版的图书，代表的是国家的观点或意志，至少是国家认可的观点。在这种理解之下，如果一本图书的观点有什么问题，对外容易引起外交纠纷，对内则容易引起群体性不稳定问题。

出版业有一个要求，就是政治家办社。也就是说，做出版，首先要讲政治，要以社会效益为前提，要出版健康、有益的图书，不能出政治上的问题和纰漏。出版物在政治上出问题，既有出版人的政治素养方面的原因，也有出版人文化素质方面的原因。防止出版物出问题的关键是，要熟悉党和政府的各项出版管理制度和规定，严格按照制度来办事。现在实行的很多出版管理制度，可以说是过去的教训换来的，我们不遵守这些规定，就会再次犯过去已经犯过的错误。

我们出版人，肩负着坚守意识形态阵地的职责。现在总是有一些人，要顽固地表达自己的观点。你不按照制度原则办事，就很容易被人钻空子。举个例子。我还在省新闻出版局当副局长的时候，有一本书，出版社审稿后说书稿总体不错，但是需要对一些地方做出改动，否则不能出版。作者坚持不改，还通过各种关系找到我，要求帮忙。我说，社长的意见是对的，这个书稿如果不做修改，肯定不能出版。这个作者却说，这本书非常好，出版后出版社要得大奖、赚大钱。他说得天花乱坠,但我只坚持一条,你必须改,不改就不可能在四川出版。他说,四川不出就拿到云南出版,奖就会让云南得了。我说,你就拿到云南出版好了,就让云南得奖吧。看这招不行,这个作者又说,他是想支持一下我的工作。我说,你这样做,第一害你自己,第二害社长,第三害出版社,第四害我。我说,你是历史学家,你写的东西你觉得是对的,你自己回去欣赏,或找三朋四友在茶余饭后闲聊,都可以,那是你个人的事情,但是要想公开出版,就要按照出版社的规则来办。我觉得这个例子给我一个很深刻的启示,就是作者要坚持表达他的思想,因为他觉得他的心得、他的研究成果是正确的,他要争取一切机会公开出版。我们的社长、总编,作为一个在一定岗位上掌握了一定权力的出版工作者,就必须有这个鉴别能力,判别什么书能出、什么书不能出。

这个作者出这本书是不是有意要挑衅出版社呢?也不是。因为他不是出版工作者,不懂出版工作必须坚守的那道防线。他只是顽固地表达他对事情的看法,希望通过公开出版来表达自己的思想。从公民的角度说,你写什么,有你的自由,但出什么是出版社的社会责任。

所谓文责自负,在出书的问题上是行不通的。书一旦出版,就有编辑的责任、社长的责任、出版社的责任,这是推托不掉的。现在图书报刊涉及的很多侵权官司,都是把出版单位作为诉讼对象,由此可见出版机构承担的责任有多大。

2. 文化素质上的要求

出版社的产品是出版物,是精神文化产品。做文化产品的人,首先自己要有文化。作为出版工作者，必须有文化素养上的要求。出版工作往往因为编辑的文化素养不够而出现政治事故。我们出版史上的很多教训，反复证明了出版工作者文化素养的重要性。

大出版家王云五曾说："出版事业犹如开饭馆，要饭馆出名，必须有名厨，厨子比老板还重要。他要拥有支配全饭馆饮食的全权，才能端出来精彩的菜肴，以飨食客。出版家是最好的读书人，书读得博，不一定要专，这样才能推出各类可读的书。"

3. 创新能力的要求

出版业是知识经济的前沿，知识经济是知识创新的经济。所以，创新是出版的灵魂。但是，要做到常出常新，不断创新，是一件非常不易的事情。现在，出版界有一种"跟风"的现象，一种图书反响好了，就跟着推出类似的选题。这实际上反映出我们的创新能力在萎缩，是江郎才尽的表现，容易被人耻笑。

有人讽刺2004年是跟风年。比如，前一段时间，有一本引进版的图书《谁动了我的奶酪》，很薄的一本书，是以寓言故事的形式说明我们应该如何应对变化。因为中央电视台《对话》栏目专门针对这本书做了一期节目，所以，该书影响很大。紧接着，就出现了《我动了谁的奶酪》《这是谁的奶酪》，还有人干脆推出《谁动了我的锅盔（烧饼）》。

再如，《狼图腾》出版后，发行量达到50万册，估计盗版还有70万册。一时间，书界"狼烟"四起。接着就有《狗图腾》《狼性：个人发展与团队生存的动物图腾》《狼道》《狼祸》《像狼一样思考》《狼的引诱》《狼道与人道》《狼人传说》《狼图腾启示录：从狼群争斗中学习经营管理》《企业中的狼性》《酷狼：

美国西部拓荒传奇》等书问世。

另如，一本《周一清晨的领导课》畅销后，很快就有《周一早晨的领导课》《周一清晨的推销课》《周一清晨半小时的中层领导课》《周一清晨的员工课》等跟风出版。有读者讽刺说："周一的清晨实在是太累，因为要上的课太多了。"

《水煮三国》火爆后，也有大量的跟风之作，如《麻辣三国》《水煮后三国》《煮酒论三国》《烧烤三国》《水淘三国》《职场三国》《水煮楚汉风流》《水煮春秋战国》《水煮西游记》《麻辣水浒》《水煮爱情》《水煮商人》《水煮行销70招》……

又如，《细节决定成败》一书，以大量个案论述了细节在管理中的重要性，意在提醒企业和社会各界注意：精细化管理的时代已经到来。这本书自2004年6月出版以来，一直在畅销榜上。可以想象，跟风之作接踵而至。《细节是天堂》《细节决定一切》《细节决定成功》《细节左右成败》《细节中的细节》《细节是魔鬼》《成败源自细节》《管人的细节》《细化管理：在细节中求生存》《培养细节精神》《细节营销》《细节创造优势》《决定成败的49个细节》《决定执行力的49个细节》《决定销售成败的59个细节》《麦当劳大学——标准化执行的66个细节》《超级销售细节训练》《做人做事好心态：决定人生成败的66个细节》《拜访客户细节训练：41个关键细节决定销售成败》，不一而足。这类例子太多了，看来，这种跟风现象还会继续蔓延下去。

4. 勤奋敬业的职业要求

出版物的质量，关系到中华民族文化的健康发展，关系到民族文化素质的提高。我们设想一下：如果我们的出版物都错误百出，对社会将会产生什么影响？所以，出版是一个特别需要认真仔细的工作。从管理部门来说，出版业有大量的行业规定，有严格的检查审读制度。对出版社来说，需要每个人都勤奋敬业，用工匠精神，把各种制度落到实处，确保所出图书质量合格，健康有益。因为出版物的质量不仅关系重大，而且有许多的问题稍有差错，还有可能引发重大事故。这方面的事例和教训也是很多的。

5. 经营管理能力的要求

任何一个企业，都需要不断强化经营管理。相比之下，出版社经营管理的难度大一些。因为一般说来，一个工业企业，产品也就是几种或几十种。但是，对出版社来说，就是一家规模最小的出版社，出书量一年也有三五十种，一般出版社的年出书量是几百种。这几百种图书，就是几百个产品，而且是消费对象不同的产品。不同的产品，往往需要有不同的经营管理要求。所以，经营好一家出版社，非常不易。

我们常常把经营管理连在一起说，实际上，经营与管理是不同层面的问题。所谓经营，简单地说，就是在市场上把钱挣回来。搞好出版社的经营活动，主要是面对读者、面对作者、面对书店等对外活动。现在不少出版社，因为经营工作不力，一本可以发行几万册的书，只发行了几千册。还有的出版社，书发行出去不少，但是款项没有收回来，导致现金短缺，再生产艰难。因为回款不好，就没有资金进行再投入，这种情况下，再好的项目（书稿），也难有好的效益。这些问题都是经营能力较差的具体表现。

所谓管理，就是对企业的生产经营活动进行计划、组织、指挥、监督和调节。其任务是按照客观规律的要求，合理地、严密地组织企业的生产经营活动，有效地利用人力、物力和财力，以取得尽可能大的经济效益。管理，更多的是涉及企业内部的问题。

搞好出版社的经营管理，其实就是做好增收节支工作。前面说的经营，主要是增收；后面说的管理，主要是节支。一个企业花钱大手大脚，再大的产业也会做垮。做好管理工作，不是想做不想做的问题，而是需要具备一定的能力。我们一些编辑出身的社长，连财务报表都看不懂，怎么能够搞好管理呢？美国出版社的社长，过去多是编辑，后来多是搞财务的，现在多是搞管理的。现在我国出版业正处于由计划经济向市场经济转轨的时期，出版社之间的竞争日益激烈。在竞争中，有的出版社高速发展，几年时间，就由很一般的出版社发展为年发行码洋几个亿的规模。也有不少出版社，一直处于亏损边缘，甚至沦为靠卖书号过日子。这种发展上的巨大差距，反映了不同出版社在出版理念和经营管理水平上的差异。就以大学出版社来说，名牌大学的出版社可以沾学校的光，优势比较明显。但是，同样是名牌大学的出版社，经营状况的差异也非常大。不少很有名气的大学的出版社，一年的发货码洋不足1000万元，步履维艰。可是，有一些大学，知名度不如它的出版社，反而是学校沾出版社的光，比如广西师范大学。当今中国的出版业，亟须一大批有志于出版事业的经济学、管理学人才"加盟"。那种只管出书，不管效果的时代已经一去不复返。

6. 道德素养上的要求

出版人掌握着出版权，出版权关系到社会道德建设和文化发展的方向。所以，出版人必须有自己的道德规范和道德要求。这当中，最重要的是诚实、诚信、诚心。如果出版人都不讲诚信，那么，你的文化就会成为不守信的文化，这个社会就很难建立起诚信的风气。

出版社要加强职业道德建设，自觉抵制、纠正各种行业不正之风。这些不正之风主要表现在：

（1）权利寻租——买卖书号。前面说的很多出问题的图书，之所以能够出版，就是因为买卖书号，出版社失去了对书稿的控制。所以，如果对买卖书号不加以遏制，我们就不可能掌握出版导向的主动权，我们的出版审批制也就形同虚设。什么人都可以搞出版了，这比自己去建出版社还方便，因为自己建出版社，还需要投资，还要纳税，买书号出书，什么都可以免掉。

（2）出人情书、关系书。这导致市场上平庸书增多，等于降低了我们的文化水准。

（3）胡编乱造、格调低下。出书是一件十分严肃的事情。但是，我们个别出版社，受眼前利益诱惑，出版一些极不严肃的图书，主要表现为胡编乱造、歪曲历史，信口开河、格调低下。比如，一些出版社在给图书取名上哗众取宠，极不严肃，像《猪样年华》《他们叫我小妖精》《当我站在狗尾巴尖上》《谁的荷尔蒙在飞》《男人的上半截和下半截》等；一些书则在内容上胡编乱造，像新编《愚公移山》，把愚公说成是情色之徒，为了满足自己对女孩的淫欲，强迫全家为他挖掉两座大山，以便有路直奔山外女孩家。

（4）伪书。最近出版界对此讨论比较激烈。伪书与过去我们经常遇到的盗版书、侵权书的情况不同，它既非盗版，又非侵权，主要表现为伪作者、伪书评、伪内容，等等。前段时间炒得比较热的《没有任何借口》《执行力》《管理就这么简单》等书，大家都没有想到居然是伪书。伪书的基本特点是：引进版，或是标着引进版的那些励志类、经管类的书，有比较明显的短期经济效益，没有大的政治风险。

  伪书，过去在我国出版界从未有过。现今之所以出现，说到底是见利忘义，把出版人肩负的神圣职责忘掉了。图书是文化传承的载体，一旦我们的正式出版物说的都是假话，那么，我们这个国家和民族还有什么希望可言？我记得，还是读大学的时候，老师就教给我们一个论证问题的方法，凡是作为论据的，都必须是公开出版发表的。也就是说，公开出版发表的，都是可以作为论证依据的，都是经得起检验的。这说明在我们的传统认知中，公开出版的内容是无比权威和神圣的。出版工作者肩负着神圣的传承、引领文化的使命，掌握着出版权、发表权，如果为了一点蝇头小利而丧失诚信，这将使整个国家丧失诚信。也正是因为这样的原因，中央有关部门要花大力气来治理这些行业不正之风。

# 出好书：出版人的责任与担当[*]

## 一、现状：喜中有忧，问题不可忽视

### （一）四川出版业可喜的一面

四川出版发行业，与四川经济发展水平相当，保持了在全国比较靠前的地位。根据国家新闻出版广电总局公布的《2014年新闻出版产业分析报告》，在全国出版、印刷和发行服务行业的总体经济规模综合评价中，四川位列前十，稍微落后于四川经济规模居全国第七的位次。

四川图书出版，有四个可喜的特点：

1. 每届全国出版三大奖项，川版书都榜上有名，这为四川出版争得了荣誉。这说明四川图书出版整体上跟上了时代步伐。四川人民出版社、四川文艺出版社、四川科学技术出版社、天地出版社、巴蜀书社、四川大学出版社等近年都有大奖收获，可喜可贺。

2. 近年来，四川入选国家级重点出版项目的数量，居全国前列。这说明四川出版在文化传承上做的工作很实在，不断有具备重大文化传承价值的项目推出。巴蜀书社、四川民族出版

---

[*] 本文摘自2015年12月23日四川省新闻出版社长总编辑培训班授课内容。

社、四川人民出版社、四川科学技术出版社、天地出版社等都获得了不少政府资金资助，这为四川文化建设，争得了更多的机会。

3. 每年的主题出版有声有色，与全省的主题宣传紧密配合，相得益彰，为四川的文化繁荣做出了积极贡献。主题出版，四川人民出版社充当了主力军，功不可没。

4. 在文化与出版繁荣上，近年来四川也推出了一批有较大社会影响的图书，包括《瞻对》《雪域长歌》《历史的教训》《历史转折中的邓小平》《琅琊榜》等，四川人民出版社、四川文艺出版社等显示出了较强的出版活力和能力。

四川出版取得的这些成绩，既有出版社的努力，更与我国出版产业发展的大环境密切相关。出版社的努力，这里就不多讲，只讲一下出版产业发展的大环境。总体而言，我国出版产业的发展环境非常好，机遇难得。这主要表现在两个方面：一是国家政策的大力扶持。现在从中央到地方，对出版均给予了大量政策扶持和资金资助。二是市场环境的改善。近年来，由于互联网新媒体的兴起，与新媒体同处于"浅阅读"层面的报纸、期刊，受到了强烈冲击，经营状况呈现出"断崖式"下滑。相比之下，图书面对的是"深阅读"需求，因而受互联网媒体冲击比较小。不仅如此，近两年纸质图书市场还呈现出了一定程度的回暖迹象。这从实体书店人气回归也能看出。去年全国图书出版实现营业收入791.2亿元，比上年增长2.7%，这个数据也是书业回暖的一个佐证。这是一个十分可喜的征兆，说明我们的读者在回归，也说明"全民阅读"系列工作见到了成效。这个情况，对图书出版业来说，是一个难得的发展机遇。

### （二）四川出版忧心的一面

尽管从数据上看，四川出版发行业整体规模在全国排名比较靠前，但这个名次更多是由印刷与发行支撑的。

单就图书出版而言，我们有很多不足，不仅在全国出版排名中落后，而且在四川也拉了出版发行业总体排名的后腿。

与其他发展好的省份相比，四川出版落后了。一个省的出版地位，主要看三个指标：一是出版的规模产值和利润，就是我们一般说的是否做大做强了；二是单个出版社在全国同类出版社中的排名情况；三是出版图书的文化影响力，就是出版了多少好书，这些好书在全国有多大的影响。

1. 在出版经营规模上，我们落后了

因为以省为单位的统计数据不好找，而上市公司的资料比较容易找到，所以，我们就以作为各省出版主力军的上市公司为例来进行说明。

文轩旗下有10家图书出版机构，基本上可以代表四川16家出版社在全国的地位。

文轩图书出版的整体市场占有率处于全国中下水平，排名27位，同比2014年排名还上升了2位，与排名前十位的出版集团差距明显（表一、表二）。

2. 在各类出版社的市场排名上，我们很落后

在《2014年新闻出版产业分析报告》图书出版单位经济规模综合评价的各项排名中，仅在地方图书出版单位排名和教育类图

表一　2015年1~11月优势出版集团零售市场码洋占有率和排名

| 本期排名 | 排名变化 | 出版单位 | 码洋占有率 | 动销品种数 | 新书品种数 |
|---|---|---|---|---|---|
| 1 | 0 | 中国出版集团 | 6.21% | 106046 | 9969 |
| 2 | 0 | 吉林出版集团 | 3.73% | 62484 | 5475 |
| 3 | 1 | 凤凰出版传媒集团有限公司 | 3.34% | 41986 | 6497 |
| 4 | -1 | 中国工信出版传媒集团有限公司 | 3.22% | 41077 | 5376 |
| 5 | 0 | 中南出版传媒集团股份有限公司 | 2.93% | 25208 | 2124 |
| 6 | 1 | 长江出版传媒股份有限公司 | 2.87% | 25647 | 3752 |
| 7 | -1 | 上海世纪出版集团 | 2.69% | 48830 | 4157 |
| 8 | 0 | 中国国际出版集团 | 2.63% | 21940 | 1486 |
| 9 | 0 | 浙江出版联合集团 | 2.22% | 20774 | 3142 |
| 10 | 1 | 中文天地出版传媒股份有限公司 | 2.03% | 18610 | 2826 |
| 27 | 2 | 新华文轩出版传媒股份有限公司 | 0.51% | 12166 | 1612 |

表二　开卷监控2015年1~11月全国出版集团市场占有率分布

| 市场占有率 | 集团分布 | 数量 |
|---|---|---|
| 3%以上 | 中国、吉林、凤凰、中国工信 | 4 |
| 2%（含）~3% | 中南国际、长江、上海世纪、中国国际、浙江、中文天地 | 6 |
| 1%（含）~2% | 北京、时代、陕西、中国教育、山东、辽宁、天津 | 7 |
| 0.5%（含）~1% | 中国科学出版社、广西、重庆、河北、南方、中国地图、中国财经、云南、黑龙江、新华文轩 | 10 |
| 0.5%以下 | 中原、海峡、山西、新疆、贵州、内蒙古、中国人力资源、读者 | 8 |
| 合计 |  | 35 |

书出版单位排名中,四川教育出版社位居第四,其他包括全国出版单位排名、大学图书出版单位排名、社科类图书出版单位排名、美术类图书出版单位排名、科技类图书出版单位排名、少儿类图书出版单位排名、古籍类图书出版单位排名等排名中,都没有四川的出版社进入前十。

3. 在好书的数量和影响力上,我们也很落后

去年四川人民出版社出版了一批纪念小平同志诞辰110周年的图书,非常好。但是,我们四川的出版社出好书的可持续性如何,好书的品种数量如何呢?一个省靠几本书是撑不起一片天的,靠一两家出版社也是强不起来的。一个出版强省,需要有一批强势出版社,每个出版社都要有大批好书。现在我们离这个目标还很远,具体来说,有以下问题:第一,我们的畅销书少,销售上十万册的超级畅销书极少;第二,我们的图书一流作者占比很低;第三,成系列的原创精品出版物很少,精品图书群没有形成;第四,重点选题的储备不足,短平快的选题比较多,可持续发展能力不足。

最近我看到澎湃新闻公布了一个"国内人文新书单",十分遗憾,书单罗列了100种图书,川版书却榜上无名。

文轩做了一个《每月新书推荐》,我觉得很好,我拿到的是一个做得比较粗糙的几页纸。我觉得可以搞成一个具有引导力的图书推荐新媒,通过微信传播出去,喜欢读书的人都会感兴趣。这还有一个附带功能:倡导阅读。全民阅读活动中,我们要做一些实实在在的工作,向读者推荐新书、好书,这是一件很有意义的事。我这里要说的,不是怎么做好这个《每月新书推荐》,而是在我拿到的10月和11月两期新书推荐目录中,就没有一本川

版图书。可以肯定的是,文轩做这个书目绝对不会对自己的图书有任何偏见,只能说明一点,我们的好书实在是太少了。

### (三)几个值得反思的问题

现在提倡问题导向。我们业内人士关起门来就要多说问题。解决问题的过程,就是推动发展的过程。

1. 重庆的三家出版社,原来归四川管的时候,也是很一般的出版社,甚至还有出版社出过"出版事故"。但是重庆直辖之后,几年时间,这三家出版社都成了一级出版社,四川却一家一级出版社都没有。这当中有什么值得我们反思的呢?

2. 四川出版与湖南出版原来是全国并驾齐驱的两支地方出版劲旅,被誉为"出版川军"和"出版湘军"。最近这些年,"湖南人能吃辣椒能出书",湖南出版远远走到了四川出版的前面。这其中有什么值得我们反思的呢?

3. 过去江西、湖北、浙江的一些出版社,曾与四川同类出版社水平差不多。近年来,这些省实施"强社"战略,不少出版社崭露头角,成为具有全国影响力的大社名社,有的省还单独为这些出版社组建集团,而我们的同类出版社却日渐式微。这又有什么值得我们反思的呢?

4. 四川有16家出版社,在全国各省市中,数量位居前列,可谓出版高地。但目前四川出版有高原,没有高峰,没有哪一家出版社冒出来成为全国响当当的出版社。这又有什么值得我们反思的呢?

提出问题,是为了解决问题。破解这些问题,是当代四川出版人的责任；谋求四川出版发展，需要我们有所作为，有所担当。

## 二、理念：出好书是出版社的永恒追求

出版界有一个说法：好书的背后是人才，人才的背后是体制机制，体制机制的背后是理念。所以，出版怎么发展，从根子上说，要看我们有什么样的出版理念。

### （一）我们要树立出好书的出版理念

出版理念是一种价值判断和精神追求，反映了出版工作者对自己从事的出版活动与社会需要之间关系的认识。

做出版，首先要解决的一个根本性问题就是，你究竟想做什么？是挣钱，是做官，还是要做出版家。做出版家，就要有一种使命感，就要有责任和担当，就要站在时代前沿，着眼于祖国未来，为了国家文化繁荣而从事出版工作。这不是简单地唱高调。任何名留青史的好书，都是由一拨有情怀的出版人推出的。十多年前我们做《邓小平画传》，当时就是带着对小平同志的深厚情感，想的就是要做一本在全世界都站得住脚的图书。出版人的情怀决定了出版理念的高下。

需要说明的是，出版社追求出好书还是追求利润，表面上看是一致的，实际上二者在出版理念上的差别很大。出版社转企改制后，有的人就认为出版社是企业了，就是以追求利润为目标了。这是一个很大的误区。任何时候，出版社都要以出好书为目标，

只有不断走在出好书的路上，才会有人才、有品牌，也才会有利润、有钱。

反过来说，如果我们都奔着钱去做出版，那么，你就只能挣小钱，甚至最终挣不到钱。出版社出好书比挣钱重要，比挣钱更难，也比挣钱更加独特。挣钱是人人都能的，出好书是其他人都不能的。这是出版的神圣之处，也是出版人的骄傲之处。

四川出版的问题，说到底，就是没有形成一套出好书的理念。

## （二）什么是好书

关于什么是好书，这里我们不去做一般性的界定。诸如价值观正确、没有政治问题、质量要好等好书的基本特点，这不需多说。如果你出的书都反党反社会主义了，就不是什么好与不好的问题，而是一票否决。一个出版人，连起码的出版纪律都不懂，也就没有资格做出版了。所以，我们有一个原则，导向出问题，一票否决。

大家知道，我们国家特别重视出版业的社会效益，把社会效益放在首位，考核要让社会效益占到一半的比重。有人就说了，我出了那么多书，没有一本书有问题，这就是社会效益，就应该得到50分。所以，这个文件出台后，有的社长一下子就轻松了，感觉以后按照这个文件考核出版社，轻轻松松就可以拿到考核的高分。这里我们要问：不出坏书，没有问题，就等于有社会效益？如果这样的话，什么都不做，也有社会效益，没有出坏书嘛！那你这个出版社存在的价值在哪里呢？

按照这个文件要求，要加大国有文化企业社会效益的考核比重。对出版业来说，社会效益最直接的表达，就是出好书。因此，加大对出版社社会效益的考核，就是加大对出好书的考核。判定是不是好书，不是自己说了算，因为"孩子都是自己的乖"。因此，要通过"他评"而非"自评"的方式，来解决好书的标准问题。

什么是好书，应该有客观标准。我的理解，至少有三个：一是社会认可，就是获得各种政府及社会奖励，得到政府采纳和支持，包括资金支持或政策支持等；二是专业认可，就是具有文化传承价值，专家评价较高，获得各种专业性奖励等；三是市场认可，就是具有较大的发行量，读者的评价较高，有较好的市场表现，是畅销书或常销书。不管哪种类型，只要出版的图书符合这三个条件之一，就可以定义为好书。

按照上述标准来判断出版社所出图书，我们有多少可以算得上是好书呢？以此来看，这个社会效益的考核分数是好拿还是不好拿呢？道理很简单，任何考核都不会送分给你，拿高分都要付出努力。

### （三）出好书的关键在社长

出好书是目的，怎么出好书，则要靠能力、水平。十多年前我曾发表过一篇文章《社长：出版社第一竞争力》，现在这个说法已经被广泛认同。出版社能不能出好书，关键在社长。对出版社来说，围绕出好书，需要建立一系列制度、机制，要找到一批适合的人才，要营造一种适合创意生产的氛围，这些问题只有社长才能解决。我们说出好书的关键在社长，其实，这个说法还有一个相反的表达：出版社做得不好的原因，也在社长！

就当前我们的出书状况而言，需要注意两方面的问题：

一方面，出好书这事急不得，需要各种要素的积累。如果你的出版理念没有跟上，出版社体制机制没有活力，作者人脉没有建立，策划能力没有上去，编辑人才队伍没有形成，那么，出好书就是一句空话。这些要件的形成，有一个积累的过程；出好书能力的提升，也需要不断积累，仅靠一腔热血难以解决。

另一方面，出好书这事也慢不得。外部的激烈竞争，会使很多机会转瞬即逝。对做社长的人来说，你在位子上的时间有限，在你的任上怎么迅速建立起出好书的氛围和机制，多出好书，在出版历史上留下一道痕迹，需要只争朝夕。

## 三、激励：建立出好书的"赛跑"机制

### （一）建立"赛跑"机制——激励出好书

出版管理体制涉及的问题比较多，这里只说一个重要问题，就是为了竞相出好书，形成一种多出好书的生动局面，一定要在出版社之间和出版社内部编辑室之间建立起一种"赛跑"机制。对出好书卓有成效的出版社和编辑，给予更多支持和鼓励；对落后的出版社和编辑，给予处罚，甚至末位淘汰。

出版是一种创意产业，一家出版社一年出版几百种甚至上千种图书，每一种都不一样，所以，创新是出版社每天都要面临的课题。创新创造，往往不是靠下达指令就能够实现的，更多的要依靠出版社的氛围、机制，还有出版人的责任心和内在动力。我给你100万元，你能出版一套传世之作吗？抑或能推出一本全国

畅销书吗？显然不可能。

我有一个观点，图书发行要靠管理，更多地强调做好"规定动作"；图书出版要靠理念，更多地强调做好"自选动作"。如果用发行的理念管出版，就很容易管死。你把他管死了，怎么可能做好"自选动作"呢？所以，推动出版社做好"自选动作"，倡导多出好书，就需要建立一套"赛跑"机制。也只有通过竞争、激励和鞭策，才能逐步构建一个相对完善的出好书的制度体系。

### （二）建立"赛跑"规则——考核制度

比赛要做到公平、公正，就需要有一套统一的规则。评价出好书的工作做得好与不好，需要有一套考核制度。因此，实施"赛跑"机制，离不开考核。

不同的出版理念，就有不同的考核方式和考核重心。根据考核结果，该奖的要奖，该罚的要罚。这既是遵守规则，也是"赛跑"的意义。

### （三）明确考核重心——两个效益

对出版社的考核，核心是考核社长，重心是考核两个效益。

考核社会效益，就是考核出好书的情况。这是考核的重点，按照前面说的几个好书标准，我们就容易设计出一套考核指标了。

考核经济效益，也是自然而然的事情。现在的问题在于，我们目前的很多考核只盯着出版社是否盈利，这既不符合出版社出好书的理念，也不符合国家政策要求。就出版经济效益而言，要注意两个问题：

一是不要以为出版教材教辅很赚钱，就认为出版业很赚钱。出版教材教辅赚钱有一个前提，就是国家赋予了经营者独家经营权，具有一定的垄断经营性质。而一般图书的出版，市场是开放的、竞争的，因此一定不能用出版教材教辅的思维来做一般图书的出版。国家之所以把出版教材教辅这个权利给你，就是要你承担出好书、卖好书的义务，承担相应的社会责任。出好书、卖好书，是我们这个企业存在的根本价值。

二是出版社要实现可持续发展，又不能不盈利。关于出版社赚钱的问题，台湾诚品书店董事长说了一句很中肯的话："诚品没有经营不能活，没有文化不想活。"出版社不赚钱不能活，不出好书活着没意思。一般而言，出版社要盈利没有错，企业不盈利就活不下去。但是，如果我们只考核出版社的盈利，只盯着出版社是不是赚钱，就会促使出版社做短平快的项目，那么，出版社与多出好书就会渐行渐远。开书店卖书都能有这样的情怀，做出版的应该有更高的文化境界。

### （四）注意考核方式——宜粗不宜细

关于对出版社两个效益的考核，我的主张是，一定要简单易行，导向明确，不要把指标搞得太多，可以粗一点，抓住几个主要指标即可。过去我们在对出版社的考核上有比较多的教训值得总结。比较典型的做法就是，每个职能部门都想抓好自己管辖的工作，都想突出自己的作用，都要在考核指标里面有所体现，所以行政、党建、纪检、人事、后勤、工青妇等等，都要有考核分值，大家各自都要占5分或10分。似乎不在考核分值中体现，就意味着这项工作不重要。这样一来，每项工作都要考核，都要有分值，结果考核下来，大家的分值都差不多，因此，每年的评优，大家就"排排座"，轮着上。

考核指标太多太细，会带来两个方面的问题：一是导向不明确，什么都重要，结果是什么都不重要；二是容易把出版社管死，社长就没有余地了，这不利于多出好书。换句话说，我们不要深入到出版社内部去做社长要做的工作。社长在一线，要面临很多实际情况，这些问题就让社长们自己去解决，我们这些"社外之人"就不要去操社长的心了。

## 四、人才：形成以出好书为标准的用人机制

创意产业是轻资产、重人才的产业，出好书，要靠人才。人才的重要性不用多说。关键在于，怎么才能拥有人才。人才只能在出好书过程中成长，优秀团队只能在出版社的发展中形成。

### （一）在"赛跑"机制中选拔人才、重用人才

伯乐相马是一个传说，我们都做不了伯乐，因此只有通过"赛马"来识别千里马。通过比赛选拔、重用人才，一是大家认可，公认度高；二是导向清晰，有利于形成竞相干事、出好书的风气；三是领导不累，扯皮很少。

关于这个问题，我有一个根深蒂固的认识，衡量一个领导者是否称职，要看其事业的发展趋势。这个单位和岗位，在你手里是不断地上升，还是不断地下滑。我们个人在哪个单位供职，在

什么岗位做事，有偶然性。不管是在一个好的单位，还是条件差的单位，对我们个人来说，关键在于这个单位的事业在你手里，是在上升还是在下滑。这就是我们个人的作用。不管什么样的单位，要不断向上，都不容易，但又都有可能。不好的单位，基数小，潜力大，有上升空间。好的单位，条件好，有利因素多，更有上升的条件。千万不要说，我这个单位不好搞，别人的单位都好干。不管对一个单位，还是对一个岗位，干得好不好，就是判断是不是人才的最简单、最管用的标准。

### （二）在内部干部职工中培养人才、选拔人才

现在说到人才，可以说每个单位都感觉不够，总是觉得外面的人才很多，自己这里缺少人才。大家都在设想，用一种什么方式招纳社会贤才。对这个问题，我的体会是，人才都在岗位上，没有哪个人才是闲在家里的。像诸葛亮那样的能人赋闲在家，等着别人"三顾茅庐"，是小说中才有的。即便是外面某个岗位上的人才，引进到你这个单位来，也有一个水土服与不服的问题。因此，我认为，最大的人才资源存在于单位内部。关键问题在于，要改变我们的人才观。有位领导说过："坐上位置，就像那家人了。"这话还真有些道理。华西村吴仁宝说过一句话："大材小用，基本没用；小材大用，基本可用。"人的潜力是很大的，我们在座的很多人，不都是在不同岗位上锻炼成长起来的吗？有的人一旦有了平台和机会，就能够焕发出令人吃惊的能力与活力。反过来，比赛中失败了，下来就是。

### （三）在能上能下的机制中优化人才

出版业必须建立起干部能上能下的机制，才能做到让跑得慢的下去，跑得快的上来。干部能上能下，是过去"三项制度改革"的关键。

以业绩为导向的人才观，就是有了业绩，你就有更高的位置、更大的舞台和空间。反过来，坐上一定的位置，没有业绩支撑，那么这个位置你也坐不稳。

建立能上能下的机制，对选人用人导向具有十分重要的作用。庸人下不去，能人就上不来，也就留不住。现在我们一些社长，一方面抱怨人才缺乏，人才留不住，另一方面在干部选拔任用上，却当老好人，只上不下。干部选用的僵化状态，一定会造成人才的"沙漠"状态。有的社长，缺乏做领导应有的胸襟，一方面抱怨缺乏人才，另一方面又容不下人才。遇到真正的人才，他又说有这样那样的缺点和问题。这种领导对人才其实是叶公好龙，他更想显示自己的作用。你自己难道就没有缺点？为什么说社长是第一竞争力？就是因为人才的培养、选拔、管理和使用，都系在社长的身上。

## 五、选题：推进以出好书为核心的工作机制

### （一）抓选题是出版社最重要的业务

李嘉诚做地产，秘诀是"地头，地头，还是地头"。我们做出版，秘诀则是"选题，选题，还是选题"。

社长要身先士卒抓选题工作，在出版社内要形成以社长为顶层的多层次选题实施体系。这个体系形成的关键，就在社长。

一个社长不抓选题，不想选题，不懂抓选题，肯定不是称职的社长；如果一个出版社的社长没有精力来抓选题，成天忙于琐事、烦心事，这个出版社距离出好书就还有很远的距离。要打开出版社的工作局面，关键在于出好书、抓选题。

**（二）持续深耕才能形成出版社的选题优势**

市场经济诱惑太多，出书也是这样，往往觉得别人的领域好像更容易做，所以这个也想出，那个也想出，以至于自己找不着北了。做机会生意，是没有前途的。

关于专业分工，我的主张是，一方面，不要人为去限定，不要用行政命令的方式去规定。这样的规定是计划经济的思维。只要你有能力、能做好，都可以做。另一方面，只有在某个领域持续深耕，才能形成自己的专业优势，才有出好书的能力。出版社的特色之路，是靠自己走出来的。

有的出版社眼下没有市场优势，那么，就要在自己出书的"相对优势"中去寻求并建立"绝对优势"。

北京有一家发展得特别快的图书公司，叫读客。原本是做广告的，现在转过来做图书，他们做图书的方式与出版社传统的方式有很大的不同。他们做的书品种不多，但每一本都做得很深。他们的做法是，一旦确立选题，在编辑过程就开始做宣传营销，等书出来的时候，一切都顺理成章。他们还把出书与培训结合起来，比如他们做一本瑜伽的图书，就与各个瑜伽教练联系，给他们做培训，以此来推广他们的瑜伽图书。他们做书不追求品种，追求把每一个品种做深做精。这种做法，就与现代出版理念贴得很近。

### （三）出版社在选题开拓上，要有新的思维和办法

一要放宽眼界，用全国性选题应对全国性市场。长期以来，四川出版基本上都是以本地选题和稿源应对全国市场，所以，市场表现乏力。我们图书销售面对的是全国大市场，就不能把图书选题和稿源局限于本省小天地。我们是否可以以分社、工作室等形式走出去，在其他地方插一脚呢？我们是否可以与有的高校合作建立出版机构呢？

二要搭建平台，鼓励有能力的编辑人员发挥更大的作用。出版社目前面临一些体制上的束缚，需要寻求"点"上的突破。可以借鉴其他省的经验，在社内搞"项目股份制"，让参与者成为"联合创始人"。项目建设初期，个人就投资入股，持有15%至20%的股份，并与项目建设成败休戚与共。通过"项目股份制"的思路，既可在选题开发上寻求突破，又可在开发图书衍生产品、提供增值服务上找寻机会。在激励机制和内部创业问题上，很多人都推崇社会科学文献出版社"甲骨文"品牌的案例。三年前，社科文献社为社内编辑搭建了内部创业平台，三年后的今天，这一品牌年收入已近5000万元，并成立了自己的编辑室，成为行业内部创业的典型案例，受到了媒体的广泛关注。

三要转变观念，把竞争对手变为合作伙伴。社会上有很多文化工作室，有很多民营书商。这是个客观存在，与其让他们成为竞争对手，不如把他们变为合作伙伴，把负能量变成正能量。这

种合作方式，只要管得住，能出好书，为何不试？

国内优势出版集团不少都是与民营公司合作后，把出版业务做强做大的，如中南传媒与博集天卷的合作就是鲜活的案例。中南传媒 2011 年收购并控股业界具有核心竞争力的民营文化公司，成立"中南博集天卷文化传媒有限公司"，成为打造畅销书的基地。博集天卷在中南传媒内部的市场占有率（根据开卷数据），从 2011 年的 10.54%，上升到了 2012 年的 21.45%、2013 年的 29.98%、2014 年的 37.65%、2015 年的 39.11%。五年间，博集天卷在中南传媒内部的占比不断攀升。中南传媒的市场影响力和竞争力也迅速扩大。2011 年成立博集天卷以后，中南传媒在全国的码洋占有率从 2010 年的 1.75%，上升到了 2011 年的 2.81%、2013 年的 3.3%。博集天卷对中南传媒的带动作用非常明显，先后推出了《乖，摸摸头》《从你的全世界路过》《蔡康永的说话之道》《花千骨》等超级畅销书。博集天卷成为中南传媒名副其实的出版重镇。

### （四）用评奖表彰等方式激励出好书

出版是创意产业，出好书，不是靠"逼"就能解决问题的，一要靠好的机制和氛围，二要靠要素积累，包括编辑人才、作者资源、理念提升等。好书是水到渠成的产物。因此，出好书不能事前命令，只能事前倡导、事后奖励。奖励，对于出好书，既是一种有效的激励，又是一种明确的导向。这也是为什么在当前国家大量清理各种政府评奖的情况下，还保留了比较多的出版奖的原因。据说有人提出来，做出版的可以评奖，做财务的、做发行的为何就不能评奖？做出版的辛苦、重要，难道做财务的、做发行的就不辛苦、不重要？那么，反过来可以问，为什么在国家层面只设有出版奖，而没有设发行、财务等方面的奖项呢？原因只有一个，那就是图书出版是文化创意产业的核心，具有一般行业不同的特点。这与是否辛苦、是否重要无关。要比辛苦和重要，煮饭的最辛苦、最重要。

# 社长：出版社第一竞争力[*]

## 一、出版社必须提升自己的核心竞争力

近年来，我国出版业出现了许多新的情况，这些情况对出版社的生存方式和生存环境带来了深刻的影响。一方面，随着我国社会主义市场经济体制的逐步建立，出版业的改革日益深化，出版社参与竞争、谋求发展的内在要求越来越强烈，越来越主动地面向市场，赢得市场；另一方面，随着我国加入世贸组织后出版物分销市场的逐步放开，出版社面临的外部竞争压力越来越大，相互之间的竞争越来越激烈。这些情况使出版社十分注重提高自己的市场竞争能力，并由此注意到要真正提高市场竞争能力，必须培育、提升自己的核心竞争力。因此，在近一段时期，提升核心竞争力成为出版业的一个广受关注的话题。

出版社的核心竞争力目前还没有一个统一的定义。就其要义来讲，出版社核心竞争力是指出版社支撑其生存、发展并且难以被取代的基本竞争能力。核心竞争力不是出版社的全部竞争力，而是从出版社的核心业务中衍生而来，是出版社优势的集中体现。

---

[*] 本文原载《中国出版》2004年第7期。

出版社的核心竞争力有几个特点：一是战略性或决定性，即这种竞争力在出版社处于战略性地位，对出版社的生存、发展有决定性作用；二是独特性或不可替代性，即这种竞争力是这个出版社独有的，是其他出版社难以模仿和取代的；三是发展性或创新性，即这种竞争力是随着出版社的发展而不断发展、不断创新的。

那么，在实践中，究竟什么是出版社的核心竞争力呢？对此，不同的人有不同的理解。这里，可以肯定地说，书号、人员、编辑制作设备等，这些内容不是出版社核心竞争力的构成要素。这些仅仅是兴办出版社的必要条件。同样具备这些条件的出版社，其办社水平往往是很不一样的，其核心竞争力更是有天壤之别。因此，决定出版社办社水平和市场竞争力的，不是办社条件，而是更深层次的东西。出版社的核心竞争力，我以为至少包含以下五个方面：

（1）领导班子的素质和能力，主要是管理能力。出版社管理能力的大小，又首先取决于"一把手"的管理能力的大小。

（2）员工的素质和凝聚力，主要是团队精神。出版社不需要太多的物质装备条件，决定出版社发展的重要因素是出版社员工的素质和团队精神，尤其是出版社的管理队伍、编辑队伍、营销队伍的素质及其团队精神。

（3）出版社选题的持续开发能力。出版社的产品是图书，而图书出版的市场效果如何首先取决于选题开发。出版社之间竞争力的差异，较多地表现在选题开发能力上。

（4）营销能力，主要是市场开发能力。出版社的营销能力，对内表现为出版社能否建立起以市场为导向的出版营销体系，对外则表现为出版社能否建立广泛而有效的营销网络。出版社营销能力的大小直接影响其经济效益的高低。

（5）出版社的产品质量和品牌。这是出版社上述能力提升的结果。品牌在一定程度上决定出版社的可持续发展的能力。所以，有人说，关心品牌，就是关心未来。

出版社要有长足的发展，要在市场竞争中保持优势，必须不断提升和发展这些核心竞争能力。实际上，上述这些竞争力在出版社并不是完全平行的，不同出版社所凸显的核心竞争能力也是有差异的。但是，无论这些竞争能力在出版社的重要性如何，其中最重要的，或者说是决定出版社这些核心竞争力能否发挥出来的第一个要素，就是社长的个人素质和能力。可以说，社长是出版社的第一竞争力。

## 二、社长是出版社的第一竞争力

社长是出版社的第一竞争力，是由诸多原因决定的。

首先，社长决定着出版社综合竞争力的高低。

社长是出版社其他竞争要素发挥作用的先决因素。社长作为出版社的"一把手"，其素质高低直接影响整个出版社各个竞争要素的组合和能量的发挥。说社长是第一竞争力，这里"第一"主要表现在社长是出版社诸多竞争要素中的第一要素，他的作用发挥得如何，直接影响出版社其他竞争要素作用的发挥。换言之，出版社许多竞争要素要充分起作用，首先需要社长这个要素发挥积极作用，甚至是超水平发挥作用。没有一个好的社长，出版社许多好的资源就难以发挥作用,潜在的优势就难以转化为现实的效益。

社长是出版社团队精神形成的先决因素。出版业是人力密集、智力密集的产业。这种产业特性决定了其核心竞争力主要来自从业人员的素质和团队精神。一家出版社员工的素质高低,除了历史的原因即多年形成的既有水平外,还受到出版社是否有一个好的激励和约束机制的影响,而这个机制的建立,很大程度上取决于社长的改革态度和管理能力。同时,社长的用人观念也制约着出版社员工素质能否提高、出版社优秀人才能否脱颖而出。很难想象一个低素质、低能力的社长能够任用高素质、高能力的下属。出版社团队精神的形成,则明显地受到社长的个人素质和个人魅力的影响。如果出版社没有一个具有个人魅力和亲和力的社长,就难以形成一个团结、有力、廉洁、高效的领导班子,员工的向心力也难以凝聚,更谈不上最大限度地调动员工的工作积极性,真正激活出版社员工的创造热情。

社长是出版社管理水平高低的决定因素。出版社许多竞争要素的作用,都要靠管理来实现,要靠管理来保证、维系、延续。出版社所有环节的工作都离不开管理。管理能力是出版社核心竞争力中的重要方面,管理水平直接反映并代表着出版社的核心竞争力水平。管理如此重要,那么,由谁来管理?当然是出版社各级管理人员形成的管理团队,而这个管理团队的核心是社长。如果社长缺乏管理能力,管理团队凝聚不起来,那么,出版社就不可能有较高的管理水平。

其次,社长决定着出版社的发展方向和发展状态。

社长是出版社发展方向的掌舵人。国家把出版社的出版导向、出书把关的第一责任和相应的管理权力，赋予了社长。这使社长的素质和能力成为出版社这艘航船能否沿着正确的航向前行的重要前提。如果社长疏于管理，缺乏把关的责任心或应有的把关能力，那么，就会给出版社带来致命的方向性错误。所以，社长决定着出版社能否坚持正确的出版导向，并在此前提下提高两个效益，推进出版社的发展，实现国有资产的保值增值。

社长是出版社发展战略的决策人。现代出版业的竞争已经迫使出版社必须依靠一个切实可行的发展战略，集中精力在某一个或几个领域不断开拓。只有这样，才有能力深化选题，驾驭选题，赢得市场，有所发展。因此，出版社确定什么样的风格和定位，制定的发展战略是否符合客观实际，是出版社能否顺利发展的关键。而社长作为发展战略的决策者，他的出版理念、管理理念、用人观念、品牌意识、市场意识等，对出版社的风格、特色以及发展思路的形成会产生重大的影响。

社长是出版社实现创新的带头人。出版社是知识经济的前沿，知识经济是知识创新的经济。而创新是出版的灵魂。出版社要有所作为、有所发展，要实现选题创新，就必须有观念创新、管理创新、制度创新。而实现这些创新首先需要出版社社长具有创新意识，勇于创新，敢于创新，善于创新。如果社长个人缺乏创新意识，那么，这个出版社即使拥有创新的资源和创新的条件，也难以实现真正的创新。

再次，当今的市场竞争，领军人物的个人作用不可忽视。

从出版业发展的实际情况来说，出版社之间的竞争首先表现为社长个人素质、能力的竞争。市场竞争的实质是人的竞争。社长是出版社的第一人，因而出版社之间的竞争，首先表现为社长个人素质、能力、理念的竞争。从出版社发展的实际情况看，凡是发展得好的出版社，都有一个个人素质非常优秀、懂出版、善经营的社长。而凡是发展得不好的出版社，往往都有社长个人的原因。因此，我们说，选好一把手，确定一个好的社长，就是树立起了一面旗子。这种例子屡见不鲜：一个负债累累的出版社，新社长上任后励精图治，奋发图强，任用贤能，调动员工的积极性，经过短时间的努力就使局面得到改善，好书不断，扭亏为盈。同是一块牌子，同是一班人马，因为有了不同素质的社长就产生了迥然不同的结果。在这里，社长的不可替代的作用显而易见。有人说，书如其人、社如其人，这个"人"，更多地是体现在出版社第一人——社长身上。许多著名的出版社，其发展都是与社长的作用联系在一起的。这正如只要说到海尔集团，就马上会想到张瑞敏一样。

从社会对出版社社长的要求来说，优秀的社长是十分稀缺的资源。一家出版社对其社长的要求是多方面的，几乎是完美的。一个优秀的社长既要有强烈的政治责任意识，有把关的能力，懂得国家的出版方针政策，能够很好地坚持正确的出版导向，又要擅长出版经营管理。对外，社长要了解出版物市场状况和发展趋势，熟知出版物发行渠道，懂得图书营销的规律；对内，社长能够团结出版社一班人，形成凝聚力，参与市场竞争，并不断提高市场竞争力。同时，一个优秀的出版社社长还需要对本版图书所涉及的领域具有一定的专业知识，形成在这个领域所特有的个人魅力。

这种需要多方面才能的复合型人才，在现实社会中是十分稀少的。古人云："千军易得，一将难求。"拥有一个优秀的社长，这个出版社就成功了一半。所以，在各种出版资源中，社长是第一资源。

从当前出版业的现状来说，社长的素质已经成为制约出版社发展的首要因素了。从当前实际情况来看，尽管在近年出版业改革与发展中，有不少发展较好的出版社，涌现了许多优秀的社长，在他们的带领下出版社做出了骄人的业绩，但不可忽视的是，由于受多种因素影响，仍然有大量出版社的社长不适应市场竞争的要求，其观念带有浓厚的计划经济色彩，普遍存在着年龄老化、知识结构单一化、思想僵化、行为钝化等问题，这与激烈的市场竞争所需要的敏锐、果敢、进取形成了鲜明的对比。这种状况严重地制约了一大批出版社的发展。现在40岁左右的社长在出版界是凤毛麟角，这是极不正常的现象。我国当前出版社社长的素质，已经成为制约许多出版社参与竞争、谋求发展的最重要的因素了，是我国出版产业发展亟待改善的"短板"。重视并解决这个问题，是当前提高出版社核心竞争力的首要途径。

## 三、选拔好社长是提升出版社核心竞争力最重要的途径

重视单位"一把手"的作用，并不是一个新鲜话题。那么，为什么我们还要强调"一把手"的作用，甚至把它提到"第一竞争力"的高度呢？我们认为，在当前的出版业，强调这个问题具有重要的现实意义。

（1）有利于出版社上级主办、主管单位重视社长人选的选拔。要真正提高出版社的核心竞争力，首先要提高出版社的第一竞争力，选拔好社长。因此，上级主办、主管单位管理出版社一个十分重要的工作，就是"用好人"，首先是用好"一把手"，就是遴选出一位称职的、优秀的社长。选拔好社长，是使出版社走上健康发展道路的重要前提；选拔好社长，等于主管部门做好了出版社相当部分的管理工作，对于出版社的发展能够起到事半功倍的效果。

（2）有利于社长本人增强对这个职务的使命感、神圣感和责任感，使之千方百计做好自己的工作，不辱使命。

（3）有利于出版社员工尊重社长的领导，使社长充分发挥其作用。出版社员工要以生产力的标准、以两个效益的标准来衡量社长的工作，看他是不是使出版社的好书增多了，是否使出版社的两个效益提高了，是否使出版社的品牌知名度扩大了，是否使职工的收益和上交国家的税利增加了。

从当前我国出版社的实际情况来看，提高第一竞争力迫切需要解决以下几方面的问题：

（1）改革和创新社长的选拔机制。要以高度负责的精神和科学的办法选拔社长。选好人需要有一套科学的办法，需要引入竞争机制，完善竞争上岗的制度。这就要改变目前对社长的选拔方式。优秀的社长是从实践中走出来的。对社长的选拔，要从传统的"相马"变为"赛马"，在竞争中选拔人才，在事业的发展中发现人才。竞争可以实现人才的优胜劣汰，保持社长人选的最佳状态。通过目标考核，以业绩、政绩来说话，形成能上能下、能者上庸者下的制度，使德才兼备的人才脱颖而出。选拔社长要打破选人用人中论资排辈的观念和做法，不拘一格，形成优秀青年人才脱颖而出的机制，使更多德才兼备的优秀青年人才走上社长的岗位。

（2）建立健全对社长的激励与约束机制。社长作为个人也有自己的切身利益，要让社长积极投身于工作，作为出版社的主办、主管单位，就应当建立必要的物质和精神激励制度。如果仅仅依靠社长的自觉性或责任心来保持其对事业的全力投入是不稳定、不可靠的，因而也是难以长久的。因此，必须建立一套针对社长的激励机制，使社长不仅自身有积极性全力投身工作，而且使其有积极性去发掘、重用一批优秀的人才，从而使整个出版社形成吸引人才、留住人才、用好人才的机制。同样道理，既然不能寄希望于选拔的社长都有一心为公、不谋私利的觉悟，需要对他们的工作业绩给予必要的利益激励，那么，在另一方面，就需要对社长的个人私利加以约束和限制，使其对权力的运用有监督、有约束，否则他们也有可能滥用职权，谋取私利。所以，激励和约束是一个问题的两个方面，二者相辅相成，缺一不可。

（3）完善社长的目标考核制度。考核出版社同时也是考核社长。只有建立起一套有效的考核制度，对社长的激励与约束才能够落到实处，才能够做到"能者上，庸者下"，也才能使社长真正发挥第一竞争力的作用。建立对社长的考核制度是出版社管理的一项基础性工作。对社长有了严格的考核，并对考核结果有相应的奖惩，才会使社长有积极性抓好出版社内部管理和各个层次的考核工作。从这个意义上说，建立对社长的考核制度，是建立出版社内部考核体系的基础和前提。对社长的考核，需要一套科学的考核制度和双效目标考核体系,考核内容至少要包含几个方面:一是坚持正确出版导向的情况,二是出版社每年经济指标增长的情况,三是出版好书包括获奖的情况,四是出版社员工的认可情况。通过对社长的考核,把社长的任职效果与个人收入挂起钩来,以此促进出版社年年有发展,时时有好书。

(4)从制度上赋予社长必要的经营管理自主权。要使社长有所作为,必须放手让他行使自己的职责,因此,必须赋予社长必要的经营管理自主权。要发挥社长第一竞争力作用,不仅要使社长想有所为,有积极性、有能力有所为,还要让他能够有所为,有条件有所为。这就要考虑赋予社长必要的自主权。目前由于出版业存在着改革滞后、政企不分的问题,出版社实际上是政府管理部门的附庸,政府对出版社的具体经营管理事务管得过多过细,而对出版社的业绩考核反而不够。目前许多出版社运作不好,也有不少政府主管部门方面的原因,加之出版社自身少有经营管理自主权和相对独立的经济利益,这从积极性和自主权两个方面制约了社长强化管理,开拓市场,创新选题。我们认为,在当前的情况下,赋予社长经营管理自主权,进一步明确出版社的法人地位,完善相应的法律法规。

# 牵住出版社发展与繁荣的"牛鼻子"[*]

## ——谈年度选题计划的制定与落实

中国出版业进入21世纪，面临着许多机遇和挑战。对出版社来说，要抓住机遇、迎接挑战，说一千道一万，还是要多出好书，谋求发展。落实到具体的出版工作中，就是要抓好选题，制定与落实好年度选题计划。

## 一、抓好年度选题计划是出版社发展与繁荣的关键

选题是出版社的生命线。现在，选题对出版社的重要性几乎人人都知道。但是，如何抓选题，为什么要抓好年度选题计划，却并非人人都知道。许多出版社甚至把报送年度选题计划作为应付出版主管部门的例行差事，根本没有把制定与实施年度选题计划作为出版社的基本工作，更没有把它放到一个应有的高度加以重视。实际上，抓好年度选题规划等于牵住了出版社发展与繁荣的"牛鼻子"，对出版社意义重大。尤其在目前出版改革不断深化的背景下，出版社长期所依靠的中小学教材教辅出版业务，不仅其利润越来越薄，而且还可能因出版招标而丧失。出版社在新的

---

[*] 本文原载《中国出版》2001年第7期。

形势下，只能进入市场，通过出好书赢得市场、赢得效益。出好书，就要抓好选题工作。抓好选题工作，就一定要重视年度选题计划。

首先，随着我国市场经济的发展，出版社的工作重心已经由作者交稿后的加工，前移到作者交稿前的策划和作者成稿时的争夺。选题策划已经成为出版社核心竞争力的主要内容。因此，选题计划自然就成为出版社的重要工作环节。正如有人说的："有了好的选题计划，别人为你打工；没有好的选题计划，你为别人打工。"

其次，年度选题计划与图书出版周期相吻合，因而它是出版社选题管理的有效手段。出版社的选题策划和出版周期一般为一年左右，与年度选题计划的时间大体一致。通过制定年度选题计划，将出版社所确定的选题纳入计划，使出版按计划运行，有利于出版社的领导心中有数，使出版社的整个工作处于有序状态。

再次，制定好年度选题计划，可以强化出版社的出版特色和经营思路，避免选题杂乱无序。通过制定年度选题计划，既可以优化出版社选题结构，把握选题走向，合理安排重点选题和核心选题，又可以有效地控制出版社的出书总量和品种结构，避免和克服选题简单跟风、过度追踪热点等问题，有利于出版社的整个工作走上规范化的路子。

最后，制定好年度选题计划，有利于出版社按轻重缓急分别予以实施，使出版社综合调度、合理使用有限的人力、财力和物力，从而将出版社有限的力量释放出最大的出版效应。每个出版社的能力都是有限的，只有充分掌握情况，精心规划并按计划实施，才能真正以管理出效益，走上集约化经营的道路。

## 二、明确出版思路和特色是制定年度选题计划的基础

出版社是知识经济的前沿，知识经济是知识创新的经济，而创新是出版的灵魂。出版社要有所作为、有所发展，必然要实现体制创新、管理创新，这最终都要体现在选题创新上。选题创新是每个出版社都孜孜以求的。但是，就单个出版社而言，每个出版社的能力都是有限的，要在每年全国新出的十多万种图书中求新求好，是十分不易的。这就需要出版社扬长避短、精耕细作，就需要为自己定位，明确"我是谁"，从而找到自己的发展思路和选题特色，找到自己的"魂"。

出版社为自己定位，明确自己的出版思路和选题特色，主要有两个途径：一是总结优势、强化特色，就是总结自己过去多年已经形成的优势和特色，将其升华为一种理性的发展思路，在此基础上致力于深化开拓；二是发展优势、创造特色，就是在分析论证图书市场发展变化趋势、同行竞争对手的相对弱势以及自己的相对优势的基础上，确定自己的选题主线和发展目标，集中力量在确定的领域内拓展，凝聚自己的优势，从而逐步形成自己的特色。

## 三、面向市场、适应需求是制定年度选题计划的重点

制定选题计划，目的是出好书。一般而言，评价好书的标准是两个，一是专业标准，二是市场标准。这里强调市场标准，把面向市场、适应读者需求作为制定年度选题计划的重点，主要有几个原因：

其一，是由我国社会主义市场经济决定的。我们出版工作的目的是满足人民群众日益增长的精神文化需要。在社会主义市场经济条件下，我们所出图书是否很好地满足人民群众的精神文化需要，人民群众是否真正欢迎我们出版的图书，都会直接表现为销量的大小。因此，适应市场需要与满足人民群众需要二者在根本上是一致的。

其二，是由我国出版业迈向市场的紧迫性决定的。我国出版业在计划经济中封闭得太久，至今尚未走出这个圈子。看看我们目前的出书结构，有两个令人忧心的特点：一个是教材教辅比重大，这说明我们还在吃计划经济的饭；二个是平庸书比重大，可出可不出的书多，这说明我们还在吃垄断饭、吃书号饭。在社会主义市场经济已初步形成的今天，在我国即将加入WTO并面临诸多挑战的情况下，出版社面向市场、选题面向市场，已是出版业的一个十分迫切的战略问题。

其三，是由出版社自负盈亏的企业化管理决定的。出版社只有面向市场，多出畅销书、常销书，赢得经济效益，才能生存和发展，也才有条件出版那些以专业标准来看文化积累价值高、学术价值高而市场销量较小的图书。从这个意义上讲，出版社面向市场，多出版市场接受、群众欢迎的图书，是出版社开发选题的主流。

当然，适应市场，是以社会效益为前提的，决不是迎合极少数人的低级趣味。社会主义市场是有严格管理的市场，低级趣味的东西实质上没有市场。

## 四、保证实现是制定年度选题计划的根本

许多出版社不重视年度选题计划的重要原因，是因为年度选题计划的执行率和实现率低，感到没有什么意义。实际上，年度选题计划实现率低，往往是一个出版社选题策划能力低、经营管理水平低的一个重要表现。出版社年度选题计划实现率低，主要有几个原因，一是领导不重视，从开始就没有考虑要实现多少，年度选题计划实际就是应付上级的"官样文章"；二是调研不够，既不善于把握市场，也不了解自己的长处，计划本身就是拍脑袋形成的；三是论证不够，方式单一，草率地确定计划；四是实施不力，既不明确实施计划的责任，又不跟踪督促计划的落实。

提高年度选题计划的实现率，应从以下几方面着手：

一是把握市场。在策划选题的过程中，编辑要通过各种渠道进行广泛的市场调研，特别是走访新华书店、图书批销中心等。编辑们有的在市场调研中获取信息，捕捉灵感；有的是带着选题思路去书店征求业务人员的意见，了解同类图书的相关情况，设计和寻求切入的角度，使自己的选题更加符合市场需求，尽量做到与市场合拍。

二是常年思考。制定年度选题计划，决不是到了年底才开始考虑下一年的选题。而是在一年四季中，不间断地出书，不间断地谋划新选题。出版社是做什么的？就是出书的，就是抓选题的。所以，出版社时刻都要把选题放在十分重要的位置上，随时根据市场情况和读者需要，规划组织新的选题。年度选题计划不过是平时规划选题的集中反映。

三是认真准备。做好制定年度选题计划的准备工作，是提高年度选题计划质量、保证较高实现率的重要环节。做好准备工作，一是总结上一年度选题的方向、结构和质量以及实现情况，以求心中有数，使来年做得更好；二是搞好调研，广泛征求作者、书店和读者的意见；三是时间提前，使年度选题计划有较长时间的酝酿、论证过程；四是广泛听取社内意见，把每一个同志的选题思考都收集上来，哪怕是一个思想火花，最后也有可能成为重大选题。

四是充分论证。在做好年度选题计划准备工作的基础上，对掌握的材料要进行充分论证，以求对所收集的意见进行去粗取精、去伪存真。这里要注意几个问题，一是把集中论证与经常性论证结合起来。在集中论证外，还应常提出，常调研，常论证，灵活安排。二是把对选题效果的分析与可行性研究结合起来。选题论证首先是看其市场效果或文化学术价值，同时，还要看它的可实现性、可操作性。没有出版价值的不能列选，有出版价值而实现不了的也不能列选。三是把定性分析与定量分析结合起来。首先要分析选题好与不好，同时，还要对这个选题的销量、成本、盈亏甚至社会效果进行评估测算，真正对这个选题做到心中有数。

五是精心组织。制定出年度选题计划，并非万事大吉，因为此刻选题还停留在纸面上。如果选题不能实施，制定的计划就无意义。因此，出版社必须对年度选题计划的实施精心组织安排，分别落到实处。落实选题计划，首先要把列入计划的每一个选题落实到责任人头上，使个个选题都有人抓，做到任务明确、责任明确；其次对重点选题和核心选题要由领导直接抓，使重点选题和核心选题的实施有保障；最后要掌握好选题计划实施的进度，以便相机调整编辑力量并做好后期准备，从而使出版社的年度选题计划在有序的状态中实施并实现。

# 实现两个效益相统一，
# 推动企业做优做强做大[*]

最近中央发布了一份专门针对国有文化企业发的文件。对国有文化企业来说，这是一个极其重要的文件，必将对文化产业发展产生重要影响。

学习这个文件，我们深刻感到，党和国家在明确国有文化企业社会效益和经济效益价值取向及两者关系上，有硬性规定，有制度安排。这个文件，对国有文化企业既有严格要求，又是重大机遇。作为文化企业，需要认真学习，深刻领会，吃透精神，把握机遇。

抓住这一发展机遇，要把握三个要点，即把社会效益放在首位，实现两个效益相统一，是方向和前提；推动企业做强做优做大，是基础和支撑；抓好人才队伍建设，是关键和保障。

## 一、建立把社会效益放在首位、实现两个效益相统一的考核评价体系

第一，要树立把社会效益放在首位的责任意识，不断提高做好社会效益工作和正确处理好两个效益关系的能力。当两个效益、

---

[*] 本文摘自 2015 年 10 月 16 日在四川新华发行集团中心组理论学习会上的讲话。

两种价值发生矛盾时，无疑是经济效益服从社会效益、市场价值服从社会价值。在这个问题上，一定要有大局观。同时，在社会效益的甄别上，一定要提高我们自身的能力。因为对一本书社会效益的甄别，不是想象中的那样简单，更不能说只要不反党反社会主义就可以出版，其中有很多专业判断。相对而言，政治导向问题比较明显，更容易把关；价值导向问题不那么明显，把关的难度会更大。所以，把握好价值导向，对编辑的能力和素养提出了更高的要求。

第二，要有一套保障社会效益放在首位、把好出版导向关的制度体系。这就是我们过去常说的，要有一套事前管理、事中管理、事后管理的制度。对此，需要我们进一步审视，我们的事前管理、事中管理和事后管理的制度是否健全了，是否落实了。

第三，要建立一套把社会效益放在首位、实现两个效益相统一的考核评价体系。集团要按照这个文件精神，建立和完善各单位的考核评价体系。一是要高度重视对社会效益的考核，明确社会效益指标考核权重占50%以上。二是要建立符合集团各单位特别是出版单位发展实际的考核评价体系。三是在学习、借鉴业内领先单位经验的基础上，逐步完善集团的考核评价体系。虽然集团现在也有考核评价体系，但目前这套体系是否有效，是否具有针对性，是否符合集团现阶段发展特点，是否把这个文件精神都贯穿进去了，都需要我们重新审视。集团要根据新的文件精神，用新的思维和要求，修订完善集团的考核评价体系，对不合时宜的要坚决纠正。

第四，要预防两个"偏差"。一是只讲经济效益，忽视社会效益。

这个文件就是直接针对这个问题颁布的,相信这个文件出台之后,这种情况会比较少,或者说会得到极大的纠正。二是只讲社会效益,不讲经济效益。在出版工作中,这一点要特别注意预防。对出版社来说,好像把书出版出来了,就有了社会效益,就完成任务了,这样理解就偏离了"实现社会效益与经济效益相统一"的要求。在社会主义市场经济体制下,在绝大多数情况下,社会效益与经济效益是一致的。好的图书,有好的销售,两个效益是相互促进的。同时,我们也要看到,在目前的管理体制下,出版导向有问题的图书,是不可能大量销售的。也就是说,一本书若没有社会效益,也不可能有好的经济效益。因此,对这个问题,我们一定要正确理解。文件中提出"坚决反对唯票房、唯收视率、唯发行量、唯点击率",这里的"唯",是"只"的意思。就出版业而言,要坚决反对"只"追求发行量的出版行为。正向理解就是,要讲发行量,但不唯发行量。

## 二、要推动企业做强做优做大

实现两个效益相统一,需要有优质、强大的企业做支撑。企业实力不强,难以做好两个效益的统一;出版社出书能力不行,两个效益相统一也难以有根本的保障。

在这个文件里,对推动企业做强做优做大,有很多制度性安排,也有很多政策机遇,可以说是"干货"满满,需要我们深入领会,认真把握,贯彻落实。(1)正确处理党委、政府与国有文化企业的关系,尊重企业法人主体地位和自主经营权;(2)探索建立党委和政府监管有机结合、宣传部门有效主导的管理模式，完善资产管理监管运营机制；（3）把加强党的领导与完善公司治理统一起来，创新资产组织形式和经营管理模式；（4）科学设置企业内部组织结构；（5）深化企业内部劳动、人事和收入分配等制度改革；（6）已经转企的出版社等单位，实行国有独资或国有文化企业控股下的国有多元；（7）探索制作与出版的分开，探索实行特殊管理股制度；（8）推进以资本为纽带的联合、重组；（9）推进国有文化资本授权经营，统筹考虑两个效益相统一要求；（10）着力落实和完善文化经济政策，保证国有文化企业合理经济效益、职工合理经济利益，引导国有文化企业自觉追求社会效益最大化，实现可持续发展。保障措施有：进一步加大财政支持力度，创新财政资金使用方式，落实和完善税收优惠政策。

## 三、要着力加强人才队伍建设

把社会效益放在首位、实现两个效益相统一，人才队伍建设是关键和保障。没有人才，在实践中就很难做到社会效益放在首位和实现两个效益相统一。因此，贯彻落实这个文件精神，加强人才队伍建设至关重要。

人才队伍建设，领导干部是关键少数。文件中特别强调健全企业干部人才管理制度，要求坚持德才兼备、以德为先的选人用人标准，着力打造讲政治、守纪律、会经营、善管理、有文化的国有文化企业干部人才队伍。这几个方面的要求，一个都不能少。按照这个要求，集团要建立一套规范的选人用人制度，并明确选人用人时，要特别看重社会效益和经济效益相统一的工作力度与业绩，提高选人用人的公信度。

文件中提到的几个问题，要高度重视。（1）逐步建立企业领导人分类分层管理制度。加强对企业领导人员的日常管理，及时调整不胜任、不称职的领导人员。（2）建立企业负责人履行社会效益责任追究制度。（3）开展国有控股上市文化公司股权激励试点。

实际上，做好人才队伍建设，除了要遵循硬性的制度安排之外，还要注重营造好企业文化氛围。领导干部是做人的工作，特别需要营造一个好的氛围。氛围营造好了，很多事情就会事半功倍。

营造企业文化氛围，企业领导的作用至为关键。一个企业是否充满活力，是否充满文化感，是否团结向上，领导班子起着决定性作用。集团每个企业，都需要通过一把手带班子，班子带队伍，努力营造好企业文化氛围，建立集团独特的企业文化。

# 依托集团优势，推动民族出版社发展[*]

2013年年初，中共四川省委宣传部作出了将四川民族出版社整体划转到四川党建期刊集团的决策部署。为什么要将民族社划归期刊集团？期刊集团有哪些优势可以助推民族社的发展？划转后民族社能否有更好的发展？这是四川出版界普遍关心的问题。

## 一、民族社划归期刊集团的缘由

中共四川省委宣传部作出将民族社划归期刊集团这个决策，是经过反复斟酌的。对期刊集团而言，这是预料之外，却又在情理之中。在我国出版社转企改制接近"收官"之际，摆在民族社面前有两条道路：一是转制为企业，成为一家经营性出版社，像四川人民出版社等其他出版社一样，进入新华文轩。如果选择走这条道路，民族社的很多优势和特点，就可能凸显不出来。二是成为公益性出版社。如果这样选择，就必须调整现行管理体制，将民族社转入其他事业性质的主管、主办单位。

---

[*] 本文摘自2013年1月18日在四川民族出版社整体划转到四川党建期刊集团动员大会上的讲话。

综合分析当时各大省级文化集团的情况，尽管存在多种可能，但最终只剩下一种可能，就是民族社进入期刊集团。因此，民族社划归期刊集团，是水到渠成，是作为一家公益性出版社的必然选择。

## 二、期刊集团的独特优势，有利于民族社更好发展

1. 体制优势。期刊集团是以省委机关刊物为核心组建的传媒集团，旗下有13家报刊。由于期刊集团是以党刊为核心，所以，期刊集团保持了事业单位的性质。同时，在前不久非时政类报刊转企改制的改革中，期刊集团对旗下13家报刊进行了转企改制，并组建了一家控股期刊传媒股份公司。因此，期刊集团具有公益性事业和经营性企业两种职能，可以很好地解决国家支持项目和市场开拓问题。

2. 人才优势。经过多年发展，期刊集团不仅培养和聚集了一批优秀业务人才，还历练了一批管理人才。比如申办事业机构编制，据了解，目前还只有期刊集团办成过。当初期刊集团既没有事业单位注册，又没有机构编制。经过三年努力，事业单位登记注册、总署批准认可、机构编制审批等诸多问题，都得到了解决。

3. 理念优势。期刊集团在2005年10月我接手的时候，亏损110多万元，发展到目前年盈利4200多万元，当中经历了一个十分艰难的过程。从亏损到盈利、从"无"到"有"的这个过程，是省内其他任何集团都没有经历过的。也正是这个过程，使期刊集团的制度建设、人才队伍建设、管理能力建设以及理念的提升，

都比其他集团有更多的实践,并培养和形成了期刊集团的核心竞争能力。在这一"爬坡"过程中形成的人才团队、管理制度和经营理念,是期刊集团的制胜法宝。对期刊集团来说,盈利几千万不是最大的财富,最大的财富是我们的制度、人才和理念。这就是我们常说的软实力。因为钱是死的,只有这些活的东西,才能够推动期刊集团持续发展。而这也是最有利于民族社发展的精神财富。当"富二代"很容易,谁都愿意当;但当"富二代他爹",就很不容易。我们所做的,恰是"富二代他爹"的事情。

由于期刊集团有这样的优势,民族社划转进入期刊集团,将迎来一个加快发展、更好发展的历史机遇。

对民族社来说,进入期刊集团,一是在体制上,有利于解决民族社的公益性出版社问题,解决民族社的事业体制问题;二是在发展上,能够得到更多资源支持,包括人才资源、社会资源、选题资源、市场资源等,这些都有利于民族社更好地发展;三是在管理上,将会得到更多关注,有利于民族社更快地发展。民族社将从过去四川出版集团"多子女"管理转向"独生子女"管理模式,即从四川出版集团管导向多、抓发展少,管理比较粗放的状况,转为期刊集团的精细化管理——不仅要抓导向,更要抓发展。因此,民族社划归期刊集团,将会迎来一个加快发展、更好发展的历史机遇。

对期刊集团来说,民族社的进入能够更好地实现发展目标。因为民族社的"加盟",期刊集团将从过去相对单一的报刊媒体运作,进入书报刊平面全媒体运作新的战略发展阶段,进入书报刊融合发展的新时代。同时,民族社的进入将彻底改变期刊集团的发展格局,期刊集团将在新的资源条件下,重新整合内部资源,进一步扩大业务边界,规划新的战略目标,谋求更大的发展。

## 三、民族社干部职工,要把思想统一到省委宣传部的决策上来

省委宣传部已经做出了这个重大决定,四川党建期刊集团和四川出版集团已经确定了划转时间节点,不管是期刊集团,还是民族出版社,我们都要坚决执行上级的决策部署,并肩负起这个职责。讲政治,在重大问题面前态度坚决,这是衡量一个领导干部素质高低的最重要的标准。

对期刊集团来说,要切实承担和履行好这个职责;对民族社领导班子的每个成员来说,就要讲政治,从这个时候开始,一切听从期刊集团的领导、安排和部署。在这个转折时期,不利于团结的话不说,不利于团结的事不做,要多做有利于这个转变的事情,多说有利于这个转变的话。社领导班子成员最重要的一个职责就是贯彻落实上级领导的决策。

我们也只有在稳定有序的前提下,才能实现我们的既定目标。有些划转手续的办理,需要一个长期过程,要维护好出版社的秩序,不能出现任何问题。

## 四、在新的条件下,民族社要实现创新发展

创新,是当前文化界的一个主题词。文化产业只有创新才有

出路。现在的市场格局和人们对文化产品的需求已经发生了巨大变化,如果抱守过去的习惯做法,不思改革,不愿变革,那就只有被历史抛弃。现在有一个规律:凡是发展得不好的,都是改革不到位的;凡是发展得好的,都是改革推进得很到位的。我不想就这个话题联系实际,大家都有一双眼睛,都看得到哪些单位和集团改革得好,哪些不思改革。

当然,现在不愿意变革的人可能很少了。我们面临的问题是,怎么改革,如何变革,可能这是大家都想知道的。有的人老爱说,现在市场不好,平面媒体不好做。问题在于,为什么别人能做好而你做不好?下一步,我们要在创新中实现发展。

1. 体制上,要站住。首先,要明确民族社公益性出版社的性质和地位,切实解决机构编制和人员的进编问题。原来在编的人员,要落实好编制和进编的工作。这需要做多方面的工作,涉及省编办、省人事厅和民族社原来的登记情况等。其次,民族社仍然要坚持新老体制并存的格局,因为不可能解决所有人员的编制问题。事实上,民族社原来有一大批聘用制人员,而这部分人员是不可能解决编制的。这里有一个政策问题,不是谁想解决就能够解决的。四川党建杂志社是公益性事业单位,但大部分职工也是新体制人员。不要以为解决了公益性,所有人员就都拿到了"铁饭碗"。

2. 机制上,要搞活。不是说作为公益性出版单位就可以躺着吃饭。民族社就是解决了事业体制,也是自收自支的事业单位,仍然需要通过发展来求得好的效益。下一步,民族社还是要通过改革,建立起绩效挂钩的体制。期刊集团已经通过建立两个制度,比较好地解决了内部机制活力问题。一个是实行目标管理,完成目标任务有奖，超额完成目标任务有超额奖；二是推行财务委派制度，以解决内部规范运作问题。这两个制度也是很多集团规范管理的通行做法。我们希望民族社在发展中不断扩大出版社的边界，扩张出版社的规模，把一个出版社扩大为若干个出版社，实现跨越式发展。

3. 在理念上，要求新。要用多种方式谋求发展，这里有五个要求。

一是既要发挥传统优势，又要开辟新的领域。既要发挥民族社的优势，争取更多的资金支持，出好民族类图书；又要通过市场运作，多出有影响的图书。也就是说，既要出有学术价值和社会价值的、不赚钱的书；又要出有市场潜力的、赚钱的书。一个出版社的品牌，更多的是靠多出有社会影响的图书来打造的。

二是既要立足四川，又要放眼全国。立足四川，就要把本省的资源用好用足，把根基扎牢；同时，又要放眼全国，把我们的触角延伸到北京、上海，要有"走出去"的意识和战略。

三是既要立足于自己的力量，又要学会借力借势。既要立足于自己的力量和能力，积极策划和开发选题，做好本版图书；又要利用社会资源，与各种文化工作室合作，做好市场化程度较高的图书。

四是既要与教育部门保持密切的合作，出好教材教辅；又要与各方面合作，出好一般图书。

五是既要管得住，又要放得开。既要在选题把关和书稿内容上管得住，防止出现任何导向问题；又要在经营管理和选题策划上放得开，做大市场规模。对我们来说，管得住已经有了比较多的经验，已经形成了一套行之有效的管理办法；而放得开、搞得活，则是我们的短板，发展不足、不够，是我们的主要问题。不要以为说发展、说多出好书、说对外合作，就会出导向问题。我们什么事情都不做，就不会出导向问题，那要这个出版社来干什么呢？我经常说，既要吃鱼又要避腥臭，这才是手艺。

4. 在业务上，要展开。民族社目前的三大块业务都要谋求做好、做大、做强。

第一块是民族出版，这是民族社的根基。做好这一块工作，才能真正把民族社的根基夯实，才能真正把公益性出版社的地位稳住。这一块业务，主要是藏、彝文出版。要发扬我们过去的优良传统，特别是要发挥我们有一大批民族出版人才的优势，出好民族类图书。另外，还要发扬我们过去争取出版资金的好做法，尽可能争取各方面的出版补贴和专项资金支持。民族社的这个优势要保持住。

第二块是教材教辅类图书出版。在这方面我们已经有些传统优势，有一定的基础。现在要做的是，把这一块做大做强。图书市场最经久不衰的是教育类图书，是教材教辅。我们要通过改变体制机制、配备人才、扩大机构等方式，真正把这一块做大做强。为了做大教材教辅市场规模，还可以与民营公司合作，最主要的是要于我有利。

第三块是一般图书出版。这一块民族社过去也有一些基础，但特色不明显，规模不大。这一块的运作，要有本地意识和"北京意识"，也就是全国意识。出版社的品牌建设，更多地要靠一般图书来打造。将来，待条件成熟，要把北京单列出来，把我们的触角延伸到北京，在北京建立基地。

5. 人才上，要重视。事业发展，归根到底还是靠人才。要按照"四有"标准选人用人。民族社整体划转到期刊集团，对我们每个人来说，都有了更大的发展空间。近几年，期刊集团一直按"有激情、有责任、有能力、有业绩"的标准选人用人，在座的不少同志都是这几年从普通工作人员成长为处级干部的。更为重要的是，对"四有"人才来说，有了一个干事业的平台，有了实现人生价值的舞台。下一步，我们的事业要拓展，规模要壮大，就需要更多的出版人才。这些人才从哪里来？当然，首先是从我们集团唯一的出版社当中来，这对我们出版社的职工来说，就有了更多更广的发展空间。另外，为了我们的事业发展，我们还要在更大的范围内选拔人才，真正做到人尽其才。这当中，我们特别要重视选拔年轻人。希望有大量的年轻人站出来展示自己的才能。

# 公益性出版社改革发展的探索与实践<sup>*</sup>

2013年，四川党建期刊集团接手四川民族出版社后，随即进行了包括竞聘上岗在内的变革出版社管理体制和运行方式、再造业务流程等一系列开创性改革。这些改革，对四川民族出版社的长远发展，具有里程碑意义。

## 一、变革管理体制和运行方式

四川民族出版社之前经历了多次改革，今后还会经历很多改革，但这次是真正触及民族社管理体制和业务流程的改革。此前的改革肯定没有这么深刻地影响和改变出版社的管理体制和运行方式，只是局部的机制上的改革；这之后的改革，可能更多的会是在这次改革开创的格局基础上的不断完善，更多是解决局部的机制上的问题。只有这次改革，改变的是民族社的管理体制和运行方式，是格局的变化，是影响民族社未来的变革。所以，我说，这次改革对四川民族出版社具有深远的历史意义。

民族社的这次改革，集团花了大量精力听取意见，之前还花

---

\* 本文摘自2013年9月17日在四川民族出版社竞聘上岗干部任前集体谈话时的讲话。

了大量精力来调研。

四川民族社有很多优势，这个不用多说了。我们想得更多的是：为什么这些优势不能很好地发挥出来？每每涉及项目策划、项目推进等问题，内部就会有很多扯皮。对这些内部的扯皮，集团没有去干涉，更没有跳出来走到一线去指挥。我们感到，只有通过改革，才能解决民族社内部的这些问题或矛盾；只要内部管理体制理顺了，很多具体问题就会迎刃而解。反过来说，如果不改革，这些矛盾和扯皮，就会愈演愈烈。

作为一家出版多种民族文字出版物的出版社，四川民族社是名副其实的多民族大家庭，民族团结工作一直做得很好。但在实际工作中，也存在很多这样那样的矛盾与不顺。这些工作上的矛盾与不顺，时间长了，小则影响事业发展，大则影响民族社的民族团结。这次我们按照选拔干部的程序，听取了部分群众对领导班子的意见。其中一条很重要的意见就是，希望出版社领导班子要有全局观，不要拉小圈子。群众都看到了这些问题，相信出版社的领导更应该看到了，只不过对此无能为力。解决这个问题，一方面要求出版社的领导用讲政治、顾大局的意识来严格要求自己；另一方面要通过改革，改变出版社做事的方式，理顺内部管理体制，各自做好各自的事情，让工作中的扯皮和矛盾少一些，让工作中的合作多一些。只有这样，民族社作为民族团结进步的典范，发展之路才会越走越好。

到底如何改革才能理顺民族社的内部管理体制呢？辩证唯物主义的基本方法就是，具体问题具体分析，也就是分类指导的原则。怎么分类指导呢？就是各自做好自己的事情，很多扯皮或矛盾就自然而然地消失了。所以，这次改革的核心就是把民族社的业务，按照语种的不同，分为若干个中心，包括藏文出版中心、彝文出版中心、汉文出版中心等，出版业务下沉到各个中心，每个业务中心编印发独立运作，责权利相统一。这个改革思路并不是我们的发明创造，其实民族社已就此讨论多年，业界也有很多类似的思路和建议，但这种改革由出版社自己来主导，很难推进。

由上级单位来推进这项改革，就相对比较容易。如果期刊集团领导班子不是想干事、敢于担当，按照"多一事不如少一事"的原则，通常情况下就是让民族社自谋发展，因为做好做坏，都由民族社自己承担，反正民族社是独立法人单位，独立承担民事责任。但是，如果这样，随着形势的变化，民族社的生存就会越来越难，事情就会越来越难做，这显然是对事业不负责任的态度。

这次民族社的改革推进得十分顺利，这说明民族社全体职工期盼改革，都希望把出版社发展得更好。在这种背景下，出版社的领导班子就肩负着更大的责任，一定要干出业绩来，回报职工的支持和集团党委的信任。

## 二、探索行稳致远的发展路径

这次竞聘，一些新人获得职工和党委的信任，竞聘成功，走上领导岗位。有人担心，民族社现在竞聘上岗的领导班子成员，其民族成分打破了惯例，过去是两个藏族，两个彝族，一个汉族，这次成了三个彝族，没有汉族了。这里需要说明一下，我们这次改革的指导意见和竞聘方案，没有单独提到竞聘者的民族身份问题，甚至藏文出版中心、彝文出版中心，也没有说一定要藏族或彝族同志，只是说要具有藏文、彝文把关能力。在竞聘过程中，我们也没有特别强调哪个民族要占什么比例，哪个职位一定要什么民族。我们需要的是，能够胜任这个职位的品行、能力和认可度。今后，我们还会继续以这种思维和理念来深化民族社的改革，不刻意用民族成分来安排职位，而重在干部任用的标准，即德才兼备。最适合民族社的领导，不能说是藏族的领导、汉族的领导或者彝族的领导，而是能够使民族社事业蒸蒸日上，在事业不断发展中增进各个民族团结进步的领导。事业得不到发展，出版社的内部民族团结就会缺乏基础，民族团结进步之路就难以走稳走好。

这次改革，着眼于民族社的长远发展，解决了两大问题：

一是对领导班子进行了一次洗礼。通过公开、公正、公平的竞聘，职工群众认可的，集团党委就推一把；职工群众不认可的，集团党委也不认可。出版社领导班子经过这么一次竞聘，与职工群众的关系更近了，以后的工作也就更好做了，因为职工群众支持你们。对出版社领导班子来说，这样的改革难道不是一场深刻的洗礼么？

经过了这场洗礼，今天的社长、副社长，与昨天的社长、副社长，已经不是一个概念了。昨天的社长、副社长，没有经过大家公认的程序，大家的认同度究竟如何，自己心里无数，做起事来也蹑手蹑脚。昨天的社领导，事情大家都在管，但都觉得盘根错节，不好做事。现在的社长更像是一个董事长，主要抓出版社的战略和统筹工作，如数字出版、多元经营、财务管理、人事管理等。

中心主任则是一个方面军的领军人物,因为今后具体出版业务都放在了业务中心,而且几个中心之间还有竞争,相互之间要赛跑,谁跑得快,谁就能够获得更多的资源和收益。这样一来,相互之间的关系清爽了,各自该做什么事,承担什么责任,也都明确了。

二是对公益性出版社的改革探索。过去有不少人以为,公益性出版社就是政府拿钱我做事。政府可以拿钱,但你要有项目,要有政府认为有价值的项目,并且还要把项目做得很好。需要明确,公益性出版社还是要通过出好书来获得效益,获得支持,自求生存。绝不是说我们拿到公益性出版社这个招牌,就可以躺着吃饭了,就有人来管你的生计了。任何出版社,不管是公益性还是经营性,只有依靠出好书,才能过上好日子。现在大家都看到了,四川其他出版社作为经营性出版社都实行了转企改制,很多出版社由此焕发出了生机与活力。比如四川美术出版社,过去是日子特别难过的出版社,现在可以说是最有活力的出版社。他们的触角已经伸到我们民族文字的出版领域,都"打"到我们家门口了。这个时候,你是去把美术社拦住呢,还是自己奋发图强呢?我们只能选择后者。至于怎么奋发图强,就是我们说的要理顺民族社的管理体制和运行方式,责权利相统一,激发广大干部和职工的积极性、创造性。不管是公益性项目,还是经营性项目,都要用我们的实力和能力去争取。只有这样,民族社才有更加美好的明天。北京"大民族社"社长曾说:"公益性出版社,不走市场是死路一条。"这句话,我深以为然。

## 三、创新发展模式：业务下沉，流程再造

四川民族出版社这次改革的核心，就是要创新发展模式，具体到业务层面，就是要业务下沉，流程再造。出版社新组建的几个业务中心，承担着不同的出版任务，肩负着公益性出版社是不是能够做强的重任。各个出版中心都要有自己明确的发展目标。藏文出版中心，要做成全国第二大藏文出版基地；彝文出版中心，要建成全国最大的彝文出版基地，要充分发挥彝文出版全国唯一性的优势，把弘扬彝族文化和彝文出版公益事业紧密结合起来，提升彝文出版的影响力。

要实现这个目标，就需要对出版社的业务流程进行再造。这次改革所设置的出版中心，其实质就是业务中心，当然也就是选题中心、编辑中心、出版中心、发行中心，同时还是目标任务中心、经营管理中心。编印发相统一，责权利相统一，相对独立运行。

下一步，要进行出版社中层干部的竞聘，现在就要思考各大出版中心的团队构建和组织架构。一定要按照编印发相统一的原则来设计机构和安排人员，只有这样才能实现责权利相统一。几个业务中心的主任，也就是这些"小出版社"的社长。

三大业务中心，在业务流程上一定要有"化学变化"，不能换汤不换药。要按照新的体制和机制要求，再造一个全新的业务流程。为什么民族社一进入期刊集团，我们就设立图书事业部单独运行？就是为了先走一步，探索解决业务流程再造问题。现在三位副社长兼任三个中心的主任，就是三个实体单位的领军人物，与过去管理一个方面的工作，有本质的不同。

在选题组织上，出版中心要把确保正确出版导向作为自己的第一职责，严把选题质量关、书稿质量关、图书质量关。出版中心负责本中心的选题论证工作，承担所论证选题的经营结果和政治责任，中心主任为第一责任人。中心主任签署选题通过意见，出版社编务部门就要负责办理相关选题申报手续，耽误选题申报时间造成损失的，由编务部门分管社长承担责任。各个出版中心，都要"走市场"，就是在导向正确的前提下，双眼盯紧市场和读者需要，围绕双效益策划组织选题。在这个过程中，既要用好出版社的资源，也要用好个人的资源，各自把业务中心做实做强。

在编辑加工上，出版中心负责书稿的编辑加工和书稿的编校质量把关，并承担相应责任。图书责任编辑由出版中心负责安排，要以本中心编辑人员为主，也可"引进"其他单位的编辑做责任编辑，但比例要严加控制。出版中心要严格按照"三审三校"制度对书稿质量进行把关。

在出版印制上，图书出版印制的安排与工价的结算，由出版中心负责，出版社的出版部协助其开付印单和联系印刷厂。图书印制质量由各出版中心把关并承担质量责任。出版社的出版部负责监督。

在图书发行上，图书发行工作由各出版中心负责，出版社发行部协助其做好发行工作；也可在双方协商的基础上，由出版中心委托出版社发行部负责发行。发行的书款回收以及相应的损失，由负责该书的发行方负责。教材教辅由出版社发行部负责。

在财务开支上，实行预算管理。预算内的开支由出版中心主任签字付款。出版中心最终负责集团下达的目标任务的完成。表面上看，出版中心的权力更大了，但是，我们一再说，责权利是联系在一起的，有财务签字权，签错了就要承担后果，就要付出代价。

各出版中心之间既有竞争又有合作，鼓励相互合作。谁策划的选题或负责的项目，就由谁来主导合作方式。不能说自己不做的选题或项目，也不让其他人来做。

出版社的综合部门——服务中心，主要是做好配合、服务和保障工作。考核，按照集团非经营管理部门的考核办法进行。综合服务部门绝不能搞成"衙门"。如果综合服务部门人员无理刁难、拖延出版中心的工作，出现三次投诉，经调查情况属实，就要调离岗位。不能说要求别人去打仗，但是管枪的不给枪，管子弹的不给子弹，那这个仗就没法打。

出版社的目标任务，分为基本任务和拓展任务，得奖加分。如果出版中心没有完成任务，那么出版社总体上也就没有完成任务。

今年是四川民族出版社成立60周年，同时也开启了下一个60年的新征程。搬进新的办公楼，推进开创性的改革，都标志着新的起点、新的开端。今天对出版社业务中心要做的事情之所以讲得比较多，因为这是个新问题。但要明确，民族社任何时候都是一个整体。虽然我们内部相互之间有竞争有比赛，但相互之间的合作更重要。

省委宣传部有关领导在民族社刚划转到期刊集团的时候，说了省委宣传部的考虑：主要原因是确立民族社公益性出版社的需要，一定程度上也是想给新华文轩形成竞争压力。因为营造必要的竞争环境，给出版单位增添适当的竞争压力，有利于出版单位提升能力，做强做大。而给期刊集团一家出版社，在一定程度上就等于给了若干家出版社，关键在于期刊集团怎么做。我们不能辜负上级部门的期望，要切实推动改革，谋求发展，探索出一条公益性出版社的成功发展之路。

# 努力培育和提高我国出版业的核心竞争力[*]

培育和提升我国出版业的核心竞争力，其实质就是构筑整个行业的竞争优势，提升出版业在社会经济中的影响力以及在文化领域中的基础地位和带动效应。但是，当前我国出版业面临诸多制约出版企业核心竞争力进一步提高的体制性障碍，因此，只有推进出版体制改革，打破这些障碍，为出版企业构筑一个良好的外部环境和内在体制通道，才能促使出版企业采取各种有效措施提高自身核心竞争力，进而提升我国整个出版行业的竞争力。本文从宏观层面着眼，从分析培育和提高我国出版业核心竞争力的要素着手，借鉴国外出版业提高核心竞争力的经验，结合我国出版业发展实际，提出培育和提高我国出版业核心竞争力的有效途径。

## 一、对出版业核心竞争力的理解与把握

### （一）出版企业核心竞争力的内涵

"核心竞争力"这一概念，最早是由美国密歇根大学商学院

---

[*] 本文为2008年承担的中宣部"四个一批"人才研究课题中的部分内容。其中第四部分曾以"出版改革：向经济改革借鉴什么？"为题刊载于《出版参考》2003年第7期，《新华文摘》2003年第10期转摘。

的普拉哈拉教授和伦敦商学院的哈默尔教授于1990年在《哈佛商业评论》发表的论文《公司的核心竞争力》中提出的。他们认为，核心竞争力是"在一个组织内部经过整合了的知识和技能，尤其是关于怎样协调多种生产技能和整合不同技术的知识和技能，并据此获得超越其他竞争对手的独特能力"。随着世界经济的发展变化、竞争的加剧、产品生命周期的缩短以及全球经济一体化的加强，企业的成功不再归功于短暂的或偶然的产品开发或灵机一动的市场策略，而是归功于企业核心竞争力的培育和提升。

从本质上讲，核心竞争力是一个微观概念。将核心竞争力概念引入出版业，一般是指出版企业的核心竞争力，是出版企业具有竞争对手在短期内无法模仿、复制、替代、超越的优势能力。出版企业核心竞争力有如下特征：

独特性 当今出版企业的繁荣和发展，不再仅仅依靠那些有形资源，诸如书号、办公设施等，而主要依靠出版企业的管理、品牌和创新能力等，这些都是企业独特的优势，竞争对手往往难以简单地模仿和学习。

不可交易性 出版企业的核心竞争力无法像其他生产要素如机器、设备等一样，可以通过市场交易来获得，能靠钱买来的一定不是核心竞争力。

长期性 核心竞争力是出版企业长期不懈努力的结果，因而也是出版企业永葆竞争优势的内在支撑。

出版企业核心竞争力的构成要素很多，至少包括以下几点：

管理层的决策力 管理层的知识结构、人格魅力、用人理念，以及对行业发展趋势的洞察力、决断力等，直接决定着出版企业的选题策划能力、市场营销能力和经营管理能力，影响着企业的发展方向和速度，关系着出版企业的命运。

团队素质　出版社不需要太多的物质装备条件，决定出版社发展的重要因素是出版社员工的素质及其团队精神。

品牌培育能力　品牌是企业赢得市场的重要砝码。出版企业培育品牌的过程，实质上就是构筑竞争对手进入壁垒的过程，也就是培育核心竞争力的过程。

产品创新能力　创新是出版的灵魂。出版企业不断为顾客提供更多的高质量产品来赢得市场的过程，也就是不断创新的过程。

资源整合能力　拥有资源越多，企业的竞争优势就越大。出版企业整合资源、不断增强自身资源优势的过程，就是提升核心竞争力的过程。

市场掌控能力　市场是企业竞争力高低的检验场所。出版企业把握个性化、多样化、专业化不同层次读者需求的能力越强，竞争力水平就越高。

盈利能力　盈利是企业经营的最终目的。出版企业利用各种资源赚取利润的能力越强，经营管理水平就越高。盈利能力是出版企业核心竞争力的重要构成要素。

## （二）出版业两个层面的核心竞争力

一个出版企业核心竞争力的高低，取决于上述各核心能力要素综合水平的高低。出版企业提升其核心竞争力，既是其生存发展的内在要求，也是面对外部竞争的"应激反应"。当一个出版企业内部体制比较顺当，外部竞争有序时，就一定会千方百计地采取各种有效措施提升自己的核心竞争力，多出好书，多卖好书，谋求更大的经济利益。一般来说，所有的出版企业都有内在的发展要求和外部的竞争压力，都会自觉地提升自身的核心竞争力。这里的核心竞争力，就是通常意义上的微观层面的核心竞争力。

除此之外，还有一个层面的核心竞争力，即宏观层面的核心竞争力，也就是国家出版行业的核心竞争力。一个国家出版业的核心竞争力与这个国家出版企业的核心竞争力密切相关，可以说是这个国家整个行业中出版企业核心竞争力的综合反映。就目前我国出版业的发展现状而言，培育和提升我国出版业的核心竞争力具有重要的现实意义。

出版业作为一个独立的产业，必然有着自身独特的核心竞争力。出版业的核心竞争力是指出版业长期形成的能使整个行业保持快速发展的制度环境和竞争优势。出版业核心竞争力并不是各出版企业核心竞争力的简单相加，它主要体现在产业规模、市场化程度、盈利能力、企业经济实力、经营管理水平、国际竞争力、人才建设水平、组织化程度、集约化程度等方面，更多地受到管理体制和行业政策的制约。只有在管理体制和政策环境适当的条件下，出版企业的核心竞争力才能有效提高，进而推动整个出版行业核心竞争力的提升。换言之，出版业核心竞争力是通过各个出版企业的核心竞争力来体现的，是各个出版企业核心竞争力的综合反映。

提高出版业核心竞争力的关键在于培育和提升各出版企业的核心竞争力。当宏观层面的核心竞争力面临体制性障碍，存在结构性的矛盾和问题的时候，就会影响和制约微观层面的核心竞争力的提升，继而使整个行业核心竞争力的提升受到抑制。因此，培育和提高宏观层面的核心竞争力，要更多地从体制和政策着眼，建立一种有利于整个行业健康发展和核心竞争力提高的出版管理体制。

## 二、培育和提高核心竞争力是我国出版业的必然选择

### （一）我国出版业培育和提高核心竞争力成效明显

改革开放以来，我国出版业经过"两个转变"和不断深化改革，核心竞争力不断提高。主要体现在六个"明显增强"上。

1. 市场化程度提高，竞争意识明显增强。

改革开放前，我国出版业只讲社会效益，不讲经济效益，没有市场观念。改革开放以来，出版业开始关注市场，追求经济效益。特别是随着文化体制改革步伐的加快和中国加入世贸组织后对外开放程度的提高，出版业竞争日益加剧，竞争意识明显增强。主要表现在：一批出版单位按现代企业制度要求陆续转制为企业，部分企业还进入资本市场上市融资，出版社主动成为市场竞争主体的意识明显增强；编辑人员深入市场开展选题调研、面向市场开发选题的意识明显增强；出版企业高度重视产品的宣传营销工作，关注市场、推销产品、追求效益的意识明显增强；出版企业纷纷走出国门，通过合作出版、版权贸易、实物输出等方式利用两种资源、开拓两个市场，积极参与国际竞争，"走出去"的意识明显增强。

2. 产业规模扩大，综合实力明显增强。

一是出版产业规模日益扩大。以出版机构规模而论，1978年，全国只有105家出版社，而到2006年发展为573家，增加4.5倍。以出版品种规模而论，1978年，全国出版图书1.5万种，而到2006年达到23万种，增加14.5倍；1978年全国共有期刊930种，而到2006年达到9468种，增加9.2倍。以出版利润规模而论，1978年出版系统利润3.23亿元，而到2006年增加到46.49亿元，增加13.4倍[①]。二是我国出版业综合实力明显增强。涌现了20多家年产值达数十亿元的出版集团，其中不少出版集团拥有丰富的选题资源、大量的人才储备和独特的渠道资源，抵御市场风险的能力不断增强；涌现了一批年销售码洋在5亿元以上的大社、名社，不少出版社在海内外享有较高知名度。

3. 经济实力提升，资源整合能力明显增强。

改革开放大大提升了中国出版的经济实力，经济实力的提升推动了资源整合，出版资源整合与优化又进一步增强了出版业的经济实力。党的十六大以来，随着出版业企业化、集团化步伐的加快，中国出版业资源整合的步伐明显加快，资源整合能力明显增强。主要表现在：一是通过整合资源，组建了一批出版集团，各出版集团又对内部资源进行了优化整合，包括选题资源、发行渠道资源、印刷资源、人才资源以及出版相关产业资源，有效解决了原来各成员单位之间横向业务重合（如同一集团内多家出版社都设有教育读物编辑室等）、纵向业务链条没有有效对接、上

---

① 数据来自《中国出版年鉴》相关年份统计资料和《中国图书商报》2008年1月24日。

下游产业链没有打通等问题。这是集团做大做强、形成核心竞争力的重要举措。二是一些出版集团（社）对外实行了跨所有制、跨行业、跨媒体、跨地域的资源整合。如外语教学与研究出版社与地方民营书业合作，在全国一些地方建立了16个信息中心。外研社通过"收编"这些民营书店，既拓展了销售渠道，又得到了一大批有市场价值的选题与书稿。在外研社的销售额中，这些信息中心的贡献率都达到了40%。

4. 经营水平提高，品牌建设能力明显增强。

品牌影响力是衡量出版集团（社）经营水平高低的重要因素，也是衡量出版企业竞争力的重要标志。一个出版企业没有品牌作支撑，在市场上往往步履维艰。改革开放以来，随着出版业竞争的加剧，经过市场的洗礼，在业界和读者中有重要影响的品牌社和品牌图书不断涌现。如商务印书馆的《现代汉语词典》等一批权威汉语工具书，在读者中产生了广泛而深远的影响，只要一提到汉语工具书，就会首先想到商务印书馆；一提起商务印书馆，就会想到它出版的汉语工具书。又如清华大学出版社和电子工业出版社的计算机图书，人民文学出版社的文学名著，上海辞书出版社的鉴赏类图书等都是图书市场具有较高知名度的品牌。这些品牌社和品牌图书，其效益的持续提高，显示了出版社较强的核心竞争力。

5. 国际视野扩大，资本运营能力明显增强。

改革开放以来，我国经济的飞速发展越来越多地吸引着国外出版机构以多种方式进入中国出版市场，这也为中国出版"走出去"提供了良好的机遇和条件。特别是近十年来，我国出版业在积极"引进来"的同时,在"走出去"方面也取得了可喜的成绩。据统计,全国图书出口册数由 1997 年的 220 万册增加到 2006 年的 735.63 万册,增长了两倍多,金额由 927 万美元增加到 3191.99 万美元,增长近 3 倍;1997 年全国音像制品、电子出版物出口 2 万盒(张),2006 年达到 105.33 万盒(张),增长 50 倍左右,金额由 22 万美元增加到 284.99 万美元,增长超过 10 倍[①]。另外,一些出版社与海外出版机构成功开展了合作出版、版权贸易,有的还在国外建立了分支机构,这不仅提升了自己的经济实力,还培养了外向型人才,进一步拓宽了国际视野。

随着视野的扩大,经营水平的提高,中国出版业的资本经营能力也明显增强。一是以资本为纽带、企业为主导的市场化重组取得突破。如 2007 年深圳发行集团与海天出版社、江西出版集团与和平出版社、吉林出版集团与中华工商联合出版社、江苏新华发行集团与海南新华书店等的兼并重组,就属于企业主导的市场行为。二是涌现了一批出版传媒方面的上市公司。2006 年以来,上海新华传媒、四川新华文轩、辽宁出版传媒等出版发行集团,严格按资本市场的标准和规则,成功在国内 A 股市场和香港 H 股市场上市。据统计,目前已有 9 家出版发行公司和报业公司在内地或香港上市,净融资达 180 多亿元人民币。

6. 人才建设水平提高,领军人物的引领作用明显增强。

改革开放以来,出版人才建设取得长足进步,人才建设水平不断提高。中宣部、新闻出版总署以及各省(自治区、直辖市)

---

① 范军:《我国出版物出口现状、问题及对策》,《中国出版》2005 年第 12 期。

的相关主管部门都精心制订实施了人才特别是拔尖人才培养计划。2004年中宣部启动了"四个一批"人才培养工程，选拔和培养了一批出版理论家、名编辑和出版经营人才。高层次、高技能人才是出版业人才资源中的精华。这些拔尖人才以及行业领军人物，对提高出版业核心竞争力起到了明显的引领作用。一方面由于领军人才对整个行业发展具有敏锐的洞察力、判断力，能够及时、准确地把握发展机遇，因而都在自己的领域里做出了显著贡献，推动了所在企业核心竞争力的提升；另一方面，领军人才不仅为所在单位创造了佳绩，更重要的是由于他们的示范和带动作用，其理念和做法被业界广泛学习、借鉴甚至复制，诞生了一批影响深远的品牌出版社和品牌出版物，培养和造就了一批复合型优秀人才，推动了整个行业核心竞争力的提高。

## （二）我国出版业核心竞争力不强的主要表现

改革开放30年，我国出版业尽管有了较大的发展，但相比其他行业，改革起步较晚，发展滞后，整体实力较弱，产品有效供给不足，不能很好满足人民群众日益增长的文化消费需要。究其根本原因，就在于出版业核心竞争力不强。具体表现为六个"过度依赖"。

1. 产品市场化程度低，产业利润过度依赖教材教辅。

长期以来，我国出版业对计划性、垄断性较强的教材教辅出版业务过分依赖，而面向市场的一般图书竞争力不强。2006年我国图书品种为23万余种，年定价总金额（码洋）为649.13亿元人民币，其中中小学教材教辅品种虽然只占6.5%，但是定价总金额高达481.91亿元人民币。在新华书店这个发行主渠道的销售中，教材教辅占到整个销售数量的50.22%，销售金额的37.33%[1]。据测算，教材利润率一般都在15%以上，而一般图书只有2%左右。大量的出版单位依靠教材教辅出版业务生存，小日子很好过，缺乏开拓市场的动力和压力。美国的中小学教材，其市场份额只占15%。这一数据充分显示了成熟图书市场的特征：一般图书所占比例很高，中小学教材所占比例不大。对教材教辅的严重依赖，必将制约我国出版业核心竞争力的培育和提高。

2. 产业集中度低，产业支撑过度依赖中小出版社。

2006年的统计资料[2]显示，全国出书码洋超过20亿元的出版社只有一家，超过10亿元的只有两家，74%的出版社出书码洋都在5000万元以下，普遍规模小、实力弱，是比较典型的中小出版社支撑全行业的均衡化格局。居首位的高等教育出版社（出书总码洋为227612万元）只占全国总码洋的3.51%，前十位出版社的出书码洋合计占全国的16.20%。近年来，我国组建了一大批出版集团，但这些出版集团大都以所在省（自治区、直辖市）行政区域为依托，各个集团的实力、市场占有率大体相当，按行政区划分布的格局并未得到突破，不能有效集中资源，缺乏跨地区经营的能力。同国际传媒巨头相比，实力显得弱小，仍属于中小企业。国外成熟的图书市场如美国图书市场，其排名前11位的出版公司就占有当年全美国80.42%的图书市场份额。其中排名第一的

---

[1] 《2006年全国新闻出版业基本情况》，《中国新闻出版报》2007年6月26日。

[2] 《中国图书年鉴（2007）》，湖南人民出版社2007年版。

麦格劳—希尔出版公司和排名第二的兰登书屋，就占据了美国图书市场的1/3。在全世界，前十强的出版巨头占据了全球图书市场68.47%的份额，名列首位的贝塔斯曼集团和名列第二的法国拉加德尔集团合计占有整个世界图书市场份额的1/3。

3. 集约化程度低，产业发展过度依赖品种数量增长。

我国出版产业发展主要靠品种、数量的快速增长，而质量效益没有同步提升，产业的集约化经营程度低。主要表现为：一是出版品种超常增长。以图书为例，1991年全国出版图书8.96万种，2000年达14.33万种，2003年达19.03万种，2006年达23.40万种，每年均呈超常增长态势。二是与品种数量增长相反，图书销售册数和利润等反映经济效益的指标却呈下滑态势。就销售册数而言，据《中国出版年鉴》统计，1991年至1995年，年均纯销售册数在63亿册左右；1996年至2000年，年均纯销售册数在73亿册左右；而2001年至2006年，年均纯销售册数下降至67亿册左右，其中2006年销售册数大幅下降至64.66亿册左右。就出版利润而言，我国出版业利润自2001年以来就出现了下滑态势。据《中国出版年鉴》统计，2001年，全国出版系统利润总计53.37亿元，其中出版（社）利润为38.19亿元；2002年出版系统总利润为50.87亿元，比上年下降4.68%，其中出版（社）利润为33.95亿元，比上年下降11.1%。从2003年起，《中国出版年鉴》未再公布利润指标，但据柳斌杰署长说，2006年我国出版系统利润为46.49亿元[①]。据此估计，2003年以来出版利润继续呈下降态势。三是图书

---

① 柳斌杰：《改革开放30年给新闻出版业带来什么》，《中国图书商报》2008年1月24日。

库存不断增加。从有库存统计数据的 1996 年开始，我国图书库存每年均大幅增加，自 2001 年以来，图书库存年均增幅超过 10%。2001 年为 297.57 亿元；2006 年达到 524.97 亿元。图书库存不断增加并不表明中国图书市场的需求萎缩，主要是因为真正适合市场需要的优质图书太少。伴随出版品种、数量不断增长而来的却是出版物销售量、利润的下滑和图书库存的不断增加，这表明中国出版业亟待转变增长方式，提高集约化经营水平。

4. 创新能力低，产品策划过度依赖引进模仿。

近年来，我国平庸图书大量充斥市场，出版产品同质化、重复化、粗浅化现象十分严重。图书市场"产品雷同"之风愈演愈烈，"跟风出版"之势越来越猛。特别是引进版图书刚刚得到读者认同，激发了读者的阅读热情，很快就由"多"变"滥"，乃至许多国外的"垃圾图书"也被引进来了。2005 年被社会诟病的我国出版界的"伪书"现象，就从一个侧面反映了我国出版创新能力的缺乏。究其原因，主要是我国传统出版社大都未建立激励约束机制，满足于过"小日子"，适应市场变化的能力低，创新能力和可持续发展能力不强。这必然带来出版行为的简单化和出版产品的同质化，不仅不能满足读者多层次的阅读需求，有效地扩大市场销量，还会使市场容量貌似饱和，实则日益萎缩。

5. 可持续发展能力低，产品结构过度依赖传统媒体。

1999 年以来，我国国民阅读率持续走低，1999 年国民阅读率为 60.4%，2001 年为 54.2%，2003 年为 51.7%，2005 年为 48.7%，首次低于 50%。2003 年纸质图书出版 66.7 亿册，2004 年 64.4 亿册，增长 –3.45%。而数字媒体产业却呈高速增长之势。

据统计，2006年上半年我国网民数为1.23亿，比1997年增长了198.4倍。2005年中国网民上网时间是每天至少48分钟，而读书读报时间则只有40分钟，首次超过读书读报时间。2004年，中国网络出版收入达35亿元人民币，带动相关产业产值约250亿元。2003年全国电子书销量310万册，2004年达到805万册，增长了260%[①]。面对出版市场的巨大变化，国外大的出版集团的盈利方式已基本完成了从纸媒体向数字媒体的转型，汤姆森出版集团69%、里德·爱思唯尔集团70%、培生教育集团50%以上的收入，已来自数字出版及网络相关业务。我国目前涉足数字出版的多为从事信息技术开发的公司，而国有出版单位却反应迟钝，对数字出版等新型媒体的兴起认识不足，缺乏应有准备；加上跨媒体政策限制的问题、数字出版的标准问题、版权保护问题等原因，目前我国出版业还未找到数字出版有效的盈利模式，这极大地制约了出版业可持续发展能力的提升。

6. 市场配置资源的能力低，行业发展过度依赖行政保护。

我国出版业的资源配置主要依靠行政力量，行业发展主要依靠行政保护。这在出版集团的运作实践上反映得很充分：我国的出版集团大多是由各级党委、政府部门自上而下推动组建起来的，大多依靠行政划拨配置资源，往往是多个出版单位、多家企业被简单地"捆绑"在一起，没有按市场经济内在要求配置资源。哪家出版社进入或不进入集团，由上级管理部门说了算。这种借助行政力量推动的资源整合，具有条块管理体制的显著特征，不仅

---

[①] 郝振省：《2005—2006中国数字出版产业年度报告》，中国书籍出版社2007年版。

不可能有跨地区、跨行业、跨媒体的资源整合，反而会进一步加剧地方行政保护。这种行政保护，还体现在教材的发行上。除人教社等中央级出版社出版的指令性教材外，一个省级出版单位自主开发的教材要想进入其他省（自治区、直辖市）的市场，难度极大；即使有幸进入，亦是各方行政推动和保护的结果。出版业这种过度行政化色彩，使得我国的出版单位对上级的依赖性很强，主动开拓市场，按市场规则整合资源、拓展产业链的积极性不高，因而缺乏培育和提高企业核心竞争力的动力。

**（三）我国出版业核心竞争力不强的症结分析**

造成我国出版业核心竞争力不强的深层次原因，主要有以下几个方面：

1. 产业布局均衡化。

我国出版业是在借鉴20世纪50年代苏联模式的基础上发展起来的，按照行政区划布局出版机构，各个省（自治区、直辖市）均设有人民社、教育社、科技社等。这种均衡化布局使出版社普遍存在规模小、实力弱的问题，相互之间竞争能力差别不大。最近几年全国各地相继组建了出版集团，但是，大都以行政区划为特征，大致每个省（自治区、直辖市）都建有一个出版集团，整个出版产业仍然呈现出均衡布局的特点。出版业这种均衡化布局的后果，一方面造成了出版资源的极度分散，产业集中度低，严重违背了新闻出版产业不均衡发展规律；另一方面也导致出版利益的地域联结，进一步加剧了各地的行政保护，阻碍了出版单位跨地域的兼并重组，极大地抑制了产业集中度的提高，这显然不利于整个出版业核心竞争力的培育和提高。

2. 产权结构单一化。

长期以来，我国出版管理体制决定了我国出版业的产权结构极为单一，都是国有事业单位或国有企业；尤其是具有编辑出版业务的出版社，更是"清一色"的国有性质。单一的国有体制往往带来"大锅饭""铁饭碗""铁交椅"等弊端。尽管近两年我国出版业改革的力度比较大，但多是在内部"三项制度"层面上推进的改革，涉及深层次产权改革的很少。最近辽宁出版集团通过股份制改造整体挂牌上市，应该有着特别深远的意义。如果我们不推进深层次的产权改革，仅仅在一些表层改革上做文章，那么，出版单位的转企改制就难以真正做到位，现代企业制度就难以建立，出版企业就不可能通过资本运营整合资源，做大做强，做精做细，提高核心竞争力。

3. 单位归属部门化。

我国的出版社分属不同的党政部门、高校和科研院所主管、主办，与这些部门是一种行政隶属关系。上级管理部门决定着出版单位人员进出、干部任免等重大事项，往往管得过多过死，出版企业缺乏必要的自主权。这种政企不分、政事不分的部门化归属体制，决定了出版单位要承担大量上级分配的带有指令性的任务，应付各种琐碎的、随意性的事务工作，使得企业无法集中精力、时间，无法集中人力、物力、财力在广度和深度上发展出版产业，经营管理工作水平难以提高；同时，也使出版单位难以建立真正的考核激励机制，难以培养和留住优秀的出版人才，难以很好地规划和实施年度计划和中长期计划，因而难以真正培育和形成自己独特的核心竞争力。

4. 管理体制事业化。

我国长期以来过分强调出版业的意识形态属性，主要采用行政手段配置资源，众多出版机构是以事业单位的性质存在，实行的是一种准行政化的管理体制。出版单位的各种重大事项均由上级主管部门决定，不是自主经营、自负盈亏的市场主体，大都缺乏自主发展的动力与活力。由于出版社是事业性质的单位，不是真正的市场主体，因此也就无法用市场的方式参与竞争，推动并购和重组。虽然国家明确了要通过划分公益性和经营性出版单位来深化出版发行体制改革，但其相关的配套改革政策滞后，两类性质的出版单位并没有真正划分到位，致使该走市场的没有真正走市场，该由政府扶持的却扶持不到位。这种事业化的管理体制不利于出版业核心竞争力的形成。

5. 管理人员官员化。

作为行政附属的出版单位，负责人均由上级主管部门任命。领导机关往往更加看重管理者的政治资历而不是其管理能力，有时出版单位管理者的职位甚至成为人事平衡的一颗"棋子"，因而出版业有一个屡见不鲜的现象：完全不了解出版的人选被"空降"到出版单位做管理者。这种靠"从政"能力而不是靠业务能力得到晋升的状态，必然形成出版单位管理者的官员化特征。体现在实际工作中，管理者的眼睛往往不是向下盯着市场，而是向上看着"市长"。当只有"市长"才决定自己命运并且只有靠"市长"才能办成事的时候，当然就不会去找市场了。这种管理人员的官员化与出版单位走向市场所需要的专业化，无疑是背道而驰的。

它所带来的管理方式的行政化特征，以及相应的官场运作思维、管理用人理念，更是出版单位培育核心竞争力的致命杀手。

6. 主营业务空心化。

专有出版权是国家赋予出版单位的一种特权，出版单位核心竞争力更多地体现在对这些特殊出版资源的有效运用上。但是，由于人才匮乏、能力弱化、急功近利等原因，许多单位对出版资源守不住，用不好。一些出版社选题策划能力低下，被动等稿上门，年度选题计划仅仅是应付上级的临时拼凑物，实现率极低；一些出版社自费出书、关系出书、协作出书、补贴出书成为其主营业务，本版图书品种数量少、质量差；还有一些出版社在出版主营业务每况愈下的情况下，却大量涉足并不熟悉的房地产等非主业领域；更有一些出版社凭借其专有出版权，以合作的名义，搞体外循环，收取一定的管理费，业内简称"书号费"，成为靠专有出版权过日子的"寻租人"和"食利者"。外部文化公司成为这些出版社业务的主要支撑。有人估计，现在市场上80%的畅销书为社会各类文化公司策划运作。许多出版社已经变成一些文化公司的寄生体，面临着单位空壳化、人员贵族化、业务空心化等问题，难以集结起自己的选题资源、人才资源和核心竞争力。

## （四）培育和提高核心竞争力是我国出版业的必然选择

1. 提高出版业核心竞争力，是增强我国文化软实力的需要。

党的十七大报告明确提出要"提高国家文化软实力"，就是要提高我国文化的影响力、凝聚力和感召力。这是增强我国经济社会发展的原动力、确保国家文化安全的迫切需要。只有提高我国文化软实力，不断推出大批包括图书在内的有吸引力、有深远影响力的文化产品，才能维护我们国家的文化安全，才能真正实施"走出去"战略，有效参与国际竞争，与世界各国进行各种文化交流与合作。要完成这项历史使命，必须依靠一大批具有核心竞争力的出版企业。

2. 提高出版业核心竞争力，是为建设和谐社会提供智力支持的需要。

党的十六届六中全会提出，要构建社会主义和谐社会，并把建设和谐文化作为构建和谐社会强有力的思想文化保障。出版是和谐文化建设的重要力量，出版物是和谐文化的主要载体，出版业竞争力的高低直接影响着和谐文化建设的成效。如果没有一批富有感染力的、深受广大读者喜爱的优秀出版物作支撑，和谐文化建设目标就是空中楼阁。要持续大量地推出优秀出版物，就必须提高整个出版业的核心竞争力，培育一大批面向市场、具有核心竞争力的出版企业和优秀出版人才。

3. 提高出版业核心竞争力，是出版业自身生存发展的需要。

随着改革开放的深化，各种市场主体介入出版业，出版业竞争日益激烈。从微观角度说，出版社只有提升自身的核心竞争力，才能在激烈的竞争中立于不败之地；从宏观角度说，只有出版业核心竞争力得到提升，才会有业态的变化和提升。从长远来看，提高出版业核心竞争力是贯彻落实科学发展观的需要。落实科学发展观，实现出版业全面、协调和可持续发展，必然要求转变出版增长方式，实现由粗放式的品种数量增长向集约化的质量效益增长的转变，努力提高出版业的核心竞争力。

4. 提高出版业核心竞争力，是满足人民群众文化需求日益多样化的需要。

随着中国经济和社会的变化，人们的生活方式日益多样化，文化需求、文化消费也呈现出多样化、个性化的特征。不同年龄、不同性别、不同人群、不同文化个体对出版物的需求差异性日趋扩大。这就要求我们的出版企业、出版人要深入市场、深入群众，善于发现、了解、研究并引导各种多样化、个性化的市场需求，有针对性地推出一批批适合各类人群需求的优秀出版物。培养这种发现和引导多样化市场需求、提供多样化出版物的能力，必须通过培育和提高出版业的核心竞争力来实现。

## 三、国外出版业培育和提高核心竞争力的启示

### （一）国外出版业培育和提高核心竞争力的个案

1. 贝塔斯曼集团：全球化基础上的本土化战略。

贝塔斯曼集团是目前国际化程度最高的综合性传媒集团，是全球第一的图书出版商，欧洲第一、世界第二的杂志出版商，全球第一的音乐产品零售商。其电视业务居欧洲第一，互联网业务居全球第二，业务遍及世界58个国家和地区。

1962年，贝塔斯曼开始在欧美销售自己的产品，开办分支机构。进入20世纪90年代，德国本土图书市场一直疲软，欧洲其他国家的图书市场也处于饱和状态。于是，贝塔斯曼集团便把目光投

向了经济高速增长的美国。1998年，贝塔斯曼集团投资约15亿美元收购美国兰登书屋，成为世界上最大的英文一般图书出版商，也由此开启了全球化扩张的新阶段。截至目前，贝塔斯曼集团业务收入的全球分布是：德国本土占31.1%，除德国以外的欧洲地区占35.5%，美国占27.5%，其他国家占5.9%。

在贝塔斯曼集团的发展历程中，兼并一直是其开拓市场的重要手段，也是其进军国际市场的制胜法宝。贝塔斯曼集团在全球化扩张的同时，坚持本土化战略。首先是管理人员的本土化。贝塔斯曼（中国）的员工99%都是本地人，无论是一线员工还是高级管理层都充分地本土化。其次是经营内容的本土化。贝塔斯曼在中国的拓展，就是利用了其图书俱乐部的方式，就地取材、就地出版、就地发行、就地销售、就地盈利，充分体现了本土化的特点。

2. 培生集团：品牌为王。

培生集团是国际著名的出版与传媒巨子，旗下包括全球最大的教育出版集团、企鹅出版集团和著名的金融时报集团，拥有著名的经济学人集团50%股权，在全球65个国家和地区拥有3万余名员工。培生集团以拥有最丰富的知识产权和高品质出版物而享誉世界。2006年的总收入为56.16亿欧元。

围绕品牌开展经营，是培生集团提高核心竞争力的重要特点。培生集团把品牌看作其核心资源。培生集团从一家建筑公司发展成为今天全球最大的教育出版集团，其成功的秘诀就在于，在收购和兼并过程中，充分利用集团优势，不断扩大品牌影响力。培生集团在全球65个国家和地区以三大业务为主开展经营活动，一是教育出版，二是金融出版，三是大众出版。培生集团庞大的营业额主要是在这三大领域靠众多著名品牌获得的。

在教育出版领域，教育出版集团的教科书、多媒体学习工具和考试工具书所服务的对象超过1亿人，数量超过世界上任何其他私有机构。在全球高等教育、英语教育和中小学教育领域居于首位。在美国，每3个孩子就有1个使用培生出品的教科书。

在金融出版领域，金融时报集团是世界范围内商业和政治新闻信息、评论的权威来源，它通过报纸和网络深刻地影响着商业和投资人士的决策，其服务对象超过400万人，来自64个国家的500多位专家为其撰稿，被公认为全球最敏捷、最具权威性的商业性读物。

在大众出版领域，企鹅出版集团是世界上大众出版领域中最知名的品牌出版机构，它引领了"纸皮书革命"，也是高品质小说和经典读物的象征。其出版的文学作品、非文学作品、畅销读物、经典读物、儿童读物、画刊、学习参考书等，影响了全世界一代又一代人。比如国内读者所熟悉的"谁动了我的奶酪"系列就是它在全球热销的出版物。

3. 汤姆森集团：做自己最擅长的。

汤姆森集团是一家全球领先的整合信息供应商，服务领域包括法律、税收、财会、金融、科学研究以及健康保健产业。从1998年至今，汤姆森集团一直保持着强劲的上升势头，集团业务遍及全球46个国家，集团员工达到3.8万人。2006年，汤姆森集团总收入为51.08亿欧元。

汤姆森集团一直坚持"信息、科技、应用"三角商业扩张理念，即以顾客为中心，通过科技促进信息的应用，广泛的应用又促进信息内容的进一步丰富。"做自己最擅长的"是汤姆森集团提升核心竞争力最重要的经营战略。在1995年以前，汤姆森集团曾经通过收购，在英国组建了汤姆森旅游公司，同时还从事报纸出版业务。这两块业务在汤姆森集团收入中占有重要份额。虽然这两块业务的分量较重，但并不是汤姆森集团所擅长的业务，因此在1995年的结构调整中，汤姆森放弃了在英国报纸的股份，1998年又售卖了汤姆森旅游公司，集中精力做自己最擅长的法律法规、教育、金融、科技与保健业务。2006年10月，汤姆森集团又宣布战略性调整，将教育出版业务出售，剥离教育资产、高等教育、图书馆、电子学习、电子测试等业务，目的是专做自己最擅长的信息服务。战略性调整之后，汤姆森集团的主要经营业务为法律法规、金融、科技与健康。目前，汤姆森法律法规咨询服务年收入达34.5亿美元，金融综合信息服务年收入达19亿美元，科技与保健业务年收入达10.2亿美元。

4. 沃尔特斯·克鲁维尔集团：走专业化道路。

荷兰沃尔特斯·克鲁维尔集团是一个跨国出版和信息服务集团，涉及健康、公司服务、金融服务、税收、财会、法律和教育业务等，为专业客户服务，业务遍及全球50多个国家和地区，全球雇员约1.84万人。2006年的总收入约37亿欧元。

沃尔特斯·克鲁维尔集团的主要业务包括三部分：法律、税收和商业；健康和科学；教育。该出版集团不仅规模巨大，而且业务非常精悍。以北美为例，在其涉及的六个市场领域中，有五个占据了第一的位置。

该集团一直走专业化发展道路，产品都有明确的市场定位，并采用多媒体手段为专业人士服务。其服务对象大多为专业人士，其中29%为会计师，23%为公司职员，21%为律师，17%为银行和金融机构白领，10%为其他。他们在专业化发展过程中，一方面不断通过兼并重组扩大规模，进行外延式拓展，兼并重组均是围绕做精做细其核心业务开展的，例如其收购对象多为与其核心业务相关、发展势头良好的软件公司；另一方面，为保持其专业服务的核心竞争力，该集团每年都要淘汰一批赢利微薄或亏损的子公司，淘汰标准主要看其对核心业务的贡献率，而不管该公司规模是否很大。例如，2002年，沃尔特斯·克鲁维尔集团出售了年销售额为1.5亿欧元的克鲁维尔学术出版社和年销售额1亿欧元的HS出版社等多家机构。

### （二）国外出版业培育和提高核心竞争力的启示

国外出版业核心竞争力的提升，通常是在充分竞争的市场环境下，以出版传媒集团核心竞争力的提升来实现的。国外出版业提升核心竞争力带给我们以下启示：

1. 不同企业提高核心竞争力的道路是不一样的。

从国外出版传媒集团成长壮大的历程来看，没有一个共同的、统一的提升核心竞争力的路径。我国出版企业理应根据自己的特点和实际情况来寻求自己的发展道路。

2. 要善于通过发挥自身优势来提高核心竞争力。

不同企业的核心竞争力的内容是不一样的，因为不同企业的优势并不相同。国外出版传媒集团（例如汤姆森集团）大都是从做自己最擅长做的事情起家的。我国出版企业提高核心竞争力，也应根据自身多年形成的专业出版优势，明确自己的定位，扬己之长，避己之短，在自己擅长的领域不断做大做强。

3. 要始终突出品牌建设。

国外出版集团（例如培生集团）始终把品牌建设放在首位。品牌是企业核心竞争力的重要标志，我国出版企业提高核心竞争力，必须下大力气培育品牌、经营品牌、保护品牌，不断扩大和延伸品牌影响力。

4. 要善于通过资本层面的并购等方式提高核心竞争力。

通过资本运作实施兼并重组，是贝塔斯曼等国际传媒巨头迅速做大做强的重要手段。我国出版企业应高度重视资本运营，要通过一系列行业内外的并购重组，围绕出版主业整合、优化资源，形成明晰的出版产业结构。

5. 提高核心竞争力要具备国际化视野。

随着世界经济日益一体化，出版国际化趋势日益明显。贝塔斯曼等国际传媒巨头之所以能不断发展壮大，与其瞄准国际市场，实施跨国并购、跨国经营分不开。我国出版企业亦应具备国际化的视野，面向国际市场开发选题资源、拓展渠道资源、争夺人才资源，借鉴国外传媒巨头实施本土化战略的成功做法，快速将自己的产品推向世界，提高产品的国际竞争力。

6. 要建立自己独特的企业文化。

企业文化是孕育出版企业核心竞争力的土壤，是培养企业独特品牌的摇篮，也是提升文化软实力的根基。我国的出版企业应向国外传媒巨头学习、取经，高度重视企业文化的培育和建设，为提高核心竞争力提供强大的精神动力。

## 四、培育和提高我国出版业核心竞争力的途径

培育和提高我国出版业核心竞争力，着眼点在于提高出版企业的核心竞争力。核心竞争力的提高，应该是每个企业自身的追求，因而其道路和途径是千差万别的。但是，由于体制上的障碍，当前我国出版单位都不同程度地缺乏提高核心竞争力的内在动力和外部压力。因此，培育和提高我国出版业核心竞争力，首先是要解决我国出版业的体制性障碍，为出版企业营造一个良好的外部环境和内在的体制通道。

### （一）建立以市场为导向的出版营销体系

我国的经济体制改革，以建立社会主义市场经济为目标，取得了巨大成功。这种市场化取向的改革，使现代企业的市场观贯穿于企业经营的各个环节，从产品的设计到营销，都是以市场为出发点和归宿。按照这种思路，除了少数专业性的出版社和学术性很强的出版物外，大量的出版活动不仅后半段的工作，包括设计、制作、发行等要直接面向市场，就是前半段的工作，包括选题的组织策划等也要在考虑正确出版导向的同时，考虑读者导向、市场导向，从而使出版社整个运作与读者需要、市场需要相吻合，与市场接轨。

但是，长期以来，我们的出版活动与市场严重脱节，大量出

版物的推出不是着眼市场，而是为了某种宣传需要。大量出版物生产出来后，不是进入市场，而是进入库房，浪费惊人。有人比喻我们一些出版物的境遇为"领导是唯一读者，仓库是最终归宿"。这种状况，很大程度上是因为出版社没有建立起一套以市场为导向的出版营销体系，而这一问题的根源在于出版业一直忌讳"以市场为导向"，担心这样会导致出版社因迎合市场而出版低级趣味的东西，引发错误的舆论导向。现在看来，这个担心已没有必要。因为市场经济本质上是法制经济，社会主义市场是有法律法规管制的市场，低级趣味的东西实际上没有市场。正如经济领域的改革一样，最初我们也对市场的弊端看得比较重，在市场化取向的改革过程中，市场上确实出现过许多假冒伪劣的东西。所幸我们采取了正确的态度：不是关闭市场，而是对假冒伪劣的东西给予坚决打击。在打击过程中，各种配套性的法律法规日益完善，市场秩序日益规范，社会经济也日益发展壮大。再回过头来说，即使在今天我们对出版导向管理和限制十分严格的情况下，市场上仍有不良出版物出现。对此，我们采取的仍然是以坚决打击的方式来保持出版物市场的健康繁荣。所以，问题不在于要不要市场导向，而在于如何强化管理，健全法制。

### （二）建立新型的政府与出版企事业关系

经济领域的改革使许多国有企业重现生机，一个重要的经验就是政企分开，企业成为真正的市场竞争主体，使企业在竞争中发展壮大。出版业由于长期单纯强调出版的意识形态特殊性，政府对出版单位一直实施保护政策，所采取的基本上是一种政企不分、政事不分的体制。一方面，政府管得过多，管了许多不该由政府管的事情，出版单位事实上成了政府出版主管部门的行政附庸；另一方面，出版单位过多地依赖政府的保护，既缺少自主经营权，也缺乏自主经营的积极性。因此，发展壮大出版产业，必须实现政企分开、政事分开，使出版单位与政府管理部门脱钩，改变目前政府与出版单位这种"父子"关系，在此基础上建立起新型的政府与出版企事业的关系。

这里需要解决三个层次的问题：一是政府出版主管部门的工作重心要转向行业监管和创造公平有序的市场环境上，政府机构不再直接干预出版单位的经营管理事务。政府的主要职责是创造环境，通过培育市场，营造公正、公平的竞争环境，促使企业在竞争中壮大。二是要进一步确立出版单位的法人地位，使其在坚持正确出版导向的前提下，自主经营、自负盈亏、自谋发展。出版企业只有在竞争的环境中独立前行，才能真正发展壮大。企业靠政府是"培育"不大的，这如同温室里培育不出参天大树的道理一样。三是在政企分开后，需要设立新的出资人机构来行使所有权，以解决国有资产所有者长期缺位的问题。这一点是过去出版业一直比较忽视的。如果国家所有权不到位，就会给"企业内部人控制"留出空间，那么，国有资产和效益的流失就在所难免。设立这个新的机构，要按照"管资产与管人、管事相结合"的原则，对出版单位既要管资产，又要管人、管导向。

## （三）打破与市场竞争格局不相适应的出版与发行垄断

我国经济体制改革的许多举措，最终是为了打破行业垄断，形成公开、公正、公平的竞争格局，提高社会整体效率。对当前我国出版业的发展而言，打破垄断显得尤为迫切。长期以来，我国出版业基本上是一种行政性垄断的行业，这种业态严重抑制了出版单位开拓市场的积极性，阻碍了整个出版产业的发展。因此，我们要提高行业整体效率，就必须打破垄断，培育多个竞争主体，形成有效的竞争格局。这需要从市场竞争主体和政府两个方面入手来推进改革。

在培育市场竞争主体方面，可以考虑多种改革思路共同推进：（1）建立现代企业制度，使出版单位成为真正的市场竞争主体，使之既有参与市场竞争的内在动力，又有在竞争中制胜的外部压力；（2）建立和完善出版单位有进有出的市场调整机制，对经营不善的出版单位要通过破产、兼并等方式淘汰出局；（3）在集团化改革进程中，既要组建横向联合的出版集团，又要建立纵向发展的、跨地区的专业性出版集团，以打破目前区域性垄断较为严重的出版格局；（4）进一步推进中小学教材出版发行体制改革，引入竞争，破除中小学教材发行的行政垄断，降解出版发行单位对中小学教材业务的过度依赖；（5）大力发展民营书业，培育新的竞争主体，打破新华书店在发行领域一家独大的格局。

在政府方面，需要推进以下改革：第一，通过政企（事）分开、政企（事）脱钩等方式，割断政府管理部门与出版单位的直接经济联系，消除政府部门对本地区、本部门出版单位给予行政保护的内在积极性。第二，减少行政性审批，消除政策性障碍，建立公开、公正、公平的市场竞争环境。在市场管理法规比较健全的情况下，竞争不仅可以促使企业拼命壮大自己，而且竞争也是有效促使企业规范经营的手段。竞争对手往往是最好的监督者，许多不规范的经营行为，通常都是在竞争很不充分的情况下出现的。第三，建立和完善出版监管机构，以重新定位政府管理行业的职能。应该说，建立现代出版监管体系是出版改革的重大步骤，是形成公平竞争环境的重要保证。对形成健康的出版业态而言，在破除垄断的同时，必须有相应的监管，二者是相辅相成、互为条件的。

### （四）在出版业广泛引入现代企业制度

我国经济领域的改革与发展已经充分证明，现代企业制度是市场经济条件下一种有效的企业组织形式。但是，在我国出版业的改革中，由于受制于出版单位的事业性质而长期回避建立现代企业制度。实际上，我国出版业实行的是"事业单位企业化管理"模式，并没有把出版单位完全限制在"事业"的性质上。应该看到，"企业化管理"才是出版单位的实质。从出版社的实际运作来看，除了极少数专业性非常强、要靠国家财政补贴的公益性出版社之外，出版社与一般企业并没有本质上的不同。有人认为二者有根本的区别，区别在于出版社要以正确的出版导向和社会效益为前提——难道一般企业不需要以社会效益为前提？一般企业生产有害于社会的产品，同样是要受到相应法律法规处罚的，也同样是难以获得经济利益的。因此，出版业引入现代企业制度并没有客观上的障碍，关键是我们要解放思想，实事求是，与时俱进。

这里还要看到，当前一些出版集团转企改制，特别是一些出版集团挂牌上市，已经在出版单位引入现代企业制度的改革上迈出了实质性的步伐。出版业引入现代企业制度，核心是构建法人治理结构，使所有权与经营权适当分开，形成明确的"委托—代理"关系。这既有利于形成有效率、有制约的决策体系，又有利于建立面向市场、充满竞争的经营管理机制，避免出版单位内部的无序状态。

**（五）积极推进出版业集团化建设**

集团化建设是行业高度发展的一个必然趋势。核心竞争力的一大特征就是资源的集中性，因此，要提高出版业的核心竞争力，就必须提高出版产业的集中度，组建出版集团无疑是一条有效途径。大企业、大集团是一个行业的"领头羊"。大企业、大集团的核心竞争力是一个行业核心竞争力水平的重要标志。没有若干大企业、大集团支撑的出版业，不可能有太高的核心竞争力，也不可能有强大的社会影响力和文化支撑力。我国出版业从2001年开始推进集团化建设，到目前已经组建了大大小小几十个出版集团和发行集团。反思这个时期的集团化浪潮，应该说大方向是正确的，取得了比较明显的成效，构筑起了我国新的出版格局。但是，其中也有不少教训值得总结。就问题来说，主要是注重集团的数量而忽视集团的质量。各个省（自治区、直辖市）都一窝蜂地搞出版集团、发行集团，所以组建的集团大多是依靠行政力量建立的"翻牌"集团，往往有集团之名而无集团之实。特别是把原来政府部门所属的出版社以行政方式捏合在一起，出版集团事实上成了纯粹的行政管理机构，没有真正发挥集团的聚合功能，被人戏称为"二出版局"。

当前推进出版业集团化建设，要在前一阶段取得成果的基础上，适当调整思路，更多地对现有出版集团加以完善和改造，着力提高出版集团的质量和核心竞争力。一是通过出版集团的转企改制和股份制改造，明晰产权关系，回归利益诉求，完善内部治理结构，确立真正的市场竞争主体地位。二是通过重新定位，推动出版集团的"三跨"，即跨地区、跨媒体、跨所有制经营，建立起真正意义上的有资源整合能力和行业带动力的大型综合出版传媒集团。三是通过外部政策环境的优化，推动现有出版单位在资本层面上相互并购，扶持核心竞争力较强的出版企业通过并购等方式组建新的集团。

## （六）对出版单位进行不同方式的股份制改造

股份制是市场经济条件下普遍采用的、与现代企业制度相联系的一种企业组织形式，也是企业做强做大的重要途径。发展壮大出版产业，股份制问题不可回避。但是，较长时期以来，股份制问题一直是出版理论与实践中的禁区。忌讳这个问题主要是担心出版业引入股份制会出现出版导向上的偏差。一般的认识是，资本多元化必然要求收益的最大化，这样就可能导致为了追求经济利益而不顾出版导向的问题。这种认识存在着几个误区：一是把追求经济利益与讲求社会效益完全对立起来了，好像讲经济效益就可以不顾社会效益；二是好像股份制出版企业就不是社会主义制度下的出版企业，就没有法律法规的管制和约束；三是把社会主义市场看作是没有管理的自由市场，似乎有害的东西也会有市场、有收益。正如前面已经说过的，社会主义条件下的出版企业是有法律法规管制的企业，不以社会效益为前提就难以发展；

社会主义市场是有严格管理的市场，出版导向不正确的东西实际上没有市场，因而也就没有收益。当然，由于社会主义出版业有其自身的特殊性，这就要求出版单位在引入股份制时，要有思路上的创新，需要根据不同情况进行不同方式的股份制改造。

我们认为，在实践中可以有多种思路来消除股份制可能给出版导向带来的负面影响：一是可以通过国有资本控股的方式保证国有资本的主导地位，从而确保出版导向的正确性。国有控股条件下的股份制，可以使国有资本吸引和组织更多的社会资本，扩大国有资本的支配范围，放大国有资本的功能，并保证国家的出版导向。二是在出版单位内部进行剥离，仅在非编辑领域引入股份制。编辑业务部分仍然按照原有的管理方式不变，仅对从出版单位分离出来的经营业务部分进行股份制改造，这尽管不是比较彻底的体制机制改革，并且有一定操作上的困难，但是，从当前一些出版单位改革的实践看，对于改善内部机制、增强内部活力仍然有积极意义。三是引入"金股份"制度[①]，政府通过掌握"金股份"，拥有对出版单位决策的一票否决权，以保证出版导向不出偏差。出版业作为我国带有意识形态特殊性的行业，关系到社会稳定和安全，需要建立起一种有别于其他行业的特殊的管理制度。"金股份"制度是世界上一些国家为了掌控关系国家命脉的重要企业而实行的一种特殊制度。我们完全可以在出版业借鉴和引入这种制度，用以解决推进股份制、提高出版企业竞争力与坚持正确出版导向之间可能出现的矛盾和偏差。

---

① 何志勇：《关于出版业引入"金股份"制度的探讨》，《出版发行研究》2001年第10期。

## （七）建立和完善出版单位的市场退出机制

长期以来，政府部门对出版企事业单位更多的是通过放权、政策优惠等激励方式来促进改革、激发活力，而较少关注通过破产、并购等约束方式来强化外部压力。这种仅有激励、缺乏约束的机制，不利于出版产业健康发展，更不利于培育和提高出版业核心竞争力。市场经济的实践证明，如果一个行业的市场主体不是有生有灭、有进有出、优胜劣汰，就容易成为一潭死水，缺乏活力。目前我国出版业由于竞争不充分，缺少必要的淘汰机制，落后的、经营不善的出不去，新的、有活力的要素又进不来，所以，整个行业缺乏生机。要形成充满活力的出版业态，必须建立起有进有出、有生有死的调整机制。从当前我国的实际情况看，最重要的是建立有效的退出机制。

出版业建立退出机制与一般行业有所不同，需要从意识形态导向的正确性和产业发展状况两方面加以界定。在以往的实践中，即使是个别出版社被撤销这种情况，也存在不规范、缺乏统一尺度和政策依据的问题，"人治"的色彩较重。我们认为，要使出版单位在竞争中壮大，不仅对违规出版单位的处罚以及退出要规范化、法制化，而且对经营不善的出版单位也要有一个通过破产、兼并等形式使其退出市场的政策底线。经济改革的经验证明，破产或并购往往是及时化解矛盾的有效机制。通过破产或并购，使一部分不适应发展要求的出版单位淘汰出局，一方面可以提高出版业的整体素质，实现资源的优化配置；另一方面也能够使出版业发展过程中的一些矛盾和问题得到释放，使整个行业轻装前进。

因此，我们要发展壮大出版产业，就必须在出版行业引入市场竞争机制，并同经济领域一样，建立有效的市场退出机制，形成优胜劣汰、充满活力的健康业态。

**（八）加强出版业队伍建设，充分发挥领军人物的作用**

出版业是一个人才密集型的行业。无论行业的发展还是单个企业的发展，都要依靠一支素质高、能力强的专业化人才队伍。一家出版单位的成功运作，需要策划、公关、编辑、校对、印制、营销、核算等方方面面的人才，任何一个环节出现问题，都会制约或中断整个流程，导致经营失败。出版单位要保证每个环节顺利运作，不仅要有各个方面的人才作为基础，而且还要有高水平的管理作为支撑。因此，出版单位不仅是人才密集型的单位，更是管理密集型的企业。笔者曾提出"社长是出版社第一竞争力"的命题，就是把出版单位领军人物的能力、水平和品行作为一个出版单位核心竞争力的最重要的内容之一来认识并加以重视。[①] 大量的事例证明，一个出版单位领军人物的能力、水平、品行，直接决定着这个出版单位的兴衰。

从当前我国出版业的实际情况来看，加强出版队伍人才建设，发挥领军人物的作用，迫切需要解决以下三方面的问题：（1）改革和创新管理者的选拔机制，摒弃用"从政"的经历和经验作为标准，要从传统的"相马"变为"赛马"，在竞争中选拔人才，在事业的发展中发现人才。优秀的管理者，是从实践中走出来的。

---

① 何志勇：《社长：出版社第一竞争力》，《中国出版》2004年第7期。

竞争可以实现人才的优胜劣汰，保持领军人物人选的最佳状态。（2）建立健全对优秀人才的激励与约束机制。单纯依靠优秀人才的自觉性或责任心来保持对事业的全力投入是不稳定、不可靠的，更是难以持久的。因此，我们要建立必要的利益激励制度和权力约束机制。（3）完善对管理者的目标考核制度。只有建立起一套科学有效的考核制度，对管理者的激励与约束才能够落到实处，才能够做到"能者上，庸者下"，也才能使领军人物真正发挥"第一竞争力"的作用。

# 股份制改造：
# 壮大新闻出版产业的有效路径[*]

当今世界，一个国家的文化软实力日益成为其提升综合实力和核心竞争力的优势战略资源。文化软实力的强弱，则与这个国家是否拥有世界影响力的传媒直接关联。发达国家之所以在很多问题上具有话语优先权，就是因为其强大的文化软实力——世界级传媒的支撑。我国新闻出版产业实力不强，竞争力不够，影响力不大，是我国文化软实力不强的根源所在。因此，增强我国文化软实力，必须壮大我国新闻出版产业。通过股份制改造，打破垄断，引进社会资本，构建多个市场竞争主体，形成产业发展新格局，是壮大我国新闻出版产业的有效路径。

## 一、重构新闻出版发展新格局迫在眉睫

近年来，我国新闻出版产业虽不断发展壮大，但与我国经济快速发展的要求还不相匹配。无论与国际同行业比较，还是从内部体制机制方面审视，重构出版业发展新格局刻不容缓。

---

[*] 本文为2008年承担的中宣部"四个一批人才"研究课题中的部分内容。

## （一）产业实力不强，影响力亟待提高

放眼国际新闻出版市场，我国新闻出版业还处于弱势地位。就规模与实力看，发达国家一个出版集团一年的销售额动辄数十亿美元，而我国最大的出版集团刚刚突破百亿元人民币大关。从单品种的影响力来看，《哈利·波特》在全球的销量超过了4亿册，而我国单品种发行上千万册的图书凤毛麟角，在世界上产生重大影响的图书少之又少。从新闻出版业在国民经济中的比重看，美国的相关产业，占了国民经济的33%，在各大产业中位居第一。2008年，我国新闻出版产业总产值超过8500亿元，仅相当于汽车业产值。我国新闻出版产业离国家发展要求差距还比较大。

## （二）结构性障碍和体制性弊端还比较突出

由于我国新闻出版业长期受政策保护，垄断经营，市场竞争力不强，新闻出版产业要做大做强，急需解决结构性障碍和体制性弊端。

国有独资体制使得创新能力难以发挥。国有独资体制使新闻出版单位一方面具有国有事业单位官本位、行政化的特点，很难成为真正的市场主体；另一方面又具有传统国有企业的问题，缺乏利益联结机制，基本上是一个行政附庸的角色。这双重弊端使新闻出版单位缺乏内在活力，没有长远目标和战略，少有创新动力和能力。同时，新闻出版产业组织形式单一、产业集中度偏低；创新性产品和具有自主品牌的产品少，可持续发展的基础较为脆弱；在地区结构方面，均衡布局与同构现象导致地区封锁和低水平重复；市场经营规则不完善，市场竞争不充分、不公平等问题，

都严重制约着新闻出版市场的发育与成熟。

## 二、以改革促进新闻出版业发展

实践证明，改革创新是新闻出版业发展的不竭动力。不改革就不能解放生产力，不创新就不能发展生产力。新闻出版业要做大做强，必须走改革之路，这已是行业共识。

### （一）打破体制障碍，形成竞争格局

我国新闻出版业的产业重组起步于20世纪末的集团化建设，那时是事业性质，属于"以行政力带动"的区域内资源整合，不属于市场行为，体制和垄断的"坚冰"并未真正打破。2006年之后，我国新闻出版单位转企改制、跨地域重组如雨后春笋般出现，新闻出版业调整产业结构、优化资源配置、盘活存量资产、规模化发展的步伐不断加快。至此，我国新闻出版业市场化发展之路已不可逆转。

2009年4月，国家新闻出版总署印发《关于进一步推进新闻出版体制改革的指导意见》（以下简称"《意见》"）。根据国家新闻出版总署的规划目标，未来三至五年，要培育形成六七家资产、销售双超百亿元的大型出版传媒企业，在此过程中，社会资本可参与传媒企业的股份制改造。

《意见》指出，要全面完成经营性新闻出版单位转制任务，建立现代企业制度，在企业内形成有效率、有活力、有竞争力的微观运行机制；推动跨媒体、跨地区、跨行业、跨所有制的战略重组，

开拓融资渠道，培育一批大型骨干出版传媒企业，打造新型市场主体和战略投资者。

打破垄断经营、条块分割、地区封锁，是改革深化的必然举措。但由于涉及利益格局调整，来自各方的阻力不小。因此，打造新型市场竞争主体，找到一条调动各方积极性的路子，显得非常急迫。

### （二）对接资本市场，挖掘社会资源

新闻出版企业做大做强做优，主要取决于能否创新资源整合的思路、拓展资源整合的空间，在更为广阔的空间中挖掘、调剂、链接社会资源，有选择地对优势资本进行有效集聚和运营，在资源整合中不断增强出版企业的整体实力。

对接资本市场是新闻出版行业做大做强的重要手段。世界新闻出版企业的成长经验告诉我们，同行资本层面上的扩张威胁远远超过出版产品市场上的竞争威胁，上市、并购、重组等资本运营，是出版巨头赖以做强做大的重要手段。我国要形成一批具有国际竞争力的大型出版企业集团，增强资本运作能力是关键。现阶段我国新闻出版业要实现战略转型，必然要匹配与之相应的资源和能力，最佳途径就是进入资本市场，运用资本运营手段筹集资本。就当前我国新闻出版产业的发展态势来说，资本实力是新闻出版产业体系建设的成功基础。谁投入得多，坚持得久，谁就能立足、成长，并最终胜出。

## 三、股份制改造是深化新闻出版体制改革的有效方法

用什么方式进入资本市场筹集资本呢？股份制已经为我们提供了解决之道。通过对新闻出版单位进行股份制改造，许多问题可以迎刃而解。

将股份制改造作为推进新一轮新闻出版业改革的主要形式，对于消除以往传统观念的长期束缚，深化新闻出版体制改革，实现公有制经济与市场经济的有机结合，具有重要的现实意义。

### （一）股份制是一种开放的现代企业制度

历史经验证明，股份制是一种迅捷而有效的集资方式。股份制企业具有投资主体多元化的特点，新闻出版单位在国有资本控股的条件下，通过股份公司这种财产组织形式，通过多种渠道，能够把不同形式、种类的资本迅速积聚和集中在一起，形成资本集聚效应，不断充实和增强资本实力。

由于入股的资金不需还本付息，股份制筹集的资金成本低，有利于企业的快速发展。股份公司多元化的资本供给机制，既可以在极短的时间内集中大规模的社会资本，改变新闻出版业长期自我滚动发展、资本极度短缺的被动局面，又可以将经营风险分散到资本市场，为新闻出版业的持续、健康发展创造制度条件。

### （二）股份制是一种产权明晰的企业制度

股份制改造是对企业现有资本组合的重新调整，必然要明晰资本所有者构成，而这正好可以解决以往新闻出版单位资产所有

者缺位、所有者不清等问题。

企业要真正成为市场竞争主体，必须转换经营机制，在法人产权基础上，自主经营、自负盈亏、自我发展、自我约束。新闻出版单位作为一个经营主体，在经营时也要遵循价值规律，对市场供求变化做出迅速反应，以实现价值最大化的经营目标。对新闻出版业进行股份制改造，为其经营机制的转换提供了产权基础和组织保证。

新闻出版产业股份制改造，有利于提高国有资产的管理水平和运营效率，实现国有资产的保值增值。在产权明晰、所有权与经营权分离的情况下，国家可委派代表以国家股股东身份对企业经营管理进行监督，促进企业经营者不断改善经营业绩，提高经济效益，从而使国有资产达到保值增值的目的。

### （三）股份制是一种有约束力的现代企业制度

股份制企业建立股东大会、董事会、监事会和总经理负责制的领导体制，奉行"资金共筹、盈亏共负、风险共担、利益共享、股权平等、同股同利"的原则，这样就形成了所有者与经营者、劳动者之间的有效监督与制衡，从而增强了企业的自我管理、自我约束能力。

在新闻出版业这种具有意识形态属性的特殊领域进行股份制改造，应该坚持国有控股，并与其他股东之间形成一定的持股比例，以便发挥各自在企业运营中的作用。在此基础上，还应该探索代表国家意识形态的新的参股方式，确保意识形态导向不发生偏差，并由此还原普通股份的本来职责，使其正常行使权利。这样既有利于出版业的政企分开,又能够处理好脱钩与加强监管的关系。

### (四)股份制是一种具有科学治理结构的企业制度

法人治理结构是现代企业制度的核心,是企业高效运作的关键。通过股份制改造,新闻出版单位能够建立科学、完善的企业制度,既能保证公司的经营者不违背所有者的利益,同所有者保持一致,又可以促进经理人职业化,使企业达到较高的经营管理水平。通过完善法人治理结构,新闻出版单位可以独立行使各种企业管理权限,排除行政干预,根据市场环境的变化适时调整决策,从而可以避免政府部门不当干预造成的战略失误和决策的滞后效应。

应该说,新闻出版业的股份制改造,与以往国有企业的股份制改造有很多相似之处,走不出这一步,新闻出版业做优做强就没有坚实的体制基础和发展根基。目前,新闻出版业改革的主要任务是,将党政机关的事业性资产剥离出去,让新闻出版单位成为真正的市场主体,并建立与公司制相结合的法人治理结构。要完成这一任务,进行股份制改造是最为直接有效的手段。新闻出版单位只有通过股份制改造,才能在更高层面上进行资本运作。

## 四、上市是对接资本市场的最直接途径

上市,是股份公司最广泛地实现社会融资、吸纳社会资源的方式。《意见》已明确提出"积极支持条件成熟的出版传媒企业,特别是跨地区的出版传媒企业上市融资"。

### （一）通过上市借势借力谋发展

从世界文化产业发展史来看，全球出版业巨头几乎没有任何一家是完全靠自身积累和脱离资本运作而发展起来的。默多克的新闻集团从 1948 年起步到 1953 年的五年时间，资产从 1000 万美元增加到 10 亿美元，增长了 100 倍，其根本诀窍就是资本运作。近年来我国新闻出版业改革实践也证明，主要利用行政力量转企改制组建的新闻出版集团，如果固步自封，仅仅依靠自身滚动发展，很难快速发展壮大。

长期以来，我国传统出版业缺乏吸纳外部资本的冲动，也缺乏外部扩张的原动力。新闻出版业与资本市场的隔离，使得新闻出版业直接融资成为难题，也使得其试图通过资本市场重塑公司治理结构的通道被封锁。

目前，新闻出版单位的转制已经全面铺开。今明两年，除明确为公益性的图书、音像制品和电子出版物出版单位外，出版单位将完成转制。改制过程中，要立足于长远，力求符合资本市场的要求。改制之初，就要想好在资本市场可以怎么做。对于主业突出、成长性好、规范运作的新闻出版业企业，应理直气壮地借势借力，利用资本市场，直接上市。面对未来的市场竞争，谁先利用资本市场，谁就将掌握先机，占据文化产业发展战略制高点。

### （二）新闻出版企业上市有多种方式

新闻出版企业上市可采取的方式有：整体上市、子公司上市、买壳或借壳上市、分拆上市等。从目前来看，符合条件的新闻出版企业整体上市可以体现产业的整体性，减少企业间的关联交易，但很多新闻出版集团可能无法满足整体上市的条件。子公司上市，也就是新闻出版集团将优质的经营性资产剥离出来，加以整合重组，注册成立具有独立法人资格的股份制子公司，然后申请上市，公开募集资金。这种方式虽然风险相对小，融资量大，但需要通过证监会的严格审批，等待时间较长。买壳或借壳上市，是企业在难以直接上市情况下比较现实的选择，可做到快速进入证券市场，获得稳定的融资渠道，当然可能会有壳资源处理的后遗症，需要付出额外的成本。

在上述几种上市方式中，新闻出版企业整体上市更具有发展性和可持续性。由于新闻出版企业最有价值的部分是编辑业务，广告、发行等经营性资产附着于编辑业务上，如果仅把广告、发行等经营性业务上市，一方面难以对投资者产生足够的吸引力，另一方面也会影响上市公司建立透明、公开的现代企业制度。当然，整体上市，前提条件是需明确界定媒体公益性或经营性的性质。除党报党刊等公益性媒体以外的经营性媒体，只要符合上市的要求，都可以在相关制度安排下整体上市。

### （三）上市公司要确保"文化安全"

新闻出版企业通过上市与资本市场"联姻"，有多方面的积极作用，如积累更多资本、赢得更多利润、创新管理模式、分散经营风险、提升宣传效果等，但在当前的文化体制框架下，上市的同时还须要求上市公司通过公司章程和制度安排，确保"文化安全"。

那么，上市与"文化安全"可能存在的矛盾，靠什么制度安排来解决呢？通过"金股份"等特殊的制度设计，能够解决两者之间的矛盾。类似的制度安排在国外也有案例，完全可以借鉴。

所谓"金股份"制度，就是在股份制出版企业中，将国家对意识形态管理的特殊职责化为一种由政府掌握的"金股份"，并以此行使对违规行为的一票否决权。有了"金股份"这道防线，等于为出版业的产业发展设置了一道"防火墙"，在这个前提之下，新闻出版企业实行股份制或上市，就可以保证政府的意识形态导向不会发生偏差。同时，由于"金股份"永远掌握在国家手中，就从根本上解决了国家控制力与企业发展所引起的股权结构变化的矛盾，国家可以不再担心随着股份制企业的发展和股权结构的变化，国有股份比例缩小而出现失控的可能性。

# 关于出版业引入"金股份"制度的探讨[*]

当前，我国出版业的改革与发展面临着巨大的挑战，能不能建立与社会主义市场经济相适应的出版管理体制，能不能形成充分发挥社会主义意识形态功能的出版产业，是摆在我们面前的重大问题。其中，能不能在出版业适当引入股份制，在出版业这种特殊领域如何引入股份制，是我们亟待研究的课题。

## 一、出版业引入股份制不可回避

进入 21 世纪，我国出版业面临着更多挑战。这些挑战既有来自国外的，又有来自国内的；既有业内的，又有业外的。应对这些挑战，我们唯一的出路只有抓住机遇，加快发展，壮大产业。因此，出版业的发展问题在今天比在过去任何时候都更为重要、更为迫切。不发展，我们就不能解决出版业面临的许多问题，就不能应对挑战；不发展，我们的出版就不能很好地发挥其意识形态功能，就不能很好地为人民服务；不发展，我们的政权就不能在意识形态的有力支持下得以巩固，就不能形成全国统一的政治舆论氛围。

---

[*] 本文原载《出版发行研究》2001 年第 10 期，《中国出版年鉴（2002）》转载。

目前，发展出版产业，我们面临着与若干年前国有工业企业相同的问题，主要表现为：（1）出版社虽为国家所有，但实际存在产权不清、所有者缺位的问题，这使出版社多头管理，产权责任不清，内部缺少监督与制衡机制，经营者既不负盈又不负亏，经营者与经营成果之间没有多少经济联系，出版社缺乏发展的内在动力和压力。（2）出版社内部劳动、人事、分配制度改革不到位，没有建立起优胜劣汰的机制，出版业的生存与发展，基本上是以出版垄断经营为条件，实际市场竞争能力较差。在我国出版业繁荣的背后，与发达国家出版业的实力差距却在拉大。出版业的这种垄断经营，一方面浪费了大量的出版资源，另一方面又掩盖了大量的亏损经营和利润流失。（3）在国有出版业显得步履蹒跚的同时，民营书业却迅速崛起，各类文化公司不断涌现，它们依附在国有出版社周围，大有对出版社形成一种包围之势。这一方面引发了出版业国有资产和资源的流失，另一方面又带来许多出版管理上的问题。（4）政企不分，出版管理体制僵化，国家对出版业的管理基本上是直接的行政管理，政府对出版社既要管出版导向，又要管出版经营；既要管人，又要管钱管物。其结果，往往是该管的没有管住、管好，不该管的却又管得过多，制约了出版社发展的积极性和主动性。

近年来，尽管出版业也推进了一系列改革，但总的来说，在增强出版社活力、发展出版产业方面没有取得明显的成效，尤其在体制创新上没有突破性的进展。出版改革走到今天已经到了一个非常关键的时期，我们需要在改革上有所突破，尽快建立起与我国社会主义市场经济相适应的出版管理新体制，形成能够充分发挥意识形态功能的出版产业。

从股份制的性质、作用和我国国企改革的实践看,股份制确实是"发展现代社会生产力的强大杠杆"①。如果在出版业适当引入股份制,对部分面向市场的商业性出版社进行股份制改造,那么,对于出版业将是一个巨大的发展契机。

首先,从股份制性质看,股份制是社会主义公有制的实现形式之一。我国出版业由于其特殊的意识形态属性决定了它必须坚持社会主义公有制,这是毫无疑问的。但是,公有制不等于国有制,"公有制实现形式可以而且应当多样化"②,股份制即是公有制的实现形式之一。马克思曾对股份制问题作过大量的论述。马克思指出,在资本主义条件下,股份制是"作为私人财产的资本在资本主义生产方式本身范围内的扬弃"③。在股份公司里,资本直接取得了社会资本的形式,而与私人资本相对立。这本身即是对私人个别资本的否定。这时的企业表现为社会企业,而与私人企业相对立。在社会主义条件下,股份制作为一种社会化的财产组织形式,它与社会主义公有制相适应并反映公有制的基本性质,因而它直接为社会主义经济服务。股份制使企业所有者成为多个集体或个人的集合体,资本直接取得社会资本的形式,企业表现为社会企业,因而它可以是公有制的一种具体体现,是公有制经济外延扩大的实现形式,是一种人们看得见、感受得到的产权明

---

① 《马克思恩格斯全集》第一版第12卷,第610页。
② 江泽民:《在中国共产党第十五次代表大会上的报告》,1997年9月12日。
③ 《马克思恩格斯全集》第一版第25卷,第493页。

晰的公有制实现形式。特别是控股权掌握在国家和集体手中,这种股份制更是具有明显的公有性。

其次,从国企改革的实践看,股份制改造是我国国有企业改革的一个有效途径。我国国有企业的股份制改造,为出版业改革提供了诸多可资借鉴的经验,使我们可以扬其长、避其短,用其可用之处。我国国有企业改革通过实行股份制改造,取得了一系列实质性成果,对于真正提高经济质量,实现经济持续发展,有深远意义:(1)股份制对迅速集中资本、壮大产业有着其他方式难以替代的作用;(2)股份制有利于转换企业经营机制,建立企业内部的监督与制衡机制,形成所有者、经营者、职工之间的有效监督与制衡;(3)股份制有利于解决国有企业所有者缺位的问题,强化所有者对企业的监督与控制,在企业内部形成控制与约束机制;(4)股份制可以促进经理人职业化,使企业达到较高的经营管理水平。

再次,从出版业面临的问题看,股份制是一种不可回避的应对之策。出版产业要加快发展,要解决我们改革中面临的许多问题,股份制已受到越来越多的人的关注。我们应当解放思想,实事求是,积极主动地研究、思考出版业如何利用这种有效形式,如何应对这种可能要面对的趋势。事实上,在目前许多关于出版改革的讨论中,不少人提出出版社要建立现代企业制度,完善法人治理结构,以资本为纽带组建出版集团,完善股权制度,等等。提出这些问题,实际上已经暗含了出版业实行股份制这样一个前提。在实践中,一些出版单位已经在尝试项目股份制、分公司股份制的改革。

我们认为,从发展出版产业的角度讲,出版业适当引入股份制可以解决出版改革长期难以解决的问题，使出版产业得以迅速壮大并持续发展。具体地说，适当引入股份制，至少有以下积极作用：（1）同样的国有资本可以推动和控制更多的社会资本，这有利于增强国有资本的实力，壮大出版产业的经济总量；（2）有利于化解目前国有出版与非国有书业的矛盾，不仅可以充分用好各种资源，避免无序竞争，而且可以将许多非国有书业的出版运作自然地纳入国家管理和控制范围，使过去控制与发展两难的问题一并得到解决；（3）可以较好地解决出版业政企分开和出版社所有权与经营权相分离的问题，对于推动出版业资产重组和资本集中，实现科技创新、体制创新和集约化经营等，都有明显的积极作用；（4）可以比较彻底地推进出版社的"三项制度"改革，使出版社能够在"产权清晰、权责明确、政企分开、管理科学"的要求下，真正成为自主经营、自负盈亏的市场主体，从而为出版社建立现代企业制度奠定基础；（5）可以在出版社内部建立所有者对出版社的监督机制，增强国家的宏观控制力，规范出版社的经营行为，实现出版产业的快速发展，从而有利于更好地发挥出版的意识形态功能。

出版管理的实践证明，出版社经营得好，发展得顺，出版管理就容易到位；出版社经营不善，经济条件差，则往往难以管理，违纪违规的问题就屡有发生。通过适当引入股份制，壮大出版产业，使其产生广泛的社会影响，就有条件更好地发挥出版的社会主义意识形态阵地作用。

## 二、出版业引入股份制必须创新

出版业是一个特殊行业。它的产品——图书既是一种精神产品，有很强的意识形态特征，又是一种有形的物质产品，要进入市场，属于商品的范畴。这决定了出版业具有意识形态和产业的双重属性。出版业的这两个方面是一个统一体，它们之间是相辅相成、互为条件的，一个方面解决得不好，就会影响另一个方面。这是出版业区别于其他行业的最大特点。

当前出版业面临着极大的发展压力。只有加快产业发展的步伐，才能迎接各种挑战，也才能真正强化出版的社会主义意识形态功能。但是，我们在实践中却长期未能处理好意识形态导向与产业发展的关系，总是担心产业发展会影响意识形态导向，以至于在较长时间里不便明确提"出版产业"这一概念。这里的根本问题在于，我们没有找到一种既能促进产业发展，又能按照社会主义意识形态要求健康推进的机制和组织形式。

在出版产业的发展思路上，已有不少同志提出，出版业最终还是要按照现代企业制度的要求来搞，因此必然要推进股份制。出版社无论是业内国有独资的形式，还是业内外多方国有资本混合股份的形式，或者是国有资本控股、非国有资本参股的形式，都需要进行股份制改造或公司制改革。但是，这种人人都容易认识到的观点为什么没有得到普遍认同呢？问题就出在没有处理好产业发展与意识形态导向的关系。在出版这种特殊领域推行股份制，对于发展产业，确实是一种十分有效的途径，许多发展上的问题都可以得到解决。但是，股份制是以资本为纽带，以谁投资谁受益、谁投资谁负责为原则。按照投资者的意愿，企业必然以利润最大化为目标，并千方百计地使企业有最快的发展速度。这种运行机制也正是我们引入股份制的目的之所在。

那么，这里谁来负责意识形态的方向问题呢？我们感到，这种机制实际存在着意识形态导向者缺位的问题。如果这个问题解决得不好，在出版股份化的发展中出现意识形态导向上的偏差，引发事端，这样的股份制显然不可能推行。

出版社的规范经营问题和意识形态方向问题，固然可以通过国家的法律法规，通过政府的宏观管理加以调控。但这些基本上是外部的作用。这里缺乏一种出版社内部的、与国家意识形态要求相适应的机制。没有这种机制，国家的宏观管理只是一种外部的甚至是事后的管理，很难在出版社内部及时到位。尤其是在股份制出版社追求利润最大化目标的情况下，这种管理会受到严重冲击而大打折扣，这比非股份制出版社的管理难度大得多。由于政府与企业信息不对称，经营者很容易绕开政府而自行其是。因此，政府在企业外干预再多，效果都不会理想。由此我们说，在出版社实行股份制的情况下，国家的意识形态宏观管理难以真正到位，出版导向上的风险会大大增加。这是出版业不能认同股份制的真正原因。因为意识形态管理与经济管理有很大的不同，经济管理出了问题可以调整，经济决策出了问题可以弥补，但意识形态出了问题，其后果往往难以弥补，甚至不堪设想。

出版的意识形态导向问题是否可以通过由国家控股来解决呢？我们以为也是不行的。这里面存在着几个问题：一是国有股在本质上是经济范畴，代表的是国家经济利益，自身不具有超经济利益的权利，因而以此干预出版社的政治导向于理不通；二是实行股份制的目的是使企业按照市场经济的要求加快发展，如果国家控股要解决政府意识形态导向问题，那么，与其股权本来的经济意义和目的相悖；三是国家控股如果另外负有意识形态导向的职责，势必在企业的股份之间形成不平等股权，而在正常的股份制企业中，每一单位股份及股权是平等的，控股只能说明拥有更多的股权及其利益，并不意味着具有资本以外的权利，否则，必然会引起其他股东的不满，从而影响企业经营目标的实现；四是使国家控股的经营目标模糊，既要发展产业，又要保证意识形态导向，这与实行股份制之前政企不分、单一国有产权没有什么区别，这样的股份制推行起来也没有什么实际意义。

因此，我们说，股份制固然有利于出版产业的发展，但却不能解决出版的意识形态导向问题。而后者不解决好，前者的作用就没有意义。所以，单纯的股份制实际上解决不了我国出版业的健康有序发展问题。我国出版产业的发展，只有处理好产业发展与意识形态导向的关系，在出版企业内建立起一种兼顾两者关系的机制，才能很好地发展有中国特色的社会主义出版产业，既发展壮大我们的实力，扩大我们的领域，又强化出版的意识形态功能，抵御各种不良思想意识的侵蚀。处理好这个问题，在理论上和实践上都有着重要意义。

我们认为，面对这个问题，不应简单地否定股份制、回避股份制而无所作为，应当积极研究如何利用股份制之长，在出版改革中不断创新。我们设想，可以在出版社推进股份制的同时，引入"金股份"概念，在股份制出版社内部建立一种专门针对意识形态导向的"金股份"制度,来解决和处理好出版产业发展与意识形态导向的关系问题。

## 三、出版业引入"金股份"制度的设想

所谓"金股份"制度,就是在股份制出版企业中,将国家对意识形态管理的特殊职责,化为一种由政府掌握的"金股份",并以此行使对本单位出版违规行为的一票否决权。这种与股份制相联系的意识形态保障制度,我们称之为"金股份"制度。这里的"金股份"与企业的普通股份完全不同,它本身并不是资本的代表,不追求经济利益也不代表任何经济利益;它是专为政府的意识形态导向而存在,代表政府的意识形态管理职责;它在股份制企业中没有经营决策权,也没有表决权,而仅有否决权。通过设立"金股份",使出版单位的决策在涉及意识形态导向的几个关键环节上,必须得到"金股份"代表的同意方可实施。

"金股份"与普通国有股份相比,相同之处在于:二者都是由国家掌握和控制,由政府行使其股权。它们二者之间的不同之处在于:(1)地位不同,"金股份"代表的是国家政治权利,普通国有股份代表的是国家经济权利;(2)权力不同,普通国有股只有达到控股地位时才对企业的经营活动和决策拥有否决权和决定权,而"金股份"天然具有对出版企业经营活动和决策的否决权,但它却没有决定权;(3)目的不同,一个是谋求经济上的快速发展,一个是谋求政治上的正确方向;(4)作用不同,"金股份"解决的是"不能做什么",即避免和杜绝一切违规违纪问题的出现,

而普通国有股解决的是"要做什么",即在国家法律法规允许的前提下怎么实现利润最大化目标。

设立"金股份"制度的依据,就是出版业是国家控制的意识形态特殊部门,是国家上层建筑的组成部分,国家不可能像对普通企业那样任其自由发展。出版这种特殊行业只能在国家政治导向下求得发展,这就必须以国家的特殊管理政策和控制制度为前提。这种政策和制度是国家政权在出版领域发挥作用的具体表现。"金股份"正是代表这种政策和制度行使其权力。进而言之,"金股份"是代表国家政权行使对意识形态的监管权力。

在出版这种具有意识形态属性的特殊领域,建立"金股份"制度有重要意义。

——"金股份"可以专门代表国家对意识形态的要求,深入出版社内部保证政府的意识形态导向不发生偏差。通过"金股份",可以使国家的意识形态管理和控制深入出版社内部,使政府的宏观管理与舆论导向更加直接、更加具体、更加到位,管理与控制的效果更加有保障。"金股份"好比为我们大力发展出版产业设置了一道防线,使我们既坚持正确的政治方向,避免发生出版导向上的各种偏差,又可以通过股份制凝聚大量积极因素,实现出版产业的快速发展。应该说,在我国社会主义市场经济条件下,发展出版产业本身并不是一件很困难的事情。关键在于,出版业必须在正确的方向上、在不发生偏差的前提下来发展,这就不是件容易的事情。有了"金股份"这道防线,等于为出版业的产业发展设置了一个前提,在这个前提之下实行股份制,可以保证政府的意识形态导向不发生偏差。同时,由于"金股份"永远掌握在国家手中，就从根本上解决了国家控制力与企业发展所引起的股权结构变化的矛盾，国家可以不再担心随着股份企业的发展和股权结构的变化，国有股份比例缩小而出现失控的可能性。

——"金股份"可以有效地实现意识形态导向的事前控制，避免出了问题才发现问题、解决问题的被动局面。我们目前所实施的出版管理与控制，总的来说，都是从出版社外部发生作用，这种管理与控制缺乏针对性和预见性，基本上是一种事后管理或事后控制，往往出了问题才发现问题，再来解决这个问题，预防这类问题。由于意识形态面临的问题千差万别，如果我们不能在出版社的内部建立起一种与国家意识形态要求相适应的控制机制，仅从出版社外部或事后进行管理和控制，就会陷入防不胜防的被动局面。多年以来，在对意识形态的导向与控制上，我们一直在寻求有效的事前控制办法。通过"金股份"这个思路，可以把意识形态的管理与控制深入企业的内部，在企业内部建立起一种有效机制以便从根本上解决这个问题。由于"金股份"及其代表设置于出版社内部，掌握情况最快最直接，这就在出版社内部建立起了出版违规的预防机制，真正实现了意识形态导向的事前控制。

——在普通股份之外设立"金股份"，可以还普通股份的本来职责，使其正常行使权利，这有利于出版产业的发展壮大。通过"金股份"这个思路，把出版产业发展的职能与出版意识形态导向的职责区别开来，使生产经营管理与意识形态管理分工明确，职责清楚，不仅可以避免过去两种职责互相制约、互相冲击的矛盾和产生的问题，而且还有利于解决多头管理，出版社社长角色混乱，经营目标不明等问题。由于有了"金股份"，股权职责得以明确，对普通股份可以还其本来职责，使其正常地行使权利，名正言顺地追求利润最大化，从而保证出版产业的快速、健康发展。这样，就从出版社的内在机制上为我们处理好了产业发展与意识形态导向的关系，解决了出版产业发展的一个现实的矛盾。因此，我们说，有了"金股份"，出版业才谈得上引入股份制；有了"金股份"，出版业的股份制才是完整的、可行的。

——建立"金股份"制度有利于出版业的政企分开，处理好脱钩与加强监管的关系。当前我们在推进出版业的改革中，面临着一个两难问题，一方面，出版业要实现政企分开，政府管理部门与出版单位必须在经济上脱钩；另一方面，我国出版社的性质和功能决定了出版社不能像一般企业那样没有主管单位，政府决不会使出版社监管缺位，出版社一定会有一个"婆婆"来实施监管。这种情况，使主管部门感到无所适从，担心政企分开后缺乏管理手段而难以管理。这也是出版业的政企分开比一般经济部门难度大得多的重要原因。通过"金股份"这个思路，可以较好地解决主管部门在政企分开后对出版社的管理问题。由于"金股份"本身不追求任何经济利益，只具有意识形态的监管职能，因而建立这种制度，有利于政府在与出版社经济脱钩的条件下实现对出版活动强有力的管理。

"金股份"制度在实际操作上，需要有专门的人或机构来代表"金股份"，专门着眼于意识形态导向来行使职责。这可以有多种思路。一是可以借鉴目前国企改革中政府向大企业派驻特派员或上市公司设置独立董事的思路，在股份制出版社设立"独立总编"，由独立总编代表"金股份"行使对出版导向的监管权。独立总编与现行的总编所不同的是，独立总编专门负责出版意识形态导向的监管，并拥有对出版违规违纪和意识形态一些倾向性问题的决策的一票否决权。其职责就是意识形态把关，向政府主管部门负责，而其个人收入可以与出版社的经济效益相联系，与出版社其他核心成员相适应，以此来协调个人在职责与利益之间的关系。独立总编可以由政府直接任命，也可以考虑由政府推荐、董事会通过的程序来任命。二是可以采取设立"独立编委会"的办法，即代表"金股份"的不是一个人，而是一个机构。编委会既可以在董事会之外，作为国家派驻机构，专门负责意识形态的把关；也可以由独立总编代表编委会进入董事会，以此来兼顾责任与效益的关系。编委会的职责就是对出版社的选题论证和书稿终审进行把关，并可独立行使否决权。三是可以把"金股份"制度的实施与现有管理体系对接，在出版社现有终审人员中择优组成一个"评估与终审委员会"来代表"金股份"，它由出版主管部门任命并按照主管部门的要求对出版社的选题和书稿内容进行把关，以此实施对出版社意识形态导向的监管。四是可以按照把编辑与经营管理剥离开来的思路，出版社的经营管理班子按董事会的决议履行其职责，"编辑班子"则作为"金股份"的代表履行政府主管部门赋予的职责。在二者关系上，选题的策划、组织由经营管理班子全面负责；选题的论证由经营管理班子和"编辑班子"共同参与；而书稿的编辑把关则由"编辑班子"全面负责，"编辑班子"拥有选题论证和编辑把关的最终否决权。总之，在具体的运作层面，有很大的空间可以进一步探讨。许多具体问题，如"金股份"代表与同级党委的关系、"金股份"与出版主管部门的关系等等，也需要我们作深入研究，进一步予以界定。

# 当前出版改革若干问题的调查与思考[*]

按照中央党校中青班教学计划安排，2001年7月，学员们根据自己的研究课题结组进行实地调查研究。我们出版界的几位学员，因共同的工作性质走到了一起，参与"出版改革的难点与对策"的调研活动。调研得到了中央党校、中央组织部、中央宣传部、新闻出版总署的大力支持和帮助，因此，调研活动开展得比较顺利。为了比较全面地掌握情况，我们按照宏观、中观和微观三个层次，选择有代表性的地方和单位进行调查。在半个多月的时间里，我们走访了中央宣传部、新闻出版总署、辽宁省新闻出版局（在北京与局领导座谈）、上海市新闻出版局、中国邮电出版社、外语教学与研究出版社、中国青年出版社、上海世纪出版集团、上海译文出版社、上海教育出版社、上海文艺出版总社、少年儿童出版社，青年文摘杂志社、时尚杂志社、追求杂志社、世界时装之苑杂志社、故事会杂志社，上海新华书店发行集团、上海书城、上海东方书报亭等单位。通过对不同层次的20多个单位的调查与访问，着重就当前出版管理与改革中的难点和亟待解决的问题进

---

[*] 本文为2001年7月"当前出版改革的难点与对策"课题组调研成果摘要。课题调研组成员：张小影、朱仲南、何志勇、刘敏、张丽生、何建明；执笔：何志勇。

行对话，形成了对以下若干问题的调查与思考。

## 一、关于出版业政企分开的问题

### （一）出版业政企不分带来的主要问题

我国出版业的管理体制是沿袭过去高度集中的计划经济体制形成的，出版社几乎所有事务都是由政府出版主管部门管理。这种体制在原来计划经济时代无可厚非，但在社会主义市场经济条件下的今天就不合适了，它严重地束缚了出版社的发展，同时也使政府管理的多重目标难以实现。当前出版业的政企不分，给出版业的发展带来了许多问题：

1. 政府管理目标难以实现。政府出版主管部门肩负着出版业繁荣、规范与管理等多重职能。观察我们政府出版主管部门对出版社的管理，可以说，基本上是什么都要管，既要管出版导向，又要管出版经营；既要管人，又要管钱管物。实际上，政府出版主管部门充当了"老板""裁判员""教练员""运动员"等多重角色，这就存在着深刻的角色冲突，现实中也很难扮演好其中任何一个角色。这就等于使政府出版主管部门"同时追逐两只兔子"，其结果只能是事倍功半，最好的情况是求得其一，而可能的情况是一个也不得。

2. 意识形态管理难以到位。一方面，因为政企不分，在对国有出版单位的管理上，政府出版主管部门摆脱不了"父子"情分，从而难以实施真正的管理，即使出版单位出了问题，由于自身负有一定的领导责任，也往往通过"内部处理"加以化解。这种"父爱"主义的存在，是出版业频繁发生事故的重要原因。另一方面，由于政府出版主管部门与出版单位存在"直属"与"非直属"关系，使其眼光更多地放在"直属"出版单位身上，而对"非直属"出版单位，特别是社会上悄然崛起的民营书业等少有顾及或无暇顾及，从而使出版管理容易出现"真空地带"。

3. 出版业难以实现长足的繁荣与发展。由于政府出版主管部门与出版单位没有直接的利益联系，因而对出版单位的管理，更多地追求"控制"，实际上管了许多不该管的事情。而对出版单位如何发展，政府出版主管部门既没有利益上的积极性，也缺乏指导上的专业性，所以难以提出真正有效的措施和办法，难以建立有利于出版单位发展的激励机制和约束机制。政府官员在心理上也不愿意为出版单位建立利益激励机制，不愿意看到下级比上级的收入高，条件好；同时，政府出版主管部门主观上也不愿意为出版单位建立监督与约束机制，因为这种机制一旦建立，就会在一定程度上削弱政府出版主管部门的控制权力。对出版单位来说，无论是书店还是出版社，如果没有一个有效的激励与约束机制，是不可能持续发展的。

4. 地方保护难以打破。我国出版物市场，基本上是"地方割据"市场。由于各个地方的出版单位都是当地政府出版主管部门的"儿子"，所以，无论是在经济利益上，还是在社会影响上，"儿子"的功过都会影响到这些政府管理部门的政绩和形象。因此，为了政府管理部门自身利益，同时也为了本地出版单位利益，地方政府出版主管部门势必要制定种种保护政策，为"入侵者"设置种种障碍,对"外来者"加以抵制,以使本地出版单位有一个"宽松"的生存环境。如果由于外来竞争而使本地出版单位出现生存问题,最后的麻烦还是会留给当地政府部门。所以,从地方政府出版主管部门自身利益考虑,自然会竭尽全力"保护"本地市场。其结果是,全国统一的出版物市场难以形成,出版单位之间的竞争难以充分展开,出版业难以有真正的发展。

### (二)出版业政企分开与一般经济部门不同

现阶段我国出版改革的一个重要方面,就是要实现政企分开。但是,政企如何分开,政企分开后政府出版主管部门如何实施有效管理,却又是一个新课题。

有人认为,政企分开就是国家新闻出版署和各省级新闻出版局退出对出版社的领导和管理。提出这一问题的理由是,出版社不要"婆婆",要像一般企业那样成为无主管部门的经济实体。这种认识实际上是把"政企分开"理解成了"政企无关"。这是不懂出版特殊性的幼稚观点。出版业作为具有意识形态属性的特殊行业,任何时候都需要由政府部门对其监督管理。政企分开是为了对出版业进行更加有效的监管,同时也对政府出版主管部门监管提出了更高要求。

出版业政企分开的目的是为了使政府从出版经营活动中脱出身来,割断政府与企业的经济联系,使政府对出版活动的管理更专一、更公正、更到位,绝不是不要政府的管理。因此,随着出版业的政企分开,政府出版主管部门一方面要放弃一些东西,另一方面又要强化一些东西。放弃的是与出版单位的经济联系和利益纽带，是对出版单位的"所有"关系或者说是"父子"关系，强化的是行业管理职责和意识形态的导向管理。

**（三）出版业政企分开要与管办分离同时推进**

推进出版业政企分开的改革，需要与出版业的管办分离联系起来，同时推进。如果出版社的管办不分，政府出版主管部门仍然是出版社的主管和主办单位，出版社的人事任免权在"政企分开"后依然掌握在政府出版主管部门手中，那么，政企分开就只能是一句空话。所以，只有出版社的管办分离了，才能使政府出版主管部门与出版社在经济上完全脱钩，才能彻底解决政府出版主管部门只管不办的问题，才能真正实现政企分开，同时，也才能让政府出版主管部门当好"裁判员"和履行好执法责任。

过去，我们在出版业政企分开上，做了许多努力，但收效甚微，原因就在于单纯地实行政企分开，而没有与管办分离同时推进。比如，过去一些地方曾按照不同的模式建立过若干出版集团，目的之一就是为了实现政企分开。但是，从实际效果看，这些出版集团问题较多，主要表现在出版集团与政府出版主管部门的关系没有理顺，矛盾重重。其中最大的问题是，一方面，建立出版集团希望实现政企分开，但另一方面，政府出版主管部门又把出版集团及其下属出版社的人事任免权掌握在自己手里，并且仍然是出版集团和出版社的主管主办单位。表面上看好像政企分开了，实质上什么也没有改变，反而给出版社增加了管理层次。因此，当前出版业推进政企分开的改革，必须与出版社管办分离的改革同时推进。只有把政府出版主管部门对出版社主办单位的职责转移出去，才能真正割断双方经济利益上的联系，并让政府出版主管部门对出版社不再有"我的"的概念。没有了经济上的联系，政企自然就分开了。这样也有利于政府出版主管部门更加公正地行使监管职能。

在推进政企分开的同时推进管办分离，也有利于解决出版社经常性管理缺位的问题。由于出版社名为国家所有，实际上却存在着所有者缺位的问题，没有一个类似董事会的机构，出版社经常性的监管是缺位的。过去，这种经常性管理由政府出版主管部门履行，政企分开、管办分离后，出版社新的主办单位就可以在某种程度上代行董事会的部分监管职能，组成一个班子（比如组建出版集团）来实施对出版社的经常性管理。

### （四）出版业政企分开的关键在于明确政府出版主管部门的职责与定位

如何推进出版业政企分开呢？我们认为，关键在于明确政府出版主管部门的职责与定位。在此之前，要先梳理清楚在多年的出版事业管理中，政府出版主管部门哪些是管好了的，哪些是没有管好的；哪些是应该管的，哪些是不应该管的；哪些职能是需要强化的，哪些是需要剥离的。只要把这些问题研究清楚了，政企分开的工作就容易推动了。比如，随着我国出版业的快速发展，民营书业迅速崛起，并占据了"半壁江山"，对民营书业该如何管理，又该由谁来管理？答案无疑是明确的。政府出版主管部门，顾名思义，应对所在行政区域的所有出版及相关活动进行监管，无论是国有还是非国有。但在很长一段时间内，政府出版主管部门在监管上存在一个误区，即只把眼睛"盯"在直属（国有）出版发行单位身上。这也是过去我国出版业政企分开比较难的重要原因。

随着我国出版业的快速发展，政府出版主管部门应该强化行业监管和行政执法职责，全力当好"裁判员"，把对原直属出版社"老板"和"教练员"的角色交出去，由不同的主体去履行相应的职责。

具体到出版环节的管理上，政企分开后，政府出版主管部门应保留和强化以下职责：

1. 选题审批。这是政府对出版业实施事前管理十分重要的一环。正如现在政府出版主管部门对非直属出版社的管理一样，政企分开以后，政府出版主管部门仍然要履行对出版社的选题管理。这是由国家对意识形态领域的导向监管所决定的。

2. 出版物质量检查。这是以处罚为主的事后管理。出版物的质量，事关全社会文化素质和长远社会效益。监管出版物质量的职责，必须由出版社以外的机构来履行。在我国出版业的中介机构和行业协会尚未建立和完善的情况下，这个职责只能由政府出版主管部门来履行。

3. 出版物评奖。这是以奖励为主的事后管理，也是政府进行意识形态导向管理的重要手段。社会倡导什么、弘扬什么，需要政府出版主管部门来引导。开展出版物评奖，就好比牵住了出版导向的"牛鼻子"。这是出版行业管理的重要内容。

4. 出版资源配置。我国实行的是出版审批制，书号、刊号等是重要的出版资源，也是国家控制出版单位运营的重要手段。政企分开后，对这些出版资源的配置，仍由政府出版主管部门掌控。

5. 出版业法规建设。随着我国加入 WTO，我国行业管理会越来越法治化、规范化,政府出版主管部门执法,当好"裁判员",首先要有法可依,然后才是有法必依。出版业的法治建设,还有很长的路要走。今后对买卖书号的治理,应当纳入法制轨道来解决。

6. 出版行业协会的组织与运作。加强出版业行业监管,需要大力发展行业协会,并要充分发挥行业协会的作用。因此,对行业协会的组织与管理,就自然成为政府出版主管部门的一个重要职责。

7. 培育和管理中介组织。今后的出版行业管理,中介机构将会起到越来越重要的作用。培育和管理中介机构,将是政府出版主管部门一项重要工作。只有把出版中介组织建立起来,我国的出版管理才能真正走向法治化。

8. 队伍建设与培训。队伍建设是出版管理的重要方面。必须建立出版从业人员任职资格制度和相应的培训制度。这是强化出版管理、实现出版规范化运作必不可少的制度安排。这项工作也只能由政府出版主管部门来实施。

至于政府出版主管部门原来那些与政企分开关系不大的职能,包括版权管理、市场管理等,在政企分开后,要进一步加强,这是无须多言的。

## 二、关于组建出版集团的问题

### (一)当前组建出版集团的目的和意义

1. 组建出版集团,可以解决出版业长期存在的政企不分、管办不分的问题。过去我们对出版业政企分开想得比较简单，以为把出版社与政府出版主管部门的经济利益联系割断就能解决问题了。但从调研的实际情况来看，问题远没那么简单。如果不把出版社的管办分开，出版社的人事任免权仍掌握在政府出版主管部门手中，出版社与政府出版主管部门的经济联系就难以割断；即使经济联系没有了，政府出版主管部门也有"控制权"上的好处，因而也就难以真正实现政企分开。要真正实现政企分开、管办分离，有一条可行的路径，那就是组建出版集团。通过组建出版集团，可以把政企分开与管办分离两个问题同时解决。

2. 组建出版集团，可以解决出版社管理水平低下的问题，提高出版社的经营管理水平，打破目前均衡发展态势，形成大中小结构合理的出版格局，壮大出版产业整体实力。

3. 组建出版集团，有利于加强党政主管部门对出版的管理。组建出版集团后，党政主管部门由原来对多家出版社的管理，变为对一家出版集团的管理，这一方面可以使主管部门由管理"多头"变为管理"单一"，有条件把管理工作做得更细；另一方面又可以充分发挥出版集团对出版社的管理作用，也有利于把管理工作做得更好。组建出版集团，党政主管部门实现了另一种形式的抓"大"放"小"，即抓住抓好出版集团这个"大"，而把各个出版社的"小"放给出版集团去管理。这样，有利于解决过去政府出版主管部门管得过多又管不过来的问题。

4. 组建出版集团，实现管办分离，有利于加强党对意识形态工作的领导，开创具有中国特色社会主义出版新格局。通过组建出版集团，出版社管办分离，有利于从体制上落实党对出版的领导地位,确保在新的形势下党对出版业的领导,保证党委部门对出版事业"始终掌握对重大事项的决策权、对资产配置的控制权、对宣传内容的终审权、对主要领导干部的任免权"。一方面,由党委宣传部门和国有资产管理部门作为出版集团的主办单位,即"老板"的角色,使出版集团向党委宣传部门承担宣传文化工作任务,向国资管理部门承担国有资产保值增值责任;另一方面,使政府出版主管部门摆脱了过去又管又办、实质上是只管不办的"混乱"局面,真正当好"裁判员"角色,确保政府对出版社实施有效的行业监管。同时,把原来政府出版主管部门未能履行好的"教练员"职责交给出版集团,有利于出版集团旗下各出版社形成有竞争能力的"阵形"。这不仅有利于出版社增强活力,而且可以凝聚优势,增强整体实力。当前组建出版集团,理顺出版单位的产权关系和隶属关系,改变过去定位不明、职责不清、多头管理的问题,不仅有利于加强党对出版意识形态的管理,而且有利于按照经济规律的要求加强出版社经营管理,壮大出版产业,为先进文化的发展提供强大的产业支持。

5. 组建出版集团,实现政企分开,有利于转变政府职能,提高管理水平。通过组建出版集团,把过去政府出版主管部门负有的经营管理和产业发展的职能分离出来,实现政企分开,从而使双方各司其职,各负其责。一方面使出版集团专门负责把握导向、制定规划以及出版社的经营管理和产业发展等,肩负起"教练员"的职责,并使其以职业化的水准对参与市场竞争的出版社这个"运动员"提出要求,给予指导、训练,提高其竞争力。另一方面使政府出版主管部门从过去角色混乱、职能不明、责任不清的状态中解脱出来，主要负责对出版社的行业监管，当好"裁判员"，专心致志地做好出版执法工作；同时，增强其社会管理职能，处理和解决好许多亟待加强的行业管理问题，以适应变化了的出版格局。这样，两只"兔子"分别由两个主体去追逐，就容易获得事半功倍的效果。同样是对出版社的管理，出版集团与原来政府出版主管部门也是不同的，二者最大的区别在于，前者有取得胜利的动力和压力，一定会竭尽全力促使出版社赢得竞争，而后者则没有这样的动力和压力。从实际情况来说，由于出版集团对出版社的经营管理比原来政府出版主管部门更加直接、更加到位，可以对出版社采用更多的手段来管理和激励，因而出版社的积极性和主动性可以得到更好的发挥。

6. 组建出版集团，有利于实现不均衡发展，壮大出版产业。组建出版集团，有利于实现出版业的专业化管理和集约化经营，打破目前我国出版业普遍小规模、低水平的均衡发展态势，推动出版业非均衡发展，并让一些有条件、有能力的出版社率先发展壮大，以形成大中小不同规模的发展格局，壮大出版产业。这可以从几个方面发挥作用：一是通过组建出版集团，使集团所属出版社得到更加符合出版发展规律的指导与管理，出版社可以有更快的发展速度和更大的发展空间，从而可能在较短的时间内，涌现出若干规模和实力强大的出版社。二是出版集团既是一个出版企业的联合体，又是一个拥有核心竞争力的经济实体。"教练员"的作用就是使"运动队"成为一个整体，发挥其合作优势。因而出版集团本身就是我国出版业不均衡发展中的极其重要的主力军。三是在组建出版集团过程中，通过资产重组、优势互补，重新"排兵布阵",可以产生一批规模不等、出版特色鲜明、专业化程度高、市场竞争能力强的出版社。我们说,不均衡发展,不仅体现在规模上,更重要的是体现在竞争能力上。

7. 组建出版集团,有利于集中力量,优势互补,增强整体实力。与分散的出版社管理模式比较,出版集团具有更大的资源优势:(1)可以集中力量做大事,如大仓库、大物流、大发行等,实现规模效益;(2)有利于进行资本运作,使出版资源得到充分利用,壮大整体实力;(3)可以发挥集团各个出版社的编辑优势,合作大型系列选题;(4)有利于优势互补,发挥整体资源优势,提高综合实力;(5)可以避免集团内各个出版社选题重复和无序竞争;(6)对弱小出版社有带动作用,有利于整体水平的提高;(7)集团的影响大,受重视的程度更高,因而比单个出版社有更大的信息优势和社会影响;(8)因为集团比政府出版主管部门对出版经营管理更直接也更有压力,因而对出版社的工作抓得更紧、更细、更到位,使出版社发展的压力和动力更大。

8. 组建出版集团,有利于推动出版单位内部改革,建立激励与监督机制。组建出版集团,可以实现政府出版主管部门难以实施的改革,履行出版集团特有的职责,推动出版社内部改革,建立起激励与监督机制:(1)通过集团推动出版社干部人事制度改革,可以带动出版社劳动用工制度和收入分配制度的改革。在出版社"三项制度"改革中,干部人事制度改革是核心。而干部人事制度的改革,只有通过上级部门的推动才能得以实施,出版社其他改革也才有可能相应推进。由于集团自身具有多出好书和资产保值增值的双重压力,因而对出版社的改革意愿会更迫切,推动更有力。（2）集团可以有效实施对出版社及其社长的双效考核，建立不同层次的激励与监督机制，把出版社的经营成果和目标实现情况与出版社领导的任职与收入挂起钩来。这种考核与过去政府出版主管部门实施的目标考核有很大的不同。过去由于政企不分，政府出版主管部门自身又缺乏职责压力和利益激励，考核往往容易走过场、搞形式，大家都说好话而不愿得罪人，所以基本上是"自己出题自己考试"，实际效果有限。（3）可以集中中小学教材教辅出版业务，在集团内部形成平等的竞争环境和考核体系，同时还可以集中财力建立出版基金，以奖励、订货等形式支持出版社出好书，形成"计划—资金—好书—奖励—更多好书"的良性循环。

### （二）当前组建出版集团的疑虑与困惑

对于当前组建出版集团，人们还存在着一些疑虑和困惑。主要有以下几点：

1. 出版集团的职能如何定位。出版集团的职能定位不明，出版集团与政府出版主管部门的关系就难以界定，在实践中就会导致出版集团与政府出版主管部门的职责不清，进而矛盾重重，使出版社无所适从。在已经建立的出版集团实践中，就由于存在着出版集团职能定位不明，使出版集团与政府出版主管部门关系不清，给出版社带来许多重复性的管理，产生了许多与改革目标相悖的后果。

2. 出版集团的性质如何定位。组建出版集团，人们不禁要问，出版集团是什么？是一个出版社的行政管理机构，还是一个经济实体，抑或是一个大型出版社。这些问题不解决，将使人们对组建出版集团意义的认识大打折扣。从已经建立的出版集团的模式看，确实各个出版集团的定位是很不一样的，有的出版集团纯粹是政府出版局的一种"翻牌"，是政府出版主管部门的部分职能的转移，这种出版集团完全是出版社的一级管理机构；还有的出版集团，经过资产和业务的重组，基本上整合成为一个大型的出版社。目前对于出版集团建设，实践还不充分，理论上也没有比较透彻的研究和阐述，这必然会使人们对组建出版集团产生较多的疑虑。

3. 出版集团内部如何处理集权与分权的关系。这是与上一个问题相关的问题。如果出版集团的职能定位不确定，那么出版集团内部集权与分权的关系就无所适从。出版集团的内部体制，就是出版集团应当集中多少权利，出版社又可以保留多少权利。这个问题的核心在于，如果出版集团的权利过于集中，出版社的自主权过小，就会影响出版社的积极性，使整个出版集团缺乏活力和竞争力；反之，如果出版集团的权利比较分散，出版社的权利过大，出版集团就会是一盘散沙，其整体优势也就难以发挥，组建出版集团的意义也就不大。

4. 出版集团要不要"母公司"的核心作用。一种意见认为，以外延的形式组建出版集团，不需要硬搞一个母公司，否则，这个由"儿子"升级而成的"老子"，不仅起不到集团的核心作用，还会在出版集团所属出版社中形成不平等的待遇，引起其他出版单位的不满。另一种意见认为，出版集团必须有母公司作为核心，否则，出版集团就缺乏控制力，会成为一个单纯的管理机构，这等于是给出版社增加管理层次，没有什么意义。

5. 出版集团要不要引入"法人治理结构"。一种意见认为，建立出版集团,既要推进改革,又要引入法人治理结构,并要在出版集团内建立起一种有效的权利制衡机制,真正按照现代企业制度来建设,这样才有意义。另一种意见认为,法人治理结构是出版社的问题,出版集团是出版社的法人联合体,本身并不存在建立法人治理结构的问题;在出版集团引入法人治理结构的想法,是把出版集团理解成了一个大出版社。

### (三)当前组建出版集团的政策建议

1. 明确出版集团与政府出版主管部门的定位。从理论上说,凡属于意识形态导向、政策法规方面的监管问题,即"裁判员"执法方面的事务,应由政府出版主管部门负责;凡属于产业发展、经营管理方面的问题,即"教练员"指导、激励方面的事务,则应该是出版集团的职责。明确二者的定位,根本的一点在于明确利益的分割。过去定位不明,主要是利益关系不清。所以,这些问题都需要有一个明确的界定,以便在实践中正确地处理二者的关系。把出版集团与政府出版主管部门的定位明确了,出版集团的性质、职能等问题就一目了然。

2. 提出一个具有指导性的出版集团模式。尽管全国各地的实际情况很不一样,出版集团的管理模式和机构设置也不相同,但是,出版集团建设的基本要素还是一样的。如果能够对组建出版集团的基本模式提出一个建设性的意见,对于这项工作的推动无疑是有帮助的。

3. 明确对出版集团的授权经营。授权经营是出版集团实现资产保值增值的前提,也是构建出版集团组织机构的重要条件。要使出版集团的功能得以发挥，明确对出版集团的授权经营不可或缺。这不仅有利于出版集团的自主经营，使其在出版物市场上有所作为，有利于资产的保值增值，而且有利于出版集团在资本市场上有所作为，把产品经营与资本经营联系起来，并使其向现代国际性的出版集团迈进。

4. 提出"三项制度"改革的指导性意见。

## 三、关于建立出版社激励与约束机制问题

### （一）出版社普遍缺乏激励与约束

建立出版社的激励与约束机制，是出版改革与发展的重要内容。在调查中我们发现，出版业建立激励与约束机制还存在很多问题，还有很长的路要走。

我们这次调研的几家出版社和杂志社，是社会效益和经济效益都比较好的单位。出版社大都是中宣部和新闻出版署授予的全国优秀或良好出版社。这几家出版单位年创利都在千万元以上，不仅经济效益突出，社会效益也十分显著。

调研中我们了解到，这些出版单位成功的因素有很多，诸如改革推动比较有力，出版专业分工有一定优势，面向市场的发展战略比较清晰，管理科学有效，领导班子精诚团结，等等。还有一个共同的也是十分重要的原因是，每个出版单位都有一个能运筹帷幄、决胜千里的好统帅——社长。这些社长的共同特点是，热爱出版事业，优秀、敬业，对事业的发展全力投入。他们中很

少有到点就下班的,很少有每周休息一天以上的。他们在事业上取得了相当的成功。但是,成功的背后,也存在着隐忧。

1. 缺乏应有的激励,经营者的收入与贡献不成比例。现在许多出版社的发展已有相当的规模,其经济效益不亚于国内许多大中型国有企业,但是,这些出版单位法定代表人的收入和其付出相比不甚合理。比如,外研社一年的图书发行码洋从几年前的几千万元,发展到现在的四五亿元,而其社长的月收入只有几千元。这些社长普遍有一个矛盾的心态,一方面留恋社长职务带来的控制权的好处,拥有这种控制权可以干一番事业;另一方面又对贡献与所得存在心理上的不平衡。

2. 社长的权力很大,却没有必要的约束。出版社社长可支配的国有资产的数额是相当大的,正如有的出版社社长所说:"我一年可以支配几千万甚至上亿的资金,但我个人的收入每月仅仅三五千元。在经营中损失几十万无人过问,但个人多拿几千元都会出问题。"由于我国出版社一直沿袭过去计划经济的体制,改革严重滞后,所以,尽管现在出版社已经有了相当大的发展,外部环境也有了很大的变化,但仍然还是过去那种单一的决策体制,少数人甚至个人说了算。这一方面把出版社的命运维系在某个人身上,另一方面又容易出现失误,也易于滋生腐败问题。

3. 出版单位法人代表的任免没有法律规章可循。主管、主办单位对所属出版(杂志)社社长有任免权,而这种任免具有某种随意性,缺乏一个公认的、透明度高的规则和机制。这就容易产生几个问题:(1)现有的待遇,一旦不担任领导职务也就没有了,出版社领导为了保住职务,必然把相当部分精力用在与上级沟通关系上，势必影响出版社事业的发展；（2）因为缺乏任职的标准，谁也不知道下一年或下一届是谁任领导，这就必然导致出版社领导行为的短期化，常常会做"一锤子"买卖；（3）由于出版社领导对以后离岗的生活担忧，缺乏安全感、稳定感，就容易产生"59岁现象""39岁现象"。这不仅对于出版社的长远持续发展不利，而且对于保护干部、防止腐败，也十分不利。

### （二）建立出版业激励与约束机制已迫在眉睫

调研中我们感到，出版社的经营难度，一点也不比一般国有企业低，甚至出版社的经营难度还更大。因为出版社不仅要讲求经济效益，更要讲求社会效益；不仅要抓好经济管理，更要弘扬先进文化。但是，出版业在个人收入分配制度的改革上，却远远落后于一般国有企业。同样经济效益的出版社，其领导的个人收益比一般国有企业低很多。我们认为，在收入分配体制改革上，出版业完全可以借鉴一般国有企业的思路和做法，这应该是没有任何行业障碍的。我们不少人总是以出版行业的特殊性为由而拒绝改革或惧怕改革，是没有任何道理的。

建立出版社的激励机制，可以采取职务激励与报酬激励相结合的方式。职务激励就是只有在出版社完成考核目标的情况下，其领导才能够继续任职或晋升职务，否则就不能任职。因为任职可以享受许多"控制权"的好处，让经营效果好的经营者继续任职，其本身就是对经营者的一种激励。晋级就更是一种激励了。报酬激励就是把资产增量的一部分用于对经营者的激励。报酬激励可以采取薪酬激励与期权激励相结合的方式，使经营者既有当前的利益，又有长远的激励，以促进出版社的持续发展。

在加大出版社经营者激励力度的同时，要尽快建立出版社经营者的监督与约束机制。对出版社经营者的监督与约束，既要有社外（包括上级主管主办部门、政府相关职能部门和社会中介机构）的监督，又要有社内（包括出版社的制度建设、权力制衡）的约束。主要有以下几个方面：

第一，要尽快建立起出版社"法人治理结构"，在出版社的管理层建立起一种制衡机制，以免出现大的决策失误；第二，要建立出版社的财务委派制度，防止国有资产的流失和腐败的产生；第三，建立出版社的目标管理制度，把目标的实现与出版社领导的任职和个人收入联系起来；第四，要强化对出版社的考核，通过严格的"双效"考核，把考核结果与出版社领导的任职和个人收益挂起钩来；第五，建立和完善出版社的年度审计和离任审计制度，把风险和问题消灭在萌芽状态。

出版社只有建立起激励与监督机制，才能真正形成一套用人、留人、进人和走人的制度，才能应对我国即将加入WTO所面对的挑战。

## 四、关于治理买卖书号问题

### （一）买卖书号危害极大，非治理不可

1. 买卖书号为不法书商提供了可乘之机，使书商一方面拥有出版权，另一方面又不承担社会责任，造成出版社与书商之间的

不平等竞争，使出版社处于十分尴尬的地位。同时，书商的"非法"出版，还会扰乱正常出版秩序，导致国家税收流失、出版资源流失、出版人才流失。

2. 买卖书号使出版管理形同虚设，使一些出版行为游离于国家出版管理之外。如果对此不予以坚决打击，少数不法分子可能利用出版管理上的漏洞，出版于我不利的出版物，有可能危及国家的政治安全。

3. 买卖书号使出版审批制变得没有意义。许多出版社在"非法"出版的冲击下，正常出版活动难以为继，容易形成买卖书号的恶性循环；在我国即将加入WTO的背景下，买卖书号行为如不加以控制，就等于放开了出版业，外国资本通过买卖书号可以很容易进入出版领域。

### （二）买卖书号问题与管理措施和治理不力相关

1. 在市场经济条件下，书号分配的有限性给买卖书号提供了可能。由于出版管制，使书号、刊号等成为一种不可多得的出版资源。这种资源的稀缺性，必然会体现在价格上。如果我们不能像禁毒那样禁止买卖书号，那么，由于违规成本较低而图书出版利润较高的吸引，买卖书号行为必然会蔓延甚至泛滥。

2. 用控制书号数量的办法，难以杜绝买卖书号行为。目前这种书号分配和管理办法，主管部门是希望通过控制书号数量，使出版社把书号用得更好，少出平庸书，杜绝买卖书号，但实际上，控制书号数量和提高出版物质量与效益、杜绝买卖书号二者之间，并没有直接的因果关系。原因有二：其一，出版物的质量与效益，取决于出版社的经营能力和整体素质，控制书号并不能使出版社的能力和素质提高；其二，买卖书号，源于书号这种资源的有限性和违规的低成本，控制书号数量，只会影响书号的价格，而不会杜绝买卖书号的行为。

3. "硬性"地控制书号，会抑制出版的繁荣与发展。目前的书号控制，基本上是按照每个编辑5个书号的标准来分配，这种"硬性"控制办法，根本没有考虑各出版社的差异和发展要求，是一种典型的计划经济管理方式。目前我国出版业存在的规模均衡发展态势，与这种管理方式有着密切的关系。按照这种"控制办法"，优秀的出版社发展不了，平庸的出版社可以靠买卖书号过日子。就出版社总体而言，既发展不好，又死不了。

4. 书号、刊号虽在总量控制，但实际数量却在不断增加。由于新闻出版总署在管理与控制书号、刊号中，要受到各个部门、各个方面的牵制，为了各自的利益，相关部门绝不愿意把书号、刊号调整出去或减少，而总是想方设法增加书号、刊号。说是控制，事实上并没有控制住。从实际情况来看，书号、刊号的数量也是在不断增加的。

5. 整治买卖书号行为，并非易事。首先，要对买卖书号行为予以界定，以便抓住要害，有效治理。但就"界定"本身而言，却存在分歧：一种意见认为，出版社的图书出版活动，编印发三个环节中，如果有一个环节出版社未能控制而在外面运作，即是卖书号行为；另一种意见认为，只要出版社对图书出版的终审权没有放弃，即不属于卖书号行为。按照前一种认识，一是不利于出版活动的社会化和专业化，使出版社集中精力抓好出版活动中最核心的环节；二是出版社可以搞变相的买卖书号，形式上编印发三个环节都控制在出版社内，实质上却是卖书号出版。按照后一种观点，又确实不便于管理，出版社的出版经营活动有可能完全被书商所控制。应当说，这些困惑是当前治理买卖书号行为不力的重要原因。其次，治理买卖书号行为，需要地方政府出版主管部门经常的、有力的监管。但就目前而言，地方政府出版主管部门在治理买卖书号这件事上，不仅没有真正发挥"正向"作用，反而存在一定程度的地方保护。

### （三）解决买卖书号问题的对策建议

1. 要两手抓。一手抓调控，要有"死"有"活"，并最终在一定范围内放开书号限制；一手抓处罚，加大买卖书号的违规风险和成本，使买卖书号者不敢越雷池一步。

2. 政府出版主管部门对出版资源的分配与管理，应当奖优罚劣。对优秀出版社要给予优待，在书号分配上放宽限制；对买卖书号、经营不好、屡出问题的出版社，则要在书号分配上严格限制，直至对这类出版社予以归并、撤销。

3. 加大对买卖书号行为的精准打击，大幅提高违规成本。严厉打击买卖书号行为，对买卖书号行为，一经查实，予以重罚，甚至让其无法生存。现在的情况却是违规成本很低，治理成本很高；一家出版社出问题，大家都受影响。打击买卖书号行为，还应当充分发挥省级政府出版主管部门的作用，把责任压实，让其多承压。新闻出版总署应把精力主要放在制定规则、指导工作和处理大要案上。

4. 政府出版主管部门实施书号管理与调配，应充分发挥市场的约束力量，在正常情况下可逐步淡化"管控"，并最终对出版社放开。因为今天的出版格局已与几年前大不相同，出版市场已经由卖方市场变为买方市场，出版竞争十分激烈，市场已成为出版社使用书号量的最大约束力量。过去那种大量使用书号出版平庸书还可以赚钱的时代，已一去不复返。现在出版平庸书，对出版社而言，就意味着亏损。

5. 控制书号可以按照分类管理的原则，实行一地一策，不搞一刀切。全国出版管理部门可以考虑在一定范围内放开书号。首先，对省市一级政府出版主管部门放开。凡买卖书号行为控制得好的省市，即把书号向其放开；凡买卖书号行为未能管住的省市，即对其实施总量控制。其次，对出版社放开。对那些经营得好、管理规范的出版社，按照一定的标准，可以向其放开书号限制。再就是对某类图书放开书号限制，比如科技类、学术类。

# 组建出版集团的十个问题[*]

中国加入 WTO 在即，不少出版业内人士都在思考中国出版业如何迎接挑战，如何把我们的出版业做大做强，如何充分利用好现有优势进行资产重组，组建若干大型出版集团。就中国出版业目前所面临的情况来讲，这种思考和探索是非常必要的。组建出版集团是调整我国出版结构、壮大综合实力的一个重要途径，特别是对于打破区域限制、实现机制创新有重要作用，应当积极加以探索。但是，组建集团决不能一哄而上，不重实效，更不能过多过滥，追求形式。这当中有若干问题值得我们思考。

## 一、集团化是出版业发展的必由之路吗？

出版集团好似一剂灵丹妙药，目前各地纷纷组建或筹备出版集团，大有出版社都要改为出版集团的趋势。如果我们不是仅仅满足于翻牌或更名，那就要明确：其一，市场经济的基本生产单位是企业，集团是市场经济高度发达的产物。我国市场经济发展的历史不长，尤其是出版市场，竞争很不充分，因而在我国还缺

---

[*] 本文原载《出版发行研究》2001 年第 7 期。

乏集团大量产生的条件。其二，即使在出版业十分发达的国家，出版集团也是少数，大量的还是一般出版社。这种大中小并存的出版格局，有利于市场的充分竞争，也有利于满足读者的多方面需要。其三，过量地组建出版集团，把小的连结成大的，也不利于我国出版市场的健康发展，反而会进一步加剧出版业的行政垄断和地区封锁。因此，组建出版集团并不是出版业发展的必由之道，应从实际出发，顺势而为。

## 二、组建集团是出版社的内在要求吗？

建立出版集团的途径有多种，既有横向联合、资产重组的方式，也有以实力和品牌为核心的纵向发展模式。我们往往是通过联合来组建集团，但这又大多缺乏出版社的内在要求，主要是依靠行政捏合。国外企业的联合、兼并，多是本着双赢的目的，自主走到一起的，更多考虑的是资本收益率。我国出版业由于产权不清，经营者既不负盈也不负亏，很难产生联合的内在要求。联合过程中，经营者比较多的是考虑自身的现实问题，如职务、待遇等。如果待遇受到影响，就容易导致对联合组建集团的反感和抵触情绪，从而使集团化的初衷（增强实力）难以达到。搞联合、建集团的目的是要实现 1+1>2 的效果，如果缺乏出版社的内在要求，仅靠行政捆绑联合，这种联合完全可能出现 1+1<2 的结果，很难达到提高出版集团整体竞争力的目的。在我国目前的情况下，借助行政力量的推动组建出版集团是必要的，甚至是不可缺少的，但是，不可因此而不考虑参与联合的出版单位自身的意愿。

### 三、联合是以资本为纽带吗？

市场竞争发展到一定程度，必然会出现出版社之间的（也有跨行业的）联合、兼并，从而产生实力强大的出版集团。在联合、兼并过程中，各个企业之间是以其资本实力的大小，通过相互持股或控股、人事参与等形式，结成企业集团，从而争取更大的市场份额。这里，把若干企业联系在一起的纽带主要是资本。但是，我们目前组建出版集团，由于出版社产权单一，基本上没有把资本大小作为一种连结纽带加以考虑，而往往是以"大"为目的，以行政命令为手段，把各个出版单位合并在一起，其结果是所建出版集团的行政色彩很浓厚，更像是一个行政组织，而不是经济联合体。

### 四、联合体是既大又强吗？

搞联合、建集团当然希望既大又强，但关键是"强"。因此，联合应当是强强联合，兼并则是以强并弱。这里需要有一个或若干个经营状况很好的"强"势企业来带动和支撑集团。如果我们现有的出版社实力普遍不强，缺乏市场竞争力，在这种情况下，搞弱弱联合，就很容易形成一个"大"而不强的集团，这反而失去了"小"的灵活性。这就好比小舢舨扎在一起成不了航空母舰一样。在出版社普遍比较弱小的情况下，小规模比大规模好管理，容易经营，也易于做大。如果不顾实情搞联合，盲目追求大规模，无异于走当年"一大二公"的老路，管理的漏洞更多，竞争力更弱，包袱更大，国有资产流失更严重。因此，组建出版集团应当是国有资产在重组中得到优化，是出版生产力发展到一定程度的自然选择，而不是不顾实情、人为地拔苗助长。这也就是生产关系一定要适应生产力发展的道理。

## 五、有经营管理的能力吗？

造大船之前，先要有造好小船的本领，这是一个简单的道理。如果我们连小船都未能造好，能造好大船吗？岂不是造的大船一下水就沉掉？从我们出版业的现实来讲，如果我们连小出版社都未能经营好，有能力去经营大型出版集团吗？因此，建立出版集团有一个重要条件，就是现有出版单位，特别是作为集团母公司的核心出版单位，要有较高的经营管理水平，有较强的出版能力及选题开发能力，有进一步扩张的潜力。这里存在着一个能够以大带小、以强带弱的前提。

## 六、出版集团等于大出版社吗？

我们把多个出版社联合成集团，在具体操作和构思中，往往把集团通过"整合"变成了一个大出版社，这实际上是一个误区。如果只是把多个出版社合并成为一个大出版社，集团的辐射能力、跨地区跨行业的作用基本看不到。实际上，一个出版社的规模再大也只是出版社，而不是出版集团。出版集团是多个出版企业法人的联合体。通过资本将多个企业联系在一起结成集团，目的是实现优势互补,增强各个集团成员的市场竞争力,从而求得更大的市场份额。在集团中,各个成员企业仍然是独立的企业法人,与非集团成员相比,集团成员具有更大的资源优势和扩张能力。

## 七、有核心企业作为母公司吗?

出版联合体不等于大出版社,并不是说各个集团成员之间是完全平行的,更不是说它们是一盘散沙。出版集团必须有核心层,有核心企业作为母公司,并使母公司成为子公司的控股者或投资者。这样,集团才是一个有统一指挥、运作有序、有控制力的有机整体,而不是一个简单的行政管理机构。但是,在我们组建集团的实际操作中,往往存在着一些忽视核心企业作用的倾向,要么使权力高度集中,把出版集团做成一个大出版社;要么使各个成员单位平行化,集团实际上成为一个行政管理机构;要么重新组建一个母公司,却又起不到真正的核心作用。作为母公司的核心企业,应当是有较强经济实力、较强品牌优势、较强市场竞争能力的出版机构。

## 八、能凝聚和提高核心竞争力吗?

核心竞争力是从出版集团的核心业务中衍生而来,是出版集团优势的集中体现。集团的核心竞争力有几个特点:一是战略性或决定性,即这种竞争力在集团处于战略性地位,对集团的生存发展有决定性作用；二是独特性或不可替代性，即这种竞争力是其他企业难以模仿和取代的；三是发展性或创新性，即这种竞争力是随着集团的发展而不断发展、不断创新的。要提高出版集团的核心竞争力，必须抓好出版主业，这是出版集团的立足之本。但是，在目前出版集团的实际运筹过程中，很少考虑如何凝聚和提高集团的核心竞争力，往往想到的是如何抓住教材、教辅这个支柱，或者是如何扩展领域、搞多元化经营。这些举措，应当说只有在持续提高集团核心竞争力的前提下才是正确的。

## 九、能强化品牌效应吗？

搞联合、建集团，是希望实现优势互补，强化品牌效应。但是，从目前已经建立的出版集团的情况看，大都面临一个困惑，即把几个出版社搞到一起，是保留几个出版社的牌子呢，还是只用一个出版社的牌子？如果保留几个出版社的牌子，好像不能集中优势，凸显集团品牌；如果只用一个出版社的牌子，则会丢失许多资源，使联合失去意义。这种困惑源于把集团等同于一个大企业。可以肯定地说，出版集团作为多个出版社的联合体，应当保留原有出版社的牌子。特别是在目前实行出版审批制的条件下，出版社本身事实上已成为一种不可多得的"壳"资源，这就更需要用好、做好出版社的品牌。出版集团强化品牌，一要充分发挥作为集团母公司的核心出版社的品牌效应，提高集团核心竞争力，以此带动集团成员的品牌提升；二要充分发挥集团的资源互补优势，使集团成员向专业化、特色化方向发展。

## 十、进行现代企业制度改造了吗？

建立出版集团，不仅要其形，更重要的是要其神。这就必须进行现代企业制度的改造。目前，出版业推进现代企业制度存在着许多困难，还有很长的路要走，而建立出版集团，恰恰为出版社的改革提供了一个十分难得的契机。通过集团的组建，可以实现对集团所属企业的资产重组，深化干部人事、劳动用工、收入分配三项制度的改革，建立起新的内部管理制度，从而为集团进一步深化改革、建立现代企业制度奠定坚实基础。如果组建出版集团不同时推进改革，不建立起新的管理制度和运行机制，而是把出版社原有的僵化体制带入集团，那么，这种出版集团是没有前途的，建立这种出版集团也是没有意义的。

# 当前组建出版集团若干问题的思考*

组建出版集团,是当前一项开创有中国特色的社会主义出版新格局的重大改革举措。正确认识和理解这项改革的战略意义,消除各种疑虑和困惑,是做好这项工作,实现中国出版产业的战略性改组的重要保证。

## 一、当前组建出版集团要着力解决的问题

近年来,尽管出版业推进了一系列改革,但总的来说,在体制创新上没有突破性的进展。出版改革走到今天已经到了一个非常关键的时期,我们需要尽快建立起与我国社会主义市场经济相适应的出版管理新体制,形成能够充分发挥意识形态功能的出版产业。当前按照新的要求组建出版集团,不仅在规模上,更重要的是在体制上突破我国传统出版业的桎梏,这是对我国出版业的一个具有战略意义的重新架构。

---

\* 本文部分内容原载《出版发行研究》2003 年第 4 期;《新华文摘》2003 年第 8 期转摘;《中国图书年鉴(2004)》转载。

### （一）打破管办不分的旧体制，加强党对出版业的领导，开创具有中国特色的社会主义出版新格局

通过组建出版集团，理顺过去出版社管办不分的问题，从体制上落实党对出版的领导地位，确保在新的形势下党对出版业的领导，保证党委部门对出版事业"始终掌握对重大事项的决策权、对资产配置的控制权、对宣传内容的终审权、对主要领导干部的任免权"。一方面，由党委宣传部门和国有资产管理部门作为出版集团的主办单位，即"老板"的角色，使出版集团向党委宣传部门承担宣传文化工作任务，向国资管理部门承担国有资产保值增值责任；另一方面，政府主管部门摆脱过去又管又办的混乱局面，实现管而不办，真正当好"裁判员"的角色，确保政府主管部门对出版单位实施有效的行业监管。同时，把原来政府主管部门未能履行好的"教练员"职责交给出版集团，使集团内各个出版社形成有竞争能力的"阵形"，以凝聚优势，增强整体实力。

当前组建出版集团，理顺出版单位的产权关系和隶属关系，改变过去定位不明、职责不清、多头管理的问题，不仅有利于加强党对出版意识形态的管理，而且有利于按照经济规律的要求加强出版社经营管理，壮大出版产业，为先进文化的发展提供强大的产业支持，为巩固和发展社会主义思想文化阵地提供坚强的组织保证，从而开创具有中国特色的社会主义出版新格局。

### （二）实现政企分开，转变政府职能，提高出版业经营管理水平

通过组建出版集团，把过去政府主管部门负有的经营管理和

产业发展的职能分离出来，实现政企分开，各司其职，各负其责。这样，一方面使政府出版主管部门从过去角色混乱、职能不明、责任不清的状态中解脱出来，主要负责对出版业的行业监管，当好"裁判员"，专心致志地做好出版执法工作，同时，增强其社会管理职能，营造一个公开、公正、公平而又规范有序的市场环境，处理和解决好许多亟待加强的行业管理问题，以适应已经变化了的出版格局；另一方面，使出版集团专门负责把握导向、制定规划以及出版社的经营管理和产业发展等，肩负起"教练员"的职责，并以专业化、职业化的水准对出版社这个"运动员"在参与市场竞争上提出要求，给予指导，提高其竞争力。这种职能分离，避免了过去"一个主体同时追逐两只兔子"的被动局面，使各自的管理容易获得事半功倍的效果。这里，新的政府出版主管部门与原来的出版主管部门的区别在于，原来政府出版主管部门什么都管而什么都难以管好，比较被动；而政企分开后，新的政府出版主管部门放弃了一些职责，同时又强化了一些职责，实现了职能转变，比较主动。

　　另外，同样是对出版社的管理，出版集团与原来政府主管部门也是不同的。二者最大的区别在于，出版集团有发展产业的动力和压力，它一定要竭尽全力促使出版社赢得竞争，而原来的政府主管部门却没有这样的动力和压力。从实际情况来说，由于出版集团对出版社的经营管理比原来政府出版主管部门更加直接、更加到位，可以采用更多的手段对出版社进行管理和激励，因而出版社的积极性和主动性可以得到更好的发挥。

### （三）实现不均衡发展，壮大出版产业

通过组建出版集团，实现出版业的专业化管理和集约化经营，摆脱我国目前出版业普遍小规模、低水平的均衡发展态势，从而实现出版业的不均衡发展，壮大出版产业。在这方面，出版集团主要从以下几个方面发挥作用：一是通过集团化建设，使出版社得到更加符合出版发展规律的指导与管理，出版社可以有更快的发展速度和更大的发展空间，这样，就可能在较短的时间内，涌现出若干规模和实力强大的出版社。二是在集团化过程中，通过资产重组、优势互补以及重新"排兵布阵"，可以迅速形成一批规模不等、出版特色鲜明、专业化程度高、市场竞争能力强的出版社。三是出版集团既是一个出版企业的联合体，又是一个拥有核心竞争力的经济实体。"教练员"的作用就是使"运动队"成为一个整体，发挥其合作优势，因而出版集团本身就是我国出版业不均衡发展中的主力军。我们说，实现不均衡发展，不仅要体现在规模上，更要体现在竞争能力上。

### （四）推动出版社内部改革，建立起激励与约束机制

通过组建出版集团，推动出版社内部改革，建立起有效的激励与约束机制：（1）集团能够有力地推动出版社干部人事制度改革，带动出版社劳动用工制度和收入分配制度的改革。出版社的"三项制度"改革中，干部人事制度改革是核心。而干部人事制度的改革只有通过上级的推动，才能得以实施，出版社其他改革也才有可能相应地推进。由于集团自身具有多出好书和资产保值

增值的双重压力，因而对出版社的改革意愿会比政府主管部门更加迫切，推动也会更加有力。（2）集团可以有效实施对出版社的双效考核，促进不同层次的激励与约束机制的建立。通过严格考核，把出版社的经营成果和目标实现情况与出版社领导的任职与收入挂起钩来，有利于长久地激发出版社领导与员工的积极性。这种考核与过去政府主管部门实施的目标考核有很大的不同。过去，政府主管部门自身缺乏职责压力和利益激励，考核往往容易走过场，搞形式，大家都说好话而不愿得罪人，所以基本上是"自己出题自己考试"，实际效果有限。（3）可以集中和剥离中小学教材教辅的出版，在集团内部形成平等的竞争环境和考核体系，同时还可在集团内集中财力建立出版基金，以奖励、订货等方式支持出版社出好书，形成"计划—资金—好书—奖励—更多好书"的良性循环。这样就可以把原有的计划性优势转化为市场经济下的发展优势，从而改变出版社躺在计划经济怀抱中不求进取的状态。

### （五）集中力量，优势互补，增强整体实力

出版集团具有更大的资源优势，可以解决单个出版社难以解决的问题：（1）可以集中力量做大事，如大仓库、大物流、大发行等，实现规模效益；（2）有能力进行资本运作，使出版资源得到充分利用，壮大整体实力；（3）可以发挥集团各个出版社的编辑优势，合作大型系列选题；（4）能够实现优势互补，发挥整体资源优势，提高综合实力；（5）可以避免集团内各个出版社选题重复和无序竞争；（6）对弱小出版社有带动作用，有利于整体水

平的提高；（7）集团的影响大，受重视的程度更高，因而比单个出版社有更大的信息优势和社会影响；（8）由于出版集团对出版社的管理更直接也更有压力，因而对出版社的工作抓得更紧、更细、更到位，这使出版社具有更大的发展压力和动力。

## 二、当前组建出版集团需要澄清的问题

当前，人们对组建出版集团的改革十分关注，这是一个十分可喜的现象。但是，也有人出于这样那样的原因，对组建出版集团存在着疑惑和不解。这里，谈一谈我们对近一段时间关于出版集团的一些不同认识的看法。

### （一）当前组建出版集团会走过去出版集团的老路吗？

过去一些地方曾按照不同的模式建立过若干的出版集团，这些出版集团虽然也取得了一些探索性成果，但总的来说，问题较多，主要表现在出版集团与新闻出版主管部门的关系没有理顺，矛盾重重。其中最大的问题是，一方面建立出版集团希望实现政企分开；另一方面，新闻出版主管部门仍然掌握着出版集团及其下属出版社的人事任免权，并且仍然作为集团和出版社的主管主办单位。这样，表面上好像政企分开了，实质上什么也没有改变，反而给出版社增加了管理层次。正是基于这样的教训，人们才产生了对当前组建出版集团的诸多疑虑。

我们说，当前组建出版集团，与过去的思路和做法有根本的不同，过去是增加管理层次，而现在是分离管理职能。当前组建

出版集团是构建新型的政府主管部门与出版企事业关系的重要步骤。新建立的出版集团与政府主管部门是完全脱钩的：在隶属关系上，政府主管部门不是出版集团的主办单位，二者之间没有行政隶属关系；在经济关系上，出版集团及其出版社与政府主管部门没有资产关系和利益关系，出版集团向国有资产管理部门承担保值增值的职责。

### （二）组建出版集团是只求"大"不要"强"吗？

这是目前对组建出版集团担心较多也质疑较多的一个问题。组建出版集团的目的，肯定地说，是既"大"又"强"。但是，出版集团并非一建立就马上会"强"。"强"有一个过程，不可能要求变革之后马上就"强"，世界上没有这样的灵丹妙药。"大"是说规模，"强"是讲竞争力。规模大小可以调整，可以迅速整合而变大，而竞争力的强弱则难以调整，只能逐步增强。当前组建出版集团是希望通过"大"的变革实现"强"的目标，因为没有"1+1"的变革，就不可能有1+1>2的效率。我们有的同志把"强"与"大"对立起来，一旦没有马上看到"强"的效果，往往就得出结论，说出版集团只"大"不"强"，没有意义。那么，我们许多出版社从成立到现在已经多年，既不"大"又不"强"，我们没有责怪它发展不好，为什么对出版集团的效果却迫不及待呢？

对出版集团的效果作出评价，还要假以时日。出版集团也有一个完善过程，需要逐步由弱变强。看出版集团将来能不能"强"，应当看组建集团是否同时推进了改革，形成的新的机制是否有活力，发展势头是不是积极向上。有人说，当前组建出版集团是重视规模的扩大，是低水平层次上的数量的累加，而少有质的飞跃。这里的问题在于，没有数量的扩大，就不会有质的飞跃；没有出版集团的基本框架，就难以形成出版集团的新机制。另外，以"强"而否定"大"，也有失偏颇。须知，单有强而没有大，没有量的支撑，就没有市场的效应，也没有品牌的广泛影响。这样的"强"，程度有限。所以，"大"与"强"必须是结合在一起的。

**（三）组建出版集团是把若干中小出版社合成一个大出版社吗？**

许多人把出版集团都理解成一个大企业或大出版社，以为组建出版集团就是造"大船"，是打造出版业的航空母舰。其实，这是一个误解。出版集团是一个以资产和业务为纽带、以利益为导向的出版企业群。我们组建的出版集团一定是若干大中小不同规模出版单位的联合体。把这些出版单位通过资产和业务关系联系在一起，结成集团，目的是实现战略整合、体制创新、优势互补，增强各个集团成员的市场竞争力和出版业的整体实力。

组建出版集团是为了更好地发挥出版社的市场主体作用，而不是以出版集团代替出版社的市场主体作用。有人说，图书出版具有多品种、小批量的特性，它更加适合中小出版社灵活多变的经营特点。这种说法与当前组建出版集团并不矛盾。我们说，集团的经济总量大，是集团内部各个成员单位的加总之和大。在集团内，各个成员单位仍然是相对独立的经济主体，与非集团成员相比，集团成员具有更大的资源优势和扩张能力。那种取消集团成员独立性的做法，已经不是在组建出版集团，而是在进行机构合并，是机构改革。

须知，集团是联合舰队而不是航空母舰。如果我们硬要把多个出版社合并成为一个大出版社，那么，确实就会应验一个说法——"小舢舨拼在一起成不了航空母舰"。这样也就谈不上出版集团的什么辐射能力强、跨地区跨媒体的功能了——我们组建出版集团的目的，正是为了逐步发挥出这些功能来。

**（四）以横向联合方式组建出版集团难以有效推进改革吗？**

当前组建出版集团主要是通过横向联合的方式进行，对此，有不少人认为这种集团化思路问题较多，难以有效推进改革，应该走另外的集团化路子。的确，通过横向联合建立出版集团并不是集团化建设的唯一路子。组建出版集团的思路和方式是多种多样的，既有通过横向联合的方式建立综合性集团，也有通过纵向联合的方式建立跨地区的专业性集团；既有以外延扩张的方式联合有关出版单位组建的出版集团，也有以内涵裂变方式从有实力的大型出版社衍生出若干分支而形成的出版集团。通过不同方式建立的集团，各自特点不一，功能和作用不尽相同，也各有其局限性。那种以一种方式否定另一种方式、厚彼薄此的观点既脱离当前实际，也缺乏长远眼光。

这里需要说明的是，我国集团化建设并不是无序的，更不是各显神通一哄而上，而是有计划、分阶段实施的。在不同的改革阶段，会有不同的改革步骤和改革重点。当前重点以横向联合的方式推进集团化建设，主要是基于目前出版业所面临的问题和要达到的改革目标而确定的改革思路。由于当前出版业迫切要解决的问题是使出版单位真正成为自主经营的市场主体，所以主要以横向联合的方式组建出版集团，以实现出版业的政企分开、政事分开。当这一个阶段的任务完成后，下一步必将会使集团化建设向纵深推进，在已有出版集团的基础上，重点推进纵向的、跨地区的专业性出版集团。因此，当前组建的出版集团，只是集团化进程中的重要一步，它既不是集团化建设的唯一路子，更不是集团化建设的终极目标。

**（五）组建出版集团会从一种均衡格局变为另一种均衡格局吗？**

有人认为，组建出版集团，并非出版业非均衡发展战略的选择，它不过是由过去普遍为小规模出版社的均衡状态变为普遍为大规模出版集团的均衡状态，并没有走出均衡发展的旧格局。提出这种问题的同志，以为进入了集团的出版社就失去了独立的市场主体地位，以为今后出版社都要"翻牌"变成出版集团了，这样我国大中小比例适当的出版格局就难以形成。

这里有三个问题要明确：一是出版集团并不是一个大出版社，而是多个企业法人的联合体，进入出版集团的出版社，并没有失去自己相对独立的市场主体地位，它们仍然是面向出版物市场的经营主体和独立法人，所不同的是，进入集团的出版社，具有更大的资源优势、信息优势、管理优势和政策优势。因此，集团内的出版社仍然是我国出版格局中的一员。二是出版集团在总体上还是少数，当前组建出版集团并没有把所有的出版单位都包括进去，不仅没有把新闻出版（署）局直属出版单位完全包括进去，其他如部委出版社、城市出版社、大学出版社等都未涉及，这些非集团化的出版社仍然是我国具有专业特色的、规模各异的出版生力军。三是出版集团是多样化的，不仅有一省一市这种地域性较强的综合类出版集团，还有专业性的出版集团、内涵发展的出版集团、跨地区联合的出版集团等，这种集团化建设的多样性，必然有利于打破出版业在地域、规模、组织结构等方面的均衡发展格局。

**（六）组建出版集团会加剧地方割据和地区封锁吗？**

有人担心，以地方或行政隶属关系为基础组建出版集团，将进一步加剧我国出版市场的地方保护和地区封锁，因而不利于整个出版产业的健康发展。这里有三点有助于我们打消这个顾虑：

第一，竞争有利于打破垄断与封锁。组建出版集团的目的之一，就是要实现对出版社的专业化管理，提高市场竞争力。因此，集团化改革后，各个出版社的竞争能力将逐步提高，全国出版单位之间的竞争必将进一步加剧，这种越来越激烈的竞争必然会冲破我国目前存在的地方保护和壁垒。市场经济发展的历史证明，一切地方保护和市场封锁都不是自动消失的，而往往都是通过竞争打破的。

第二，政企分开有利于割断地方保护的利益机制。组建出版集团后，由于政企分开、管办分离，地方新闻出版主管部门与当地出版发行单位已没有直接的利益关系，因而地方主管部门也就没有积极性来维护原来那种地方保护了，这样，地方保护与市场封锁就会不攻自破。我国出版市场的地区保护之所以十分严重，就是因为政府管理部门有自身经济的和非经济的利益，政府需要为地方保护撑腰，一旦政府从中退出，这种保护与封锁就自然而然难以支撑了。

第三，出版集团自身的发展将会直接冲击地区封锁。一方面，已经建立起来的出版集团在发展过程中必然要谋求更大的市场空间，一定会越过本地区范围，把自己的触角伸向其他地区，逐步走出家门、市门、省门，乃至国门；另一方面，随着集团化建设的发展，出版集团越来越呈现出多样性，特别是跨地区的专业性出版集团的组建，更是直接以集团的形式冲破地方保护。所以，组建出版集团不是加剧地方保护，而恰恰是为建立全国统一大市场打下基础。

### （七）组建出版集团只限于图书出版环节吗？

按照企业集团建设的规范化要求，出版集团应当实现跨地区、跨媒体、跨所有制和跨国经营，即所谓"四跨"。有人感到，以目前组建出版集团的方式，别说"四跨"，连"一跨"都没有，由此觉得这种出版集团没有什么前途。

这里有几点需要说明：一是当前组建出版集团的着眼点主要还不在"几跨"上，但现在不"跨"，不等于今后不"跨"，"四跨"是集团化建设的一个长远目标；二是刚一组建出版集团就同时实现"几跨"是不切实际的，也是难以做到的，因为不同类型的出版集团所要实现的"跨"的重心是不一样的，所以"四跨"需要在集团化建设过程中一步一步地实现；三是如果没有一个出版集团的基本框架，没有一个新的机制，就谈不上实现跨地区、跨媒体发展，甚至跨所有制发展的问题。因此，我们不能寄希望于出版集团的多个目标可以同时达到，完善出版集团有一个过程，不可能一蹴而就。

## （八）当前组建出版集团仍然是依靠中小学教材教辅生存的模式吗？

组建出版集团将把出版社原有的中小学教材教辅出版业务同时纳入集团，并作为出版集团的重要经济支柱。有人认为，这种集团化的改革仍然没有摆脱计划经济体制赋予的保护，出版集团仍然在吃着计划垄断的饭。

我们认为，看待这个问题，不能用双重标准，一方面，现有出版社大都以教材教辅出版业务为依托，长期躺在政府的计划"襁褓"中生存，对此我们好像习以为常；另一方面，对刚刚建立的出版集团仍然依靠教材教辅出版业务，我们却难以容忍。对这个问题，应当以历史的、长远的眼光来看。当前出版业依赖教材教辅业务生存，这是一个事实。出版集团在一定时期内也必然要依托教材教辅出版业务求得发展。单个的出版社发展多年都还依赖教材教辅出版业务，而出版集团刚一建立就要求摆脱教材教辅出版业务，就要让其完全进入市场求得生存发展，这显然不是实事求是的态度。这里要明确的是，出版集团依托教材教辅出版业务是短期的（中小学教材教辅出版改革已经提上日程，教材教辅出版发行的垄断经营和垄断利润将逐渐消失），对许多出版集团来说，要以短期的教材教辅出版业务为启动力量和发展基础，逐渐增强市场竞争力,发展壮大,最终摆脱计划的保护。

## 三、当前组建出版集团应当注意的问题

当前组建出版集团是一项全新的、涉及面很广的改革举措,我们一定要在遵循组建出版集团的一般要求和原则的基础上,谨慎行事。根据过去的经验和教训,对以下问题应加以注意。

### (一)要明确出版集团与政府出版主管部门的职能定位,处理好二者的关系

这是组建出版集团过程中一定要明确的问题。组建出版集团后,政府出版主管部门仍然要履行其行业主管部门的职能,那么,这里就存在着政府主管部门的职能如何转变,与出版集团的职责如何划分,二者的关系如何定位等问题。如果这些问题不解决好,二者的定位不明,职能相近,管理重复,那么二者之间必然矛盾重重,这不仅会给下属出版社带来诸多不便,甚至可能葬送组建出版集团的改革成果。我们认为,处理和协调二者的关系,关键是明确二者的职能定位。凡属于意识形态导向、政策法规方面的监管问题,即"裁判员"执法方面的事务,都由政府主管部门负责;凡属于产业发展、经营管理方面的问题,即"教练员"指导、激励方面的事务,则是出版集团的职责。这里要特别注意的是,明确二者的定位,根本的一点在于明确利益的分割。过去定位不明,主要是利益关系不清。

## （二）要处理好出版集团内部集权与分权的关系

在设计出版集团体制框架时，一个最为棘手的问题就是如何处理集团的集权与出版社的分权的关系。这两者关系处理不好，组建出版集团的意义就会大打折扣。平衡这两个层面的关系，一方面出版集团必须保持一定程度的集中，把必要的权利（特别是资产所有权）收归集团，使集团对所属单位有较强的控制力，这样才能使集团成为一个有机整体，从而发挥出集团化的优势；另一方面又要注意发挥出版社的积极性，给出版社以必要的自主权利，包括在规定范围内的自主经营权、劳动用工权、收入分配权等等，因为出版社是出版集团的生存之本，是真正的市场主体和竞争主体，如果出版社的积极性不能得到充分发挥，出版集团就不能说是成功的。处理好集权与分权的关系，就是二者各自的权利都不能过头。如果出版集团的集中程度过高，权利过大，出版社仅仅是出版集团的一个编辑部，那么出版集团事实上就成了一个大出版社。这如同教练员直接代替运动员去参与竞争。教练员在竞技场上并不比运动员强，何况，一个教练员怎么顶得过若干个运动员呢？所以，出版集团应当考虑怎么当好"教练员"，怎么指导、训练、激励出版社这个"运动员"发挥其主动性和积极性，去赢得胜利，而不是考虑代替"运动员"去竞争。最多也不过是"教练员"加入到"运动员"中去参与竞争。反之，如果出版社的权利过大，出版集团缺乏必要的控制力，那么出版集团又会成为一个简单的行政管理机构，集团的优势难以发挥。就如同不要教练员的运动队，没有统一的指挥和战术，也不大可能赢得竞争。

### (三)要特别重视建立出版集团内部的激励与约束机制

出版的最大成本和资源是人力,发展出版产业,实现出版集团的和谐运转,必须高度重视出版集团的人力资源管理。所以,组建出版集团所推行的各项改革,都要围绕调动人的积极性、建立有效的激励与约束机制来展开。出版集团应当通过建立激励与约束机制来推动出版社建立起一套吸引人才、留住人才、用好人才的制度,来实现选题不断创新、好书不断涌现、品牌不断提升、事业不断发展的繁荣局面。出版社的人才选拔,特别是干部的任用,要从过去的"相马""驯马"变为"赛马",以业绩来说话,形成干部能上能下、人员能进能出的制度,使德才兼备的人才脱颖而出。目前我们出版社的人才机制僵化,想干事的人留不住,不干事的人走不了,新的人才又进不来。在劳动用工、收入分配上也存在强烈的计划经济色彩,其改革严重滞后于社会一般企业。解决这些问题,关键是建立起一套有效的激励与约束机制。

### (四)要充分重视核心企业即"母公司"在集团中的作用

出版联合体不等于大出版社,并不是说各个集团成员之间是完全平行的,更不是说它们是一盘散沙。解决这个矛盾,需要充分重视核心企业即"母公司"在集团中的作用。出版集团必须拥有自己的核心层,有核心企业作为母公司,并使母公司成为子公司的控股人或投资者,才能够是一个有统一指挥、控制有力、运作有序的有机整体,而不是一个简单的行政管理机构。在我们组建出版集团的实际操作中,要充分利用现有的优势形成集团的母公司，并且要注意防止一些忽视核心企业作用的倾向：一是使权力高度集中，把出版集团做成一个大出版社；二是使集团各个成员单位平行化，集团实际上成为一个行政管理机构；三是重新组建一个母公司，却又起不到真正的核心作用。作为母公司的核心企业，应当是有较强经济实力、较强品牌优势、较强市场竞争能力的出版单位。

### （五）要凝聚和提高出版集团的核心竞争力

核心竞争力是出版集团特有的、竞争对手难以模仿替代的、能够长期获得竞争优势的能力。核心竞争力不是出版集团的全部竞争力，而是从出版集团的核心业务中衍生而来，是出版集团竞争优势的集中体现。集团的核心竞争力有几个特点：一是战略性或决定性，即这种竞争力在集团处于战略性地位，对集团的生存发展有决定性作用；二是独特性或不可替代性，即这种竞争力是其他企业难以模仿和替代的；三是发展性或创新性，即这种竞争力是随着集团的发展而不断发展、不断创新的。要提高出版集团的核心竞争力，必须抓好出版主业，这是出版集团的立足之本。因此，在目前出版集团的实际运筹过程中，一定要充分考虑如何凝聚和提高集团的核心竞争力，不要仅仅想到如何抓住中小学教材教辅业务这个支柱，或者是如何扩展领域、搞多元化经营。这些举措，应当说只有在保持集团核心竞争力的前提下才是正确的。提高出版集团核心竞争力，关键是抓好出版主业。这个道理虽简单，却是过去不少出版集团屡屡出问题的地方。

### （六）要强化而不是削弱出版集团原有出版品牌

组建出版集团，一定要注意实现优势互补，强化品牌效应。过去在搞联合、建集团的过程中，人们往往面临一个困惑：把几个出版社搞到一起，是保留几个出版社的牌子呢，还是只用一个出版社的牌子？如果保留几个出版社的牌子，好像不能集中优势，凸显集团品牌；如果只用一个出版社的牌子，则会丢失许多资源，使联合失去意义。这种困惑，源于把出版集团理解成为一个大企业。可以肯定地说，出版集团作为多个出版社的联合体应当保留原有出版社的牌子。这些出版社既是我国出版业多年创下的品牌和财富，又是组建出版集团的基础。尤其在目前出版社实行审批制的条件下，出版社本身事实上已成为一种不可多得的"壳"资源，这就更要用好、做好各个出版社的品牌。出版集团强化出版社品牌，一要充分发挥作为集团母公司的核心出版社的品牌效应，提高集团核心竞争力，以此带动集团成员的品牌提升；二要充分发挥集团的资源互补优势，使集团成员向专业化、特色化方向发展。

### （七）必须推进现代企业制度改革

建立出版集团，不仅要有集团之形，更要有集团之"神"。这就要进行现代企业制度的改造，使出版单位真正成为"产权清晰、权责明确、政企分开、管理科学"的市场主体。我国经济改革的实践证明，现代企业制度是市场经济条件下一种有效的企业组织形式。不建立现代企业制度的集团，其组织结构很难说是有生命力的，其运作也很难说是有市场竞争力的。实际上，我国出版业实行"事业单位企业化管理"的模式，并没有把出版单位完全限制在"事业"的性质上。应该看到，"企业化管理"才是出版单位的实质。因此，出版业引入现代企业制度并没有客观上的障碍，关键是我们要解放思想，实事求是，与时俱进。出版集团引入现代企业制度，核心是构建法人治理结构，使所有权与经营权适当分开，形成明确的委托—代理关系。这既有利于形成有效率、有制约的决策体系，又有利于建立面向市场、充满竞争的经营管理机制，避免出版单位内部的无序状态。尽管目前在出版业推进现代企业制度存在着许多困难，还有较长的路要走，但是出版集团的建立，为推进改革提供了一个十分难得的契机。通过出版集团的组建，可以实现对集团所属出版单位的资产重组，深化干部人事、劳动用工、收入分配三项制度的改革，建立起新的内部管理制度，从而为集团进一步深化改革、建立现代企业制度奠定坚实基础。如果组建出版集团不同时推进改革，不建立起新的管理制度和运行机制，而是把出版社原有的僵化体制带入集团，那么，这种出版集团是没有什么前途的，建立这种出版集团也没有什么意义。

# 努力创造四川期刊业的辉煌[*]

四川党建期刊集团是于 2001 年 9 月经省委批准组建、2005 年在进行大规模资源整合基础上重组而成的一个传媒集团。相对于各个"老大哥"集团的规模来说,算是个"小兄弟"。但就发展四川文化产业而言,期刊集团却又是不可或缺的角色。今天,我想借产业发展论坛这个平台,就期刊产业的发展,谈谈我们的思考,以就教于大家。

## 一、杂志演绎传奇

作为我们熟悉的一种平面媒体,杂志在中国已经走过了一百多年的历程,演绎和创造了一个又一个的传奇故事。打开中国的现代历史,我们惊奇而清楚地看到,"五四运动"中,一本《新青年》,高举"民主"与"科学"的大旗,吹响了新文化运动的号角。中华人民共和国成立以后,一本《中国青年》,伴随并培育了一代又一代共和国的建设者。改革开放之初,一本《大众电影》,高达 900 万份的月期发量,在一定程度上抚慰着刚刚从"文革"

---

[*] 本文为 2005 年 11 月 26 日在文化产业发展(四川·成都)论坛演讲的部分内容。

噩梦中醒来的人们的心灵创伤。在改革开放大潮中应运而生的《读者》，影响着一个时代众多读者的精神生活，被称为"心灵的鸡汤"。改革开放以来，涌现出一大批与《读者》比肩的诸如《知音》《家庭》《故事会》等大刊名刊，其发行码洋、广告收入、年度利润和社会影响力，超过不少同台竞争的大报。

同样，当我们把探寻的目光投向更远的地方时，我们惊奇地发现，在当今世界的发达国家，在与诸如报纸、电视、网络等众多强势媒体的角逐中，同样有着杂志强而有力的身影。它们主导着舆论，传承着文化，左右着政治。在当今世界，有多少政治领袖、科学巨匠、商界奇才，他们不都在为自己上了美国的《时代》周刊封面而自豪吗？

这里我们不禁要问，一本小小的杂志，为什么历经百年而不衰，具有如此持久的魅力和强大的社会功能呢？这是因为杂志有着其他媒体不可替代的独特优势：

首先，杂志的内容丰富而且具有独创性。有人说杂志是以"杂"见长，这主要是说它的内容十分丰富。杂志注重对知识的传播，更长于对信息的深度加工，具有较高的文化品位。它在传播知识、服务产业、提供资讯、影响舆论、传承文化、左右时局等方面发挥着不可忽视的重要作用，拥有自己稳定的读者群体。

其次，杂志不受地域限制。形象地说，新闻的传播方式是"竖着走"，从发展趋势上看，新闻类的媒体地域性将会越来越强。而像期刊这样的文化类媒体的传播方式却是"横着行"，地域的影响和限制相对较小，这意味着它的发展空间更大。

第三，杂志具有极强的亲和力。杂志图文并茂，装帧精美，而且携带方便，易于保存，被人们形象地称为"口袋里的媒体"，因而在人们的挎包里，床头柜上，总会显现着杂志靓丽的身影。

除了上述特点之外，期刊还有投资少、回报率高的优势。现在许多提着钱袋子找项目的人，都对期刊业跃跃欲试。他们在对各种媒体深入考察之后发现，现代媒体如电视、网络，其成长性和前景都比传统媒体要好，但是，它们的投入也十分巨大，而且更新换代快。而在传统媒体中，要介入一张综合性报纸，没有数千万甚至上亿元，谁也不敢贸然行事。相比之下，杂志的投入却要小得多，而回报却是长期而稳定的。正因为如此，期刊在当今，受到了更多投资人的青睐。

值得高兴的是，经过几十年的努力，我国期刊业在文化产业的实力、经营管理经验和市场开发等方面，已经有了相当的积累。我国期刊业已经发展成为一个特色鲜明、影响巨大、社会效益和经济效益突出的重要产业。这主要表现在三个方面：一是经济总量不容忽视，据不完全统计，2004年，全国有9490余种期刊，年总印数为28.35亿册，年发行码洋为129.91亿元；二是打造了一批在全国影响很大，在世界上占有一席之地的大刊名刊；三是培养造就了一批职业期刊人。

但是，毋庸讳言，在当今激烈竞争的媒体环境中，期刊既有报纸、图书等传统媒体同它争夺读者，更有电视、网络等现代新兴媒体同它争夺眼球。它的生存和发展空间，受到传统媒体和新兴媒体的双重挤压。从某种意义上说，期刊是现代传媒中的"弱势群体"。但是，期刊人并没有妄自菲薄，他们一直在奋斗着。我们已经看到，人们手中的期刊，样式在不断翻新，内容在不断充实，一个个新的期刊群体在激烈的竞争中努力完善自我，不断拓展着自己的生存与发展空间。近年来创办的一系列时尚类期刊和财经类期刊，可以说正在轰轰烈烈地谱写着期刊传奇的新篇章！

## 二、集团成就产业

翻开发达国家的期刊发展历史，我们可以看到，从单刊到多刊，从刊社到集团，这是期刊产业化发展的普遍趋势。换言之，集团化是期刊发展到一定程度的必然产物。

在欧美传媒业中，集团化的经营方式既使期刊品牌价值能够得到最大化的延伸，又使出版者能够在资源配置上实现最优化、在投资能力上实现最大化。比如，《时代》周刊在编辑与采访上的投入一年就超过1亿美元。如果仅出版少量期刊，出版商根本就无力进行大规模的市场调研、品牌策划和市场推广活动，也无法形成全球性的销售网络。由于受到整个集团资源的支持，一流的期刊品牌成为创造巨额财富的机器。欧美期刊业之所以形成巨大的经济规模，其成功的根本在于集团化的经营模式。

反观我国的期刊业，其现状令人担忧。长期以来，我国期刊出版资源按地区、部门分配，期刊为地区和部门所有。目前我国现有期刊近万种，分散在5000多家出版单位，平均每个出版单位运作1.6个期刊，最多的刊社也只拥有12种期刊。这种分散化的期刊生产经营方式，造成了期刊业的诸多问题：首先是资源浪费，产品结构和市场脱节，相当部分的期刊资源处于不死不活的闲置半闲置状态；其次是垄断特征突出，期刊业难以适应市场竞争，更难做到"三贴近"；第三是期刊过于分散，产业集中度低，抗风险能力小，难以实现规模效益。

因此，期刊业要真正实现产业化发展，就必须打破期刊的部门所有制，在整合资源中组建期刊集团，打造期刊集群，形成聚合优势，实现集约化经营，从而为期刊的产业化发展提供组织和体制保证。

推进期刊业的集团化进程，已经成为业界的共识。问题在于，路子怎么走。不少人说，期刊集团的组建，应该依靠市场这只"看不见的手"，以资本为纽带，依托名刊大刊，进行"自由恋爱"，拒绝行政干预。就一般意义来说，这个观点有一定道理，只是过于简单化。当我们实际面对全国近万种期刊中绝大多数都是依附于部门和单位的小刊小社来说，市场这只"手"在多数情况下是"失灵"的。面对报纸、影视、网络这些国内强势媒体的挤压，面对挟资本与市场运作优势的国外媒体的进攻，拒绝行政这只"看得见的手"在期刊集团化建设中发挥作用，无异于将大多数小刊小社置于自生自灭的境地，最后的结局是可以预见的，那就是将期刊市场对国外媒体大鳄拱手相让。当然，这是大家都不愿意看到的。说到这里，我们还想指出的是，也许正是这种认识上的偏颇，导致了目前我国期刊业集团化发展进程缓慢的现实。截至目前，经国家新闻出版总署批准的期刊集团仅有广东省《家庭》期刊集团一家，而全国已经组建的报业集团已达37家，出版集团有15家，广电集团有17家。

可喜的是，在组建期刊集团方面，四川又是"吃螃蟹"者。

2001年9月，经中共四川省委批准，以省委机关刊物《四川党的建设》杂志社为龙头，组建了四川党建期刊集团。今年，在省委"大集团带动大产业"的文化发展战略的背景下，在省委领导、省委宣传部的直接主导下，通过"行政推动、市场主导"的方式，完成了对省内部分优势报刊资源的整合，重组了四川期刊集团，这是省委推进四川期刊产业发展的重大举措，也是发展四川期刊产业的现实选择。目前，四川党建期刊集团已经成为拥有15家期刊、4家报纸的大型传媒集团，已初步形成了四大核心期刊和几张有较大社会影响的专业性报纸的媒体矩阵。

资源重组之后的四川期刊集团，将以科学理性的精神、团结和谐的队伍、坚强有力的班子，谋求跨越式发展，努力把四川期刊集团建成一个主业突出、多元发展，出品牌、出人才，有较强核心竞争力与整体实力的跨媒体、跨区域的现代传媒集团。

### 三、创新铸造辉煌

期刊集团的路子怎么走，对我们来说是个崭新的课题。我们既要借鉴其他"老大哥"传媒集团的经验，少走弯路，更要从自身实际出发，努力走出一条符合期刊产业发展规律的集团化发展路子。我们深信，创新能够铸造辉煌。

为此，我们要全力做好以下几个关乎集团发展全局和长远的工作。

第一，创新体制。重组的四川党建期刊集团，从刊物数量来说，已经是全国第一；从刊物类型来说，涉及时政新闻、文化生活、科普知识等不同类型；从办刊方式来说，有管办一体的，有管办分离的，还有合作办刊的，而且投资主体不同，历史沿革不同。因此，在构建集团的管理体制和运行机制上，我们要着力解决好三个方面的问题：一是调动集团管理层的积极性和集团所属刊社与员工的积极性。这需要切实解决好集团内部的事权划分问题，努力做到层次分明，权责利统一，形成管而不死，活而不乱的集团管理模式。二是分工与协作问题。在集团内部，处理好分工与协作的关系，优化集团内部的资源配置，努力实现资讯、广告、发行等资源共享，提高专业化水平，节约成本，提高效率。三是运行机制问题。要借鉴兄弟集团的成功经验，尽快推动以竞聘上岗为突破口的"三项制度"改革，建立起新的内部管理体制。

第二，培育品牌。优秀期刊品牌是先进文化的标志，是集团核心竞争力的载体。培育优势品牌对于增强集团的核心竞争力和整体实力，壮大四川期刊产业，具有极为重要的意义。目前集团的刊物，存在着定位交叉、内容趋同、多数质量不高的问题。我们要以市场为导向，在调整结构和定位中实施精品战略，培育优势品牌，逐步形成布局合理、结构优化的几大精品期刊群体。

第三，扩大开放。要培育优势期刊品牌，从集团内部来说，人才和资金是困扰我们的两大难题，严重地制约着集团的发展。我们要坚持开放与合作的发展思路，以资本为纽带，通过合作，实现期刊资源与资金、人才的优化配置与组合，塑造新的市场主体，增强集团发展的后劲。

第四，培养人才。人才是事业之本。刊物之间的竞争，说到底是人才的竞争。出品牌，出人才，是集团的两大主要发展目标，也是集团兴旺发达的保证。我们要努力创造吸引和留住人才的环境，采取多种措施，造就一支政治强、业务精、作风正、纪律严的期刊编辑和经营管理队伍。一方面，要扩大视野，做好人才的引进工作；另一方面，又要做好现有年轻同志的培养、使用工作，让他们在实践中增长才干，从而为集团的发展提供人才保证。

发展期刊产业，满足人们日益增长的文化需求，是时代赋予我们的光荣使命。四川党建期刊集团的全体员工，将进一步解放思想，求实创新，团结奋进，为创造四川期刊业的辉煌而不懈努力。

# 中国期刊业集约化经营的路径选择[*]

中国期刊业走过了一百多年的发展历程，曾经演绎和创造了一个又一个传奇故事，尤其是近三十多年来，进入快速发展期，实现了跨越式发展，期刊品种大为丰富，期刊数量大幅增长，期刊质量显著提高，期刊结构明显优化。全国期刊数量从1978年的930种、总印数7.62亿册，发展到目前的近万种、总印数30多亿册。截至目前，期刊定价总金额近200亿元，总的经济规模超过300亿元。

尽管中国期刊业蓬勃发展，但与正"快马加鞭"进行深度集约化经营的书报业、印刷业、电子出版业等传媒产业相比，目前仍处于"跑马圈地"时代，市场潜力还远未开发出来，生存状态总体上还是"一盘散沙"。这与中国经济社会发展水平和人们日益增长的期刊消费需求很不适应，与建设期刊出版强国战略目标更是相距甚远。

---

[*] 本文为2009年12月在北京"2009中国期刊创新年会"演讲的部分内容，后经修改，第三部分内容刊载于《中国新闻出版报》2012年5月9日。

## 一、现状：期刊业沦为新闻出版业的"短板"

中国期刊业实质意义上的发展，始于中华人民共和国成立之初。与当时计划经济体制相适应，国家实行的是按地区、按部门配置期刊资源的模式，期刊主要依靠各级行政机关和国有企事业单位的支持来维系生存和发展。改革开放后，中国期刊业迎来了蓬勃发展的黄金期，期刊数量从1978年的不足千种发展到目前的近万种，期刊总印数和市场规模也发生了翻天覆地的变化。单从品种数量看，已成为世界期刊出版大国。但与国外期刊业动辄几百万份的发行量、几亿美元的广告收入和巨大的现金流相比，中国期刊业无疑又小得可怜。同时，这种品种数量上的激增，并未从根本上改变期刊资源的配置方式和发展模式。一方面，绝大部分期刊资源仍然为地区和部门所有，甚至沦为行政机关和国有企事业单位的附属物，依附于各个"母体"谋求生存，根本不是市场竞争主体。据统计，目前全国近万种期刊，分散在5000多家出版单位，平均每家运作1.6个期刊。另一方面，中国期刊业在发展过程中，尽管先后产生了《读者》《知音》《家庭》《时尚》《瑞丽》《中国国家地理》等少数品牌期刊，并初步形成了各自规模化的发展格局，但就绝大多数期刊而言，采取的仍然是分散化、手工作坊式经营，基本上是单打独斗、各自为战，有的似乎已习惯了以个体资源服务于个体经营、个体经营维系个体生存；有的则宁可"垂死挣扎"，也坚持"老死不相往来"，更不能让"肥水"流向"外人田"。这种排他的、封闭的、单一的经营模式，不仅违背了传媒业的发展规律，极大地限制了期刊自身的生存和发展，而且成为中国期刊业做大做强、增强国际竞争力的严重障碍。同时，这种发展模式也是滋生中国期刊业买卖刊号的根源所在。

据新闻出版总署官方数据显示，在我国新闻出版领域中，图书、报纸、发行、印刷复制、数字出版等行业的品种数量或规模产值都处于世界前列，唯有期刊业与发达国家相比仍存在较大差距。截至2011年年初，中国的日报总发行量位居世界第一位，其中有25家日报进入世界日报百强；中国图书出版品种和总印数位居世界第一，全球五年累计发行量达2000万册的10种图书中，中国就占3种；中国电子出版物总量位居世界第二；中国印刷业年产值位居世界第三；而中国期刊业，无论在规模产值还是在具有全球影响力期刊品种数量等方面，与欧美发达国家相比，均存在较大差距。同时，我国期刊业在我国新闻出版领域的权重也比较低，总收入远远低于图书、报纸、印刷复制等产业类别，在全行业占比仅为1.2%，利润总额占比为1.7%，增加值占比为2%，均位居新闻出版业九大类别的第6位。这说明我国期刊业在整个新闻出版产业中最弱小，是不折不扣的"短板"。

毫无疑问，我国期刊业的发展现状，与当前中国经济社会发展水平不协调，与我国人民日益增长的期刊需求不适应，同时也在我国奋勇前行的新闻出版领域各产业中，显得格格不入。新闻出版总署已明确提出，建设新闻出版强国，必须大力发展中国期刊业。

## 二、趋势：国外期刊业集约化经营的经验与意义

与中国期刊业发展现状不同的是，欧美发达国家的期刊业是

一个巨大的产业,从单刊到多刊、从刊社到集团、从手工作坊到集约化经营,早已成为其发展的普遍路径。19世纪末,随着自由资本主义向垄断资本主义过渡,欧美发达国家报业集团就较为普遍地出现了。紧随其后,期刊也加入了这个浩荡的行列。到20世纪的中后期,期刊的集约化经营可以说是风起云涌,极大地改变了期刊的生产经营方式。以美国为例,该国拥有世界上最发达的期刊业,出版3种刊物以上的期刊集团有500多家,大的期刊集团拥有60~80种甚至更多的刊物,每年发行的期刊种类超过1.8万种,《时代》《新闻周刊》《商业周刊》《财富》《科学》等不少期刊,都享有世界性声誉。比如与中国期刊业有长期业务合作的德国鲍尔出版集团,就拥有130多种期刊,年销售收入达20亿欧元。

集约成就产业。走过百年历史的欧美期刊业,通过竞争和淘汰,80%以上的期刊市场份额被控制在了约20%的传媒集团手中,其集约化的经营方式不但最大限度地实现了资源的最优配置,也使《时代》周刊等世界一流期刊成为创造巨额财富的机器,甚至主导着舆论,影响着政治。欧美期刊业之所以能够形成巨大的经济规模,其成功的关键就在于集约化的经营模式和集团化的组织形式。

国外期刊业的发展经验告诉我们,集约化经营是我国期刊业发展必然的战略选择。这也是由我国经济文化发展水平和期刊自身特点决定的。

其一,期刊在平面媒体中具有突出的业态优势。作为连续性出版物,期刊非常符合现代人的审美需求,其内容与形态都给人一种赏心悦目的感受，并与人们的生活、审美紧密相连。与图书、报纸相比，期刊具有五大优势：一是具有强烈的符号标识优势、品牌延伸优势；二是具有反复阅读和便于保存的优势，生命周期长；三是具有亲密接触的优势，贴身便捷，切入个人空间；四是具有特种印刷、状物逼真的优势；五是具有无所不至、弥散传播的优势。

其二，期刊是与经济增长关系最为密切的平面媒体。随着经济的发展，人们受教育程度的提高，期刊业将呈现出"爆炸式"增长，特别是中产阶层的兴起为期刊业的发展提供了原动力。纵观西方发达国家传媒业的发展史，期刊业的发达都是在大量中产阶层兴起之后。也就是说，中产阶级的兴起，为期刊业做大做强提供了前提条件。在出版产业发达的欧美市场，就报纸、期刊的比重而言，期刊的规模大于报纸。即使受数字化和新媒体冲击，传统期刊的订阅量也继续保持上涨态势。2011年美国新增期刊总量同比增长10%，在使用新媒体的青少年中，有75%的人继续购买阅读纸质期刊。这从一个侧面也反映出传统期刊依然具有无穷魅力。

其三，中国期刊市场具有广阔的发展前景。经过三十多年改革开放的强劲发展，我国人民文化生活水平大幅提高，文化消费需求迅猛增长，个人支付能力显著增强，中产阶层人群迅速扩大。据国家统计局预测，到2020年，中等收入群体的规模将由2005年的5.04%扩大到45%。届时，中国将有超过5亿人进入中产阶级消费群，即拥有稳定的收入，有能力自己买房买车，能够将收入用于旅游、教育等消费。这个群体是期刊消费的主流。可以推断，中国期刊业必将迎来一个发展的春天。近两年四川省期刊的广告收入持续增长，2011年增幅达23.46%，这也说明了期刊业发展的市场空间是客观存在的。

其四，集约化经营是我国期刊业发展必然的战略选择。面对人民日益增长的期刊消费需求、持续扩大的期刊市场规模、亟待挖掘的期刊市场潜力，在传媒业竞争日益激烈和国外期刊大鳄"跃跃欲试"的背景下，中国期刊业何去何从？如何开拓创新、革除积弊、弥补"短板"、创造辉煌？我们认为，无论从传媒业发展规律还是从我国期刊业现状看，中国期刊业都必须创新发展模式，从体制机制上解决目前存在的"小而弱、散而乱"问题，走集约化经营的发展道路。

## 三、路径：推进中国期刊业集约化经营的举措

集约化经营是中国期刊业发展的一次革命。推进我国期刊业集约化经营，关键是要破除期刊的部门所有制，在整合资源中组建期刊集团，打造"期刊航母"。其目的是，通过资源整合、优势聚合，做大做强我国期刊业，并以此推动我国新闻出版业更好更快地发展。这既是中国期刊业适应建设新闻出版强国战略目标要求的必然选择，也是我国期刊业冲破报纸、电视、网络等强势媒体包围，为自己赢得发展比较优势的现实选择。

目前，推进期刊集约化经营，已成为业界共识和传媒企业的工作重心。但到底如何推进，却众说纷纭，莫衷一是。结合四川党建期刊集团十年来集约化经营的探索与实践，我们认为，至少可以从以下四个方面入手：

一是"两手"配合。既要用好市场这只"看不见的手"，更

要用好政府这只"看得见的手"。

曾经有一种观点认为，期刊集团的组建应该依靠市场这只"看不见的手"，以资本为纽带，依托名刊大刊，进行"自由恋爱"，拒绝行政干预。从一般意义上讲，这个观点有一定道理，但似乎又过于简单。对于全国绝大多数都依附于行政部门或国有企事业单位的小刊小社而言，市场这只手，在多数情况下是"失灵"的。面对报纸、图书、电视、网络等强势媒体的挤压，面对裹挟着资本优势与市场优势的国外媒体的进攻，拒绝行政这只"看得见的手"进行期刊集约化经营，无异于将小刊小社置于自生自灭之境地，其最终结局只能是将中国期刊市场对国外媒体大鳄拱手相让。可以说，正是这种认识上的偏颇与狭隘，导致了目前中国期刊业集约化经营步伐缓慢、效果不佳。

在期刊集约化经营方面，四川算得上是"吃螃蟹者"。早在2001年9月，中共四川省委就果断决策，以省委机关刊物《四川党的建设》为龙头，整合8家杂志社组建四川党建期刊集团，由此奏响了四川期刊业集约化经营的序曲。四川党建期刊集团在省委"大集团带大产业"的文化强省战略指引下，历经三次组合变革，都始终坚持依靠"行政推动、市场主导"的发展方式。所谓"行政推动"，是指针对传媒这个兼具意识形态和产业形态双重属性的特殊产业，充分运用行政这只"看得见的手"，对分散在各部门和单位的期刊资源进行优化调配，解决期刊行政附庸的问题，推动期刊资源向集团化或集群化实体集结，促使其转变发展方式，同时在政策、法规、税收和社会保障方面给予倾斜支持，以确保资源重组过程中的社会稳定、国有资产的保值增值和国家文化信息的安全。所谓"市场主导",就是在资源整合过程中,遵循市场经济的基本规律,以资产为纽带、以市场化为取向、以股份制改造为抓手和平台,打造新的市场主体。正是在"行政推动、市场主导"的理念指导下,四川党建期刊集团实现了高速发展,经营业绩呈现出几十倍、上百倍甚至千倍的增长。截至2011年年底,集团拥有12刊6报和11家地方广电报、4个全资子公司,形成了立足本土、辐射西部、面向全国,覆盖时政、时尚、生活、汽车等四大期刊出版领域的发展格局,总体经营规模和经济实力位居全国同行业第4名。

但四川整合期刊资源,也仅仅是在省委宣传部管辖的期刊范围内进行,如果超出省委宣传部的管辖范围,则难以推进。这种情况表明,必须用国家行政力量来推进期刊业的资源整合。只有党委、政府切实当好"推手",并且按照市场规律办事,方能使中国期刊业迈上集约化经营的"快车道"。

二是多策并举。实施任何改革都可以有多种举措,凡是有利于发展的做法,都是改革所推崇的。

业界不少人曾认为,组建期刊集团应当依托一个全国性的名刊大刊,形成一个"众星拱月"般的中心。这种认识在一般意义上说没有错,但从中国期刊业的现状看,又过于理想化了,这样做只会将大批期刊挡在集约化经营的大门之外。俗话说,"东方不亮西方亮","条条道路通罗马"。一刊独大固然好,但多刊并举也许更能分散期刊业经营上的风险。从国外期刊业的发展情况看,大量期刊集团同时经营几十种甚至上百种期刊,并非都是以一刊独大的模式来运作的。在集约化经营实践中,四川党建期刊集团既出版有省委机关刊物《四川党的建设》以及《精神文明报》《畅谈》《国防时报》等时政类报刊，也有《汽车杂志》《大众健康报》《汽车时尚报》等行业内的重点报刊，更有像《都市丽人》《女刊》等个性鲜明的时尚类新锐报刊，这为集团发展壮大提供了更多支撑，也赢得了较大的发展空间和回旋余地。从集约化经营的组织形式和经营方式看，历史和现实的原因决定了允许多种模式并存，既可以是内部联系比较紧密的集团化模式，也可以是联系比较松散的集群化模式，还可以是综合性的刊社模式。在集约化的方式上，既可以资源为纽带，也可以资本为纽带，还可以项目为纽带，这需要在实践中通过创新去解决。总之，中国期刊业在集约化经营过程中，如果多策并举、多模式并存、多样化发展，其发展路子就会越走越宽阔，就能形成百舸争流的繁荣局面。

三是制度创新。要把从属于地区、部门、行业、单位的期刊剥离出来，变成面向市场的经营主体，离不开制度创新。

从管理体制和运行机制角度看，当前制约中国期刊业集约化发展的因素主要有三个：其一是大量期刊的市场主体地位尚未确立。目前，仍有近三分之二的期刊不是独立法人单位，这部分期刊不可能真正走向市场，更不可能直接参与市场竞争。这将严重影响我国期刊业的整体发展水平。其二是我国期刊业的退出机制不健全。我国对创办或停办期刊历来实行审批制，创办期刊已经有一套制度，而停办期刊还缺乏科学评价体系。一般情况下，只要不犯重大政治性错误就不会被停办。现在的情况是，由于期刊实行总量控制，导致需要办的期刊不能办，而一些没有必要办或办得不好的期刊仍在苦苦支撑；有能力办好期刊的单位想多办几个又办不了，而没有能力办好期刊的单位却占着刊号资源，依靠各种补贴过日子。这就使得原本应该十分活跃的期刊市场变成了"一潭死水"。其三是期刊结构不能适应市场需要。在我国近万种期刊中，科技期刊4700多种、大学学报2000多种、行业期刊1000多种，也就是说，有三分之二以上的期刊基本没有面向市场，真正在市场上打拼的不到1000种。这要作为一个产业来发展，显然远远不够。

因此，要推进我国期刊产业化发展，必须进行制度创新。也只有通过制度创新，才能打破旧有体制机制的束缚。道理很简单：要把从属于地区、部门、行业、单位的期刊剥离出来，变成面向市场的经营主体，离不开制度创新；要把一些独立的刊社，聚合成有机整体的期刊集团，把集团内部的人才、资金、资讯、广告、发行等生产要素整合起来，最大限度地调动起集团和刊社两个方面的积极性，也离不开制度创新；要在借鉴现代企业制度的基础上，从传媒业的特点出发，构建既能管住导向又能增进效益的管理体制，仍然离不开制度创新；要扩大开放合作，解决期刊行业固有的资金、人才"瓶颈"，拓展期刊业发展空间，还是离不开制度创新。

期刊业发展最主要的"瓶颈"在体制，出路在创新。在创新的道路上，期刊业的发展之路，必然会越走越好。在这个方面，四川党建期刊集团无疑是率先的探索者、实践者。为切实解决旗下期刊面临的体制不顺、机制不活的问题，集团经新闻出版总署批准，于2009年年底与我省文化产业的龙头企业之一——四川新华文轩连锁股份有限公司共同发起组建了四川期刊传媒（集团）股份有限公司。由此，一个以资产为纽带、以市场为取向、以股份制为平台,强强联合、优势互补的新型文化市场主体在西部诞生。通过这一创新举措,集团提前做好了经营性报刊转企改制后的归宿问题;建立了集团新的融资平台,解决了集团缺乏发展资金的问题;构建了规范的企业运行体制机制,为未来股份公司上市奠定了基础。对此,新闻出版总署副署长阎晓宏指出,四川党建期刊集团转企、改制、股份制改造三步并成一步走,是四川文化体制改革在全国期刊界率先探索的一大亮点,这一做法开创了期刊资源整合与集约化发展的全新模式,具有积极的示范效应。鉴于此,中宣部改革办、新闻出版总署产业发展司将四川期刊传媒(集团)股份有限公司列为全国深化文化体制改革重点联系单位。

四是政策支撑。没有政策,政府就难有作为。在中国期刊业目前的发展背景下,政策是期刊业实现集约化经营的重要支撑。

如果把新闻出版业比作一支舰队,那么决定这支舰队速度的不是最快的舰只,也不是处于中间的舰只,而是最慢的舰只;而中国期刊业,就是新闻出版业这支舰队中速度最慢的舰只。为更好地推动期刊业集约化经营,解决期刊业在整个新闻出版业中的"短板"问题,实现新闻出版强国的发展目标,政府必须积极作为,进一步加大政策扶持力度。很难想象,没有期刊业的做大做强,我国能够真正建成新闻出版强国。

实践证明,国家政策与资金扶持是当下中国期刊业全面推进集约化经营的重要支撑,因为从跨地区、跨行业、跨部门的资源整合到集团组建,从转企改制到股份制改造,没有政府政策的支持是难以实现的。四川党建期刊集团十年来集约化经营的探索与实践表明,针对传媒业这个特殊产业,要从国家发展规划等制度层面给予政策倾斜与支持，帮助期刊业做大做强，使其成为抵御国外传媒大鳄进军中国传媒市场的"主力军"。在期刊资源重组过程中，涉及跨行业、跨部门重组方案的审批、主管主办单位的调整、期刊名称的变更等，也需要行政管理部门的大力支持和政策倾斜。在非时政类报刊转企改制中，目前的配套政策严重缺失，实际工作较难推进。这些都需要政府加快制定从行政审批到财政税收、从劳动人事到工商保险等多方面的相关配套扶持政策。

政策出机制，政策出效益。只有在政策的支撑与支持下，我国期刊业集约化经营的路子才能越走越宽阔、越走越稳健。

### 四、建议：支持上市是推进期刊业集约化经营的捷径

在我国新闻出版业，得到政策支持最多的可以说是图书出版业。图书除了有教材教辅专营出版政策的支撑外，还有国家和省级多种专项资金支持；而期刊业，几乎没有政策和资金的支持。中国期刊业要做大做强，没有资金作为推动力是完全不可能的。国内现有期刊中，名刊大刊较少，总体上是一个小而弱的格局，且缺乏自身资本积累，造血机能普遍低下。现在，很多期刊事实上是以买卖刊号的形式来解决资金问题的，表面上看起来这是买卖刊号，背后其实主要是解决融资的问题，以及体制机制和人才问题。因为这些问题都是期刊的主管主办单位所不能解决的。有些期刊，如果稍微有一些投资，或者改变一下机制，完全能实现较大的发展，但自身却没有能力去投入。一些民营资本虽然愿意

投资期刊业,而政策又不允许。在这种情况下,如果能够通过正规途径,在集约化的基础上推动上市,资金、人才、机制等问题都能够得到有效解决。

现在有不少出版集团和发行集团在积极筹备上市,或者说已经上市。客观地说,它们中有的就是为了上市而上市,而对融资需求并不是那么急迫。现在很多出版集团和发行集团,由于有教材教辅业务的支撑,都有大量的资金沉淀,这些集团在发展过程中对资金的需求并不是第一位的。相反,有些已上市的出版集团,面临的一个现实难题就是,募集来的钱怎么花?因为他们主业的发展并不需要很多资金投入,结果造成大量融资资本闲置。

但是,期刊是一个需要有较长培育期的连续出版物。我们有一个比喻,做书如种粮,做刊如种树。种粮,可以一年两熟或三熟;种树,则至少十年以上才能有所收获。期刊有一个时间比较长的培育期,因而需要有持续的资金投入;而现实的情况却是,我国期刊业自身没有多少积累,无钱可投。因此,从上市需求和所产生的效应来看,推动期刊集团上市融资,显得更为现实而迫切,或许也是最富有成效的产业发展之路。同时,又因期刊图文并茂的特点,其数字化转型较之报纸和图书更具优势,特别是期刊在新媒体领域有较强的成长性和故事性,对资本市场也更有吸引力,一旦上市成功,其回报也是可观的。因此,国家扶持有条件的、集约化经营已经见到成效的期刊集团上市,将是推动我国期刊业发展壮大的一条捷径。

# 媒体融合发展的方向与路径选择[*]

## ——兼谈四川党建期刊集团媒体融合发展的思路与做法

站在媒体变革的历史拐点上,传统媒体面临着艰难的抉择。此时此刻,传统媒体人特别需要登高望远,放眼未来,顺应历史发展的潮流,拥抱新兴媒体,融入新兴媒体,在融合中思考和谋划媒体发展的走向与战略,迎接传媒集团发展新的春天。

## 一、融合发展:传统媒体的生存之路

### (一)读者从"读纸"转向"读屏",已成潮流之势

这些年,传统媒体的日子越来越不好过,盈利水平不断降低,骨干人才大量流失,舆论引导能力明显下降。这些问题都是由新媒体的崛起而引发的。新媒体极大地冲击了传统媒体的原有格局,将传统媒体逼到了一个十分尴尬的境地。

近几年,业界人士惊呼国人的阅读量大幅下降,甚至有人说中国人不像外国人那样喜爱阅读了,呼吁要提升国人的阅读量。君不见,科技催生了新的阅读媒介,大量的人群已经从过去读书

---

[*] 本文原载《传媒》杂志2015年8月上(第15期)。

读报读刊这种"读纸"的阅读，转为电脑阅读、手机阅读这种"读屏"的阅读方式了。难道只有读书读报读刊这种"读纸"才是阅读，而电脑阅读、手机阅读这种"读屏"就不是阅读？很多人都有体验，现在"读纸"的时间少了，"读屏"的时间却大大增加了，获得的信息量则比过去大多了。现在人们将很多碎片时间都用于阅读，这是过去不曾有过的情况。因此，我不敢苟同"现在中国人阅读量下降"的说法，更不同意那种"中国人不喜爱阅读"的判断！我们不能用书报刊销量的减少来判断阅读量的下降，更不能用"你读了多少本书"的调查来证明阅读量的下降。以我的认识，现在不是阅读量下降了，而是阅读量增加了。尽管现在人们生活工作节奏加快，大块的阅读时间少了，但是，人们的碎片时间很多都用在阅读上了，火车、飞机，甚至电梯上，都有阅读人群的身影，过去哪有这种阅读盛况？只不过，这种阅读采取的是"读屏"的形式罢了。这种"读纸"向"读屏"的转变，从新媒体迅猛发展的数据上，已经得到印证。你不赞同也罢，不接受也罢，都不能改变这个趋势和潮流，这是时代的变革！我们不能抱着过去"读纸"的观念，来抱怨中国人阅读量下降，更不需要惊恐于中国人不再阅读了，民族素质要下降了。

人们阅读方式的变化，对书报刊这些传统的新闻出版从业者来说，才是真正的危机！人们都"读屏"去了，我们的书报刊卖给谁呢？

**（二）传统媒体下行压力不断加大，路子越走越窄**

在我们周围，传统媒体一片萧条。业界有一种流行的说法：

传统媒体的冬天来了。而这个冬天特别冷！一方面，经济下行压力巨大，导致传统媒体发行广告业务萎缩；另一方面，传统媒体自身保暖不够，过冬很难，因为"保暖的衣服"多被新媒体抢走了。新媒体把读者的注意力抢走了，传统媒体的读者出现巨量流失。任何媒体，没有影响力就没有生命力！

如果说前几年我们还没有完全看清楚新媒体对传统媒体的这种颠覆性冲击的话，那么近两年，我们不仅看到了，更亲身感受到了。新媒体正在以一种强力的冲击，直击传统媒体的命门。或许有人会自我安慰说，传统媒体未来也不会消亡，只会演变成为小众媒体，或成为"私人定制"的媒体。这个说法对传统媒体的生存没有任何意义，因而成不了传统媒体的"救命稻草"。

### （三）四川党建期刊集团超常发展，具有时代特性

在传统媒体总体处于下滑态势的情况下，以经营传统媒体为主业的四川党建期刊集团，这10年来实现了超常发展。从2005年仅仅盈利7万元到2014年盈利3500多万元，资产利润率居全国报刊出版集团第三位（见国家新闻出版广电总局《2014年新闻出版产业分析报告》）。这个增长的背后，是集团整体面貌发生了巨大的变化。这种快速发展的经历，很容易使我们一些职工产生一个错觉：传统媒体可以克服新媒体的影响，谋求快速发展。问题在于，期刊集团这样的好日子还能继续下去吗？

我以为，期刊集团的超常发展，有其特殊性，主要得益于几个有利条件：一是改革潜力大。期刊集团过去长期处于超低的发展水平，管理薄弱环节多，发展中的短板明显。这种情况下，只

要改变这些短板，就能够见到明显的效果。二是政策支持大。期刊集团快速发展的这些年，正好处于国家推进文化体制改革、加快文化产业发展的时期。这期间国家出台了大量推动文化产业和事业发展的有力政策。期刊集团是这些政策的受益者。三是发展空间大。期刊集团快速发展的这些年，新媒体虽然已经兴起，但新媒体之火还没有形成燎原之势，对传统媒体的影响较小，因而传统媒体业务没有受到大的影响，传统媒体还有较大的发展空间。

过去尽管传统媒体也面临行业内部的激烈竞争，但这种竞争与当前新媒体对传统媒体的冲击相比，显得微不足道。当前新媒体正在彻底改变着传媒业的生态格局。因此，期刊集团今天面临着与所有传统媒体完全一样的艰难抉择——活着，还是死去？这是一个大问题！

### （四）传统媒体面临生死存亡的时刻，只有融合发展这一个选择

对传统媒体来说，现在已到了生死存亡的时刻，你不主动求生，就一定是被动等死。这是所有传统媒体人不可回避的一场生死大战。战场就在你我家门口，不管愿不愿意，我们都做不了局外人。摆在传统媒体面前的，只有一条路，就是拥抱新媒体，走媒体融合发展之路。媒体融合发展，既是党中央提出的战略任务，也是传统媒体自身谋求蝶变的现实需要。

未来的媒体竞争，主战场必将是新媒体。对我们来说，应对挑战，一方面要努力探索实践，在战争中学习战争，在探索中寻求出路，在融合中扩大影响，在实践中改变思维，在变革中形成

常态；另一方面要广泛关注媒体融合发展的趋势和动态，用别人的实践与心得，来开阔自己的视野和思维。只关注，不探索，只纸上谈兵，必将一事无成！只顾探索，不掌握趋势动态，视野狭小，也将难成大器！

## 二、方向判断：融合发展中的问题思考

媒体融合发展有很多具体的问题需要研究并加以把握。我以为，以下几个问题，应该是融合发展过程中需要思考和把握的：

### （一）追求盈利是方向

企业不能盈利，就难以发展，事业就不可持续。每个媒体单位都有增收节支的经营要求，有着坚硬的预算约束。因此，做任何项目都要考虑投入与产出的关系。媒体融合的路是不是走稳了，是不是切实有效，应该有实在的标准，这个标准就是在导向正确的前提下，影响力的大小、盈利能力的大小。离开这个标准，就是为了融合而融合，做做样子而已，没有什么意义。从这个标准而言，融合发展中运作新媒体有三个境界：

一是能盈利、可持续。这应该是新媒体运作的最高境界——开发的新媒体产品，盈利模式清晰，有影响，有收益，能盈利。达到这种境界不是不可能，但非常难。近几年传统媒体与新兴媒体的融合发展，新媒体板块实现盈利的很少。媒体融合真正的难题就在于新媒体盈利模式不清晰，导致传统媒体对"融合"望而却步。因此，盈利是新媒体运作者梦寐以求的目标。

二是投入小、影响大。这可谓新媒体运作的中级境界。新媒体产品尽管不盈利，但投入不多，影响较大，使传统媒体的舆论引导能力得到加强。媒体融合发展中，新媒体能够达到这种境界也是十分难得的。通过把新媒体做实做大，做出影响，传统媒体的影响力和盈利能力得到提升，做到这一步，新媒体也是功不可没了。

三是花钱多、无效果。这当然是新媒体开发的最低境界了。曾几何时，有一个流行的说法："新媒体就是烧钱的事业。"意思是，要做新媒体，就要烧掉大量的资金，加之现在国家有很多支持新媒体发展的扶持政策，这就更给了烧钱一个理由。新媒体真的是只能靠烧钱才能发展吗？四川党建期刊集团新媒体事业部和"藏地阳光"全媒体中心的实践表明，花小钱也能办大事，少花钱也能做出大影响。

### （二）放下身段是前提

有人说："互联网是草根的，传统媒体是精英的。"这话的潜台词主要是说传统媒体人习惯于高高在上地指指点点，习惯于教育大众，教化受众，以灵魂工程师自居。长期养成的习惯，使传统媒体人的姿态无法放低，时常没有目标受众地高空喊话，说教连连，这导致其产品和服务不能真正落地。可以说，传统媒体这种以我为主的姿态和传播，不从用户需求出发的自我臆断，是过去多次转型尝试无疾而终的根本原因。互联网具有追求平等、藐视权威的特点。传统媒体的习惯做法，与互联网的时代特点格格不入。

反观新媒体，从一开始就是以受众为服务对象，受众需要什么，就提供什么，并且让受众参与其中。他们做事没有一定之规，只要是受众接受的、欢迎的，就是他们要去做的。这些特质恰恰是传统媒体人所缺乏的。因此，走融合发展之路，对传统媒体人来说，第一步就是要放下身段，向草根学习，与大众为伍，为受众服务。

### （三）传统媒体是根基

媒体融合，不是丢掉传统媒体去攀新媒体，而是走出一条全媒体、融媒体的发展之路。我们目前还是靠传统媒体吃饭，我们的根还在传统媒体。稳住传统媒体，就稳住了融合发展的根基。在媒体融合发展中，我们一定要保持清醒的头脑，既不能对新媒体的影响视而不见，也不能走向另一个极端，说传统媒体不行了，不要传统媒体了。没有传统媒体的参与，就不是媒体"融合"发展。放弃传统媒体，融合发展就失去了根基。因此，走媒体融合发展之路，绝不是把传统媒体自身融化没了，而是把自己熔炼得更强，通过融合，给传统媒体增添一对腾飞的翅膀。在目前新媒体铺天盖地、信息爆炸的情况下，人们的信息量不是太少而是太多，并且大量的垃圾信息让人根本应付不过来。这种情况下，传统媒体要发挥自身所长，不与新媒体比信息海量，而要比信息质量；不与新媒体拼内容快捷，而要拼内容准确。通过张扬传统媒体的特点和优势，保持读者对纸媒的高度信任，从而赢得读者的终极支持和认可。在新媒体时代，传统媒体的生存法则是把内容做精，做得更加好看，把读者真正需要的内容，通过精心的编辑呈现给读者。这才是传统媒体应该做的事情。

### （四）产品项目是抓手

媒体融合，说一千道一万，最终还是要落实到具体的产品上。有了产品与项目，就有了推动融合的抓手。融合发展所需要的各种要素资源，包括人才、组织结构、资金支持、设备条件等等，就可以围绕产品的运作来配置。围绕这个项目，没有资金可以找到资金，没有人才可以找到人才；围绕这个产品，也才知道应该建立什么样的组织结构和管理体制。反之，如果没有具体的产品，等于没有做事的目标，这时来说人才、谈资金、讲观念，都不过是空泛的坐而论道而已。有的媒体机构，做什么还不清楚，就提出要钱，说有了钱才能做事。而有的单位，首先考虑的是推什么产品，并设计出了大量的新媒体产品和项目来论证，择优选择可行的产品来实施，各种要素和资源都围绕着这些产品来配置和布局，这就有了花钱少、影响大的效果。后一种做法，从一开始就走对了路子，有的很快就形成了"市场倒逼采编"的多媒体内容生产机制和业务流程。

### （五）用户至上是关键

传统媒体的观念中只有读者，没有用户。读者在哪里，读者有多少，读者的爱好、需求是什么，都不知道。对媒体人来说，读者是暗的、模糊的，也是单向被动接受的。在新媒体的理念中，是用户至上。用户是明的、清晰的、双向互动的。用户有多少，用户在哪里，用户的需求是什么，都是明确的。读者是一次性的，用户却可以是多次的、有黏性的。媒体融合发展，必须树立用户观念，将读者转变为用户。要在服务中注重用户体验，在双向互动中建立用户大数据，依靠大数据分析提供更加精准的用户需求，明确哪些是用户关注的，哪些是用户依赖的，从而为用户提供更加适当的服务，不断提升用户的黏度，形成良性循环。

### （六）广受关注是目标

多年前就听到"互联网经济是眼球经济"的说法，直到现在，才深刻体会到其中的内涵与道理。为什么新媒体都要争夺用户的关注，有的甚至不惜以铤而走险的方式来吸引眼球，增加点击量？目的就是要赢得用户的关注。用户关注程度越高，用户数越多，形成的大数据才越有价值，盈利点也才越多。流量分账，软硬广告，基于大数据的新项目开发与合作等等，都是赢利点。因此，更大的点击量是新媒体追求的目标，也是生存法宝。如果仅仅停留在有新媒体产品，但没有人关注，那么，就一定找不到盈利模式。新媒体之所以强调"黏住"用户，就是为了做加法，通过"黏住"一个一个的用户，不断增加用户数，形成强大的用户群，从而寻求盈利机会。有人说："互联网经济，只有第一，没有第二。"这个说法尽管有些极端，但却道出一个道理：互联网项目必须创新。老是跟在别人后面，受关注的程度低，也就难有发展的机会。推进媒体融合发展，要善于从传统媒体的读者需求中发现"刚需"，在满足"刚需"的过程中设计新媒体产品，使新媒体产品从一开始就有用户关注的点，从而为日后新媒体营销打下基础。

### （七）内容为王是优势

不管哪种传播形式，用户关注的还是内容。无论是传统媒体还是新媒体，最终都要靠提供内容来赢得读者，打动用户。传统媒体是靠做内容起家的，从这个角度说，传统媒体有自己独特的优势。不管未来怎么发展，传统媒体都要把做内容这个优势保持住。在当今版权意识越来越强化的时代，保持住内容优势，就守住了媒体的核心竞争力。但是，在新媒体时代，保持内容优势并不容易。如果仍然按照传统媒体原来的方式来做内容，不解决"快"和"好"的问题，那么，你的内容就不具优势。因此，新媒体时代要成为内容的王者，一要改变过去传统媒体的慢节奏，提供的内容要快速、及时，要争取首发、先发；二要改变过去传统媒体的八股文风，提供的内容要鲜活、接地气、有吸引力。

### （八）观念转变是法宝

目前媒体融合的实践，普遍存在着用办报办刊的思维和习惯来办网、办新媒体的情况。以传统媒体的思维创办的新媒体，仍然是"我说你听""我编你看"的封闭运行、单向传输方式，这种新媒体就等于是贴了一个新媒体标签的传统媒体。这样做是一定走不出来的。习惯性思维容易遮蔽媒体人的双眼。我们不仅要用新媒体的思维来创办新媒体，还要用新媒体的理念来改造传统媒体，使传统媒体成为用新理念打造的新媒体集群中的一员。推动媒体融合发展，需要深入研究新媒体的规律和特点，最为关键的是在我们的观念上、媒体运行上，由单一传播变为多向互动，由封闭变为开放。传统媒体走融合发展之路，最大的障碍是用传统媒体的观念与做法来做新媒体。因此，观念转变是推进媒体融合发展的一大法宝，只有手握这一法宝，才能在融合发展道路上越走越顺、越走越远。

## 三、分步实施：媒体融合发展的路径选择

### （一）媒体融合发展的几个层次

我们理解，媒体融合发展要经历几个层次。第一个层次是产品的融合，就是传统媒体与新媒体并行不悖，各自发展，各做各的事情。这一层次上，传统媒体与新媒体产品有互动性，但内部的结构是二元的，相互分离的。第二个层次是传输的融合，就是在第一层融合的基础上，组织结构再造，建立起"中央厨房式"的信息处理中心，实现内部信息传输的统一，外部传播终端的多元。这一层次上，内部的组织结构是统一的，产业是融为一体的。第三个层次是人才的融合，达到这个层次后，内部的人员是融为一体的，业务技能是全能型的，人才不会再有纸媒或新媒体人员的区分，都是媒体从业人员，所不同的是发布的信息终端的差别。

近几年期刊集团在媒体融合发展上做了三种探索：一是对新媒体盈利模式的探索，就是成立新媒体事业部，开发各种与新媒体有关的项目，实现新媒体的现金流，寻求新媒体的盈利模式。这个探索让新媒体事业部从一开始就以盈利为目标开发新项目，其意义在于培养和造就了一批有经营意识的新媒体人才。二是对

媒体互动的探索。集团在多个刊物基础上开发新媒体产品，实现传统媒体与新媒体的互动。比如党刊资讯很多，但一个月出版一期刊物，时效性太差。开发与传统媒体相关联的新媒体产品，包括网站、微信微博客户端等，推动传统媒体与新媒体的良性互动，这在一定程度上解决了传统期刊时效性差的问题，扩大了刊物的影响力。三是对传统媒体与新媒体融合发展的探索。近两年期刊集团连续成立了几个新单位，这些媒体单位从一开始就是按照全媒体的路子来运作的，比如藏地阳光全媒体中心、看四川杂志社有限公司全媒体平台，都分别拥有纸媒和新媒体产品，并且新媒体产品数量居多，影响更大。全媒体产品的运作，倒逼运行机构再造业务流程，重组内部架构，建立新的内部管理体系，进而踏上媒体融合发展之路。

### （二）媒体融合发展的几个阶段

从对媒体融合发展三个层次的认识以及期刊集团的探索来看，媒体融合发展，需要经历三个阶段。

"入门"阶段。传统媒体要做新媒体，进而与新媒体融合，首先必须认识新媒体。这些年，传统媒体受到新媒体的冲击和挤压，应该说都在关注新媒体，但是，心动不如行动。认识和把握一种新生事物，在"门外"看问题与在"门内"看问题，感觉是大不一样的。我们需要进入新媒体当中来认识和把握新媒体。

四川党建期刊集团以2009年成立新媒体事业部为标志，开始"入门"新媒体领域，探索新媒体，感受新媒体。这些年，新媒体事业部在探索中深化了对新媒体的认识，优化了新媒体战略，培养了新媒体的人才。我们认为，任何一个传统媒体都会有这样一个"入门"的阶段，并在这个阶段来认识、深化媒体融合发展的理念、战略，历练新媒体人才，培养全媒体队伍。

"互动"阶段。这一阶段是拥抱新媒体、运作新媒体，通过新媒体来发挥传统媒体的优势，巩固和提升传统媒体的影响。因此，传统媒体与新媒体互动成为运作新媒体最重要的任务。这一阶段，传统媒体与新媒体各做各的事情，各自按照自己的流程规则运行，但二者之间相互支持，取长补短，共同发声，形成强大的舆论引导。可以说，目前传统媒体涉足新媒体，大都处于这一阶段。

四川党建期刊集团以2013年7月1日四川党建网上线为标志，开始进入传统媒体与新媒体互动阶段。在这个阶段，集团对新媒体的认识得到深化，新媒体与传统媒体开始结合，从过去的两个领域、两种运作方式，向互助、互动发展，形成相辅相成、共同发声的互补局面。这是媒体融合发展向前迈出的一大步。但是，总的来说，在这个阶段，传统媒体与新媒体还是两张皮，各干各的，理念和做法也还带着传统媒体的色彩，只是大家目标一致，为着一个共同的目标走到一起来了。

互动阶段最大的问题，仍然是传统媒体原来面临的问题，新媒体不能盈利，需要靠烧钱维持运转，传统媒体盈利能力和水平受到挤压，结果是两头无着落，利润空间越来越小，因此，"互动"只能是过渡阶段。

"融合"阶段。这个阶段以业务流程再造、内部组织架构统一、人才队伍全能为标志。这是一个全新的媒体运行境界。就媒体格局而言，业务是统一管理的，流程是一体运作的，机构是线性运转的，人员是全媒观念的。就媒体外部影响而言，以全媒体的方式占据舆论场，舆论引导能力得到全面加强。这个阶段，原来传统媒体的格局得到完全改变，媒体的概念也得到重新诠释，传媒业进入一个新时代。

传统媒体踏上融合发展之路，目前大都处在这个"融合"阶段的初期，很多观念、思路、做法都在探索之中。由于不同的媒体各自的定位不同、影响力不同、经济实力不同，因而不同媒体各自走了一条不同的探索之路。这种具有各个媒体特点的探索，丰富了媒体融合发展的路径，为传统媒体实现转型提供了多个值得参照的路标。

### （三）媒体融合发展只能在探索中前行

期刊集团推进媒体融合发展，在探索中前行，在这个过程中做了三件事情：

第一，思想发动。通过团队学习、职工演讲、撰写论文等多种形式，让集团员工都来思考媒体融合问题，大家都来为集团的媒体融合发展建言献策。这既是集团内部思想动员、统一认识的有效举措，又是广开言路、寻求思路的重要方式。在思想上解决干部职工的认识问题，在认识上引导大家研究问题，思考对策，集思广益。这样，我们推动媒体融合发展就能够得到大家的支持和理解，也不容易走弯路。

第二，共同参与。媒体融合发展，不是哪一家媒体的事情，而是所有传统媒体都要面对的生死存亡考验。因此，我们发动集团所有媒体都参与到媒体融合发展当中来，形成百舸争流的局面。

每个媒体都拿出切合自己实际的融合发展战略和思路,全力推进新媒体建设,形成全媒体工作格局。在这一过程中,通过打破原来的分工模式和业务流程,让每个人都在全媒体的工作格局下,在新的业务流程中重新定位,发挥新的作用。在共同实践的过程中,必然会有一些媒体走得快一些,媒体融合发展的效果更好,社会影响更大,形成的经验更有借鉴价值。集团对媒体融合发展好的单位,给予重点支持。

第三,重点推进。集团全力推进有前途的全媒体的发展,不断提升影响力,力争形成全国性的影响。集团必须在实践的基础上来确定重点推进的全媒体产品。这些产品是用户接受的,经得起市场检验的,因而是有前途的。前不久,集团颁布的《四川党建期刊集团媒体融合发展实施纲要》,就是在前一阶段探索实践基础上形成的集团重点推进媒体融合发展的一个顶层设计。

我们特别反对依靠主观臆断、凭想象认定集团应该发展什么、重点推进什么。这样的做法,在方法论上,就是主观主义。面对新事物,任何人都是在学习中、实践中获得认知的。媒体融合要少走弯路,避免在决策上出现重大失误,必须从方法论上消除主观主义和官僚主义,特别是要消除长官意志,以实践作为检验真理的唯一标准。我们所有的人只能重新做小学生,在市场面前,在新媒体浪潮面前,去观察,去体验,通过一个个小的胜利,集腋成裘,聚沙成塔,进而实现集团的全面转型,取得最后胜利!

# 做好集团项目规划的几个维度[*]

现在正处于制定"十三五"规划的时段。怎么做好未来五年的发展规划，准备推出一批什么样的发展项目，这不仅是"十三五"规划要明确的问题，也是产业发展需要不断思考的问题。产业发展需要解决好两个问题，一是发展战略问题，二是项目规划问题。文化产业集团要进一步做优做强做大，就必须高度重视谋划优质项目。可以说，项目的规划和实施，关乎集团未来的发展态势与走向。

## 一、项目规划要顺应国家大势

文化产业集团的项目规划要尽可能地融入到国家的大政方针政策中去。凡是顺应国家大势的项目，实施起来就比较顺利；反之，实施起来就比较艰难。项目规划首先要考虑的就是项目的实施。不能实施的项目，根本不能算是项目，只能算是"忽悠"。这既是国有文化企业讲政治、识大体、顾大局的表现，也是普通企业遵循经济规律、讲求科学发展的表现。文化产业集团的项目规划到底应该顺应哪些大势呢？至少有以下六点值得关注：

---

[*] 本文为2015年10月19日在四川新华发行集团"十三五"规划专题会议上的讲话摘要。

第一，政府采购公共文化服务的机会。按照过去的思路，公共文化服务都是政府主导的，属于文化事业范畴，但是这个局面已逐渐得到了改变，社会力量已被引入公共文化服务之中。这为包括国有文化企业在内的社会力量参与政府公共文化服务提供了机会。2013年1月，文化部印发了《"十二五"时期公共文化服务体系建设实施纲要》，明确提出将逐步建立公共文化服务政府采购制度，支持民营文化企业的产品和服务进入采购目录。2015年1月，中办、国办印发了《关于加快构建现代公共文化服务体系的意见》，对鼓励和引导社会力量参与作了详细的说明，明确了建立健全政府向社会力量购买公共文化服务的机制。2015年5月，国办转发了文化部、财政部、国家新闻出版广电总局、国家体育总局《关于做好政府向社会力量购买公共文化服务工作的意见》，加快推进向社会力量购买公共文化服务工作。这个变化为文化企业提供了很多机会。

第二，政府与社会资本合作的机会。面对大型建设项目，投融资问题一直是拦在政府面前的一道坎。"十二五"期间，随着政府和社会资本合作模式（PPP）的兴起，政府、企业和公众都将从中获益。2015年5月，国务院办公厅转发了《关于在公共服务领域推广政府和社会资本合作模式的指导意见》，明确提出鼓励文化等公共服务领域采用政府和社会资本合作模式，吸引社会资本参与。国家发改委在其网站上开辟PPP项目库专栏，发布1043个推介项目，总投资1.97万亿元，其中涉及文化、旅游、体育项目51个。9月，财政部又公布了第二批PPP项目，又有16个涉及文化的项目位列其中。因此，"十三五"期间，文化企业完全可以参与到文化类PPP项目中去。

第三，大众创业，万众创新。文化产业集团可以凭借这一"大势"，差异化地做一些平台建设工作。比如，开发文化旅游产品，破解文创产品、旅游纪念品同质化现状，通过构建服务平台，把很多有潜力的小企业聚集起来，为消费者提供个性化、差异化服务；再如，在影视、文博等领域，积极应用新兴科技，增强场景化体验，谋划优质项目。

第四，"互联网+"。这个"+"就是融合发展，就是把传统业务与互联网相融合，形成新的业态。这其中也有很多机会。

第五，旅游扶贫。我国贫困地区多数在偏远地区、少数民族地区，这些地区景色优美、远离污染，富有民族特色和民族风情，具有巨大的旅游开发潜力。2015年5月，国务院扶贫办和国家旅游局就启动了贫困村旅游扶贫试点工作，并在全国选取了560个贫困村进行试点。国家旅游局局长明确表示，要利用"旅游+美丽乡村建设"，开展旅游精准扶贫。到2020年，全国将建成15万个乡村旅游特色村，300万户乡村旅游经营户，收入将超过1万亿元，受益农民超过5000万人，带动200万贫困人口脱贫。授人以鱼不如授人以渔。这既是扶贫，又是产业。

第六，文化"走出去""一带一路"等国家大战略背景下的产业发展机会。

## 二、项目规划要结合集团发展战略

项目规划不能见子打子，更不能"撞大运"，捡到篮子里的都是菜。对集团而言，一定要把项目规划与发展战略结合起来，并依据发展战略来规划项目。只有这样才能实现长远发展、可持续发展。如果说我们的目标是朝南，规划的项目却是朝北，岂不是南辕北辙？有了明确的发展战略，就需要有相应的项目做支撑。战略与项目是相互促进的关系。战略是项目的引领，项目是战略的支撑。也就是说，有了明确的发展战略，项目规划就有了方向；有了项目的支撑，战略就能实实在在地推进。反之，没有战略的项目规划，是散乱的；没有项目的发展战略，是空泛的。

最近，我们都在思考集团的发展战略。战略问题，意义重大，要尽快形成共识。不然，规划项目就没有方向，只能见子打子，有什么做什么。没有目标的追求，既不可能有高质量的项目，也不可能有系统性和持续性的项目。

## 三、项目规划要认清自身的优势与短板

认清自身的优势和短板，是文化产业集团规划项目要特别加以重视的问题。集团在规划项目前，一定要想清楚两件事：一是集团的优势在哪里，这些优势怎么进一步发挥？二是集团的短板在哪里，这些短板使我们不能做什么，应该规避什么？

过去我在期刊集团时就提出过一个口号——"做我们能做的事情"。很多事情看上去很美，其他单位也可能都在做，但却不是我们可以做的，原因就是条件不具备、能力不具备。所以，只能做我们能做的事情。任何企业都不是万能的。

从长远角度看，一个企业的"长"和"短"是可以改变的，

但具体到眼下，我们能做什么，不能做什么，却是确定的。我们只能在现有能力范围内来想事和做事。认清这个问题，有利于文化产业集团更加清醒地谋求发展，科学理性地规划发展战略和发展项目，而不是"撞大运"。

其实这是一个简单的道理：只有认清自己，才能科学理性做事。但是，一个人也好，一个企业也好，最不容易认清的往往是自己，很容易低看别人，高看自己，认为自己无所不能。任何企业都有自己的短板，都有很多不能做或者做不了的事情。看到自己的短处，比认识自己的长处更重要。

## 四、项目规划要有文化看点

前不久到陕西考察陕文投，有一个情况让我很受启发，就是他们有很多好看的东西，能感受到文化的力量。陕文投的发展，触发了我很多思考：我们作为文化产业集团，应该做什么，应该让人看什么？做文化的，总要拿出文化产品来，不然，你怎么好意思说你是做文化的呢？所以，集团既要有挣钱的项目，也要有文化特点鲜明的项目；只挣钱，没有文化，就是"土老财"了。另外，国有文化企业要承担社会责任，只有这样，我们的存在价值才能体现出来，我们的事业才能得到支持，工作也才好推进。现在我们有多少东西能够拿出来展示，有什么东西是大家看了特别受感动的？这是我们要不断思考的问题。

## 五、项目规划要充分调研

"十三五"项目规划,绝不是今天坐在这里,靠拍脑袋,临时议一议就可以解决的问题。我们要做深入的调研,要有一套项目规划的流程和办法。

做项目规划是实实在在地在谋划企业的发展,而不是为了应景交差。没有项目,谈何发展?文化产业集团的核心竞争能力,未来更多地将体现在项目的规划和实施上,而不是去管理几件具体事务。实际上,强化项目规划能力,也是在强化战略规划能力,二者在方向上是一致的。

做好项目规划,要注重调研。要做好哪些调研呢?有三个考虑问题的维度:一是要对全国同行有一个了解和研究,如他们做了什么,怎么做的,哪些是可以借鉴的,哪些是需要差异化的;二是要对省内各市州的情况有一个调研,集团在每个市都有一个分支机构,他们与各市县政府走得近,可以听听他们的意见,了解各市县政府的发展战略和需求,从中发现发展机遇,集团相关单位和部门也可以到各市县就某一方面做专题调研;三是广泛征求专家意见,集团应该有一个专家顾问团队,把有真本事的、能提出建设性意见的专家聚集起来,就集团项目规划、论证和实施,广泛听取他们的意见,然后不断优化项目。只有在做好这些工作的基础上,才能规划出具有前瞻性、可操作性的优质项目。

# 让阅读成为一种新生活方式[*]

## ——《中国出版传媒商报》记者专访

《中国出版传媒商报》编者按：2017年8月25日，新华文轩全新书店品牌"文轩BOOKS"在成都九方购物中心开启，受到行业的高度关注，这是新华文轩推进振兴实体书店战略的重要成果。自2016年以来，新华文轩实体书店呈现良好发展态势，零售经营业绩持续增长，销售规模达12亿多码洋，新开门店31家、新增营业面积2.3万平方米，对三分之一的门店进行迁址升级，改造面积达2.2万平方米。与此同时，文轩书店的形象也焕然一新，轩客会、读读书吧、文轩BOOKS、kids winshare、文轩云图……一系列新型实体书店的开业给80年的新华品牌注入了新的活力。通过不断开拓发展，新华文轩初步构建起了线上与线下渠道融合、线下细分市场多品牌经营、网点布局不断优化、产品线与服务链进一步丰富、科技支撑程度不断提高的阅读服务新格局，有力地支撑了全民阅读活动的蓬勃发展，切实承担起了传承中华文明、传播先进文化的国有出版发行主渠道、

---

[*] 本文原载《中国出版传媒商报》2017年10月21日。

主力军的职责使命。

当前，实体书店的转型发展受到党和政府、出版上游、书店同行和读者的极大关注。新华文轩在实体书店的建设和发展上有着怎样的思路和举措？如何推进实体书店的融合发展？对于整个传统书店行业的发展转型有着怎样的思考？对未来实体书店的发展有怎样的判断？带着这些问题，《中国出版传媒商报》记者对新华文轩董事长何志勇进行了一次专访。

**记者**：何董事长，感谢您百忙之中抽时间接受我们的采访，和广大《中国出版传媒商报》读者分享有关实体书店转型发展的思考和感悟。从去年开始，一大批实体书店在全国各地纷纷开业，请问您认为是什么原因导致了实体书店的整体回暖？

**何志勇**：阅读是提高个人素质、满足精神需求的重要方式，也是影响城市文化气质的重要因素，更是衡量国家社会文明程度的重要标志。实体书店作为文化设施和文明载体，承担着传播精神文化的使命，它在促进文化产业发展和文化市场繁荣、推动全民阅读、建设书香社会、提高全民素质等方面具有举足轻重的作用。从另一个角度来说，承担着将出版物从出版企业传递给读者这一重要任务的实体书店影响着每一个人的阅读生活。实体书店行业的整体回暖，是与三个原因分不开的。

一是党和政府的推动助力。2016年6月，由中宣部、国家新闻出版广电总局等11部委联合出台了《关于支持实体书店发展的指导意见》。2017年5月，在纪念新华书店成立80周年座谈会上，刘奇葆部长要求"擦亮新华书店品牌,做强出版发行主渠道"。在四川,四川省委、省政府高度重视实体书店建设和全民阅读活动的开展,四川省委常委、宣传部部长甘霖向四川新华发行集团和新华文轩提出了振兴实体书店,"打好出版社九张牌、新华书店一张网"的要求。四川是全国率先发布"全民阅读'十三五'规划"的省份之一,还打造了"书香天府全民阅读"的著名品牌。党和政府的关心和支持,让实体书店有了发展的底气和动力。

二是新的文化消费需求不断涌现。随着我国经济社会的发展,居民可支配收入持续增长,消费欲望持续上涨,消费结构也不断提档、升级。以前人们关注的是吃饱穿暖,但现在人们更注重生活品质的提升。在物质生活得到满足之后,迫切需要精神世界的满足和丰盈,由此带来人们的精神文化需求迅速增长。文化消费能力大大增强,文化欣赏水平不断提高,对文化设施的要求也不断提高,既需要优美的环境,也需要新鲜的体验,还需要方便快捷的服务。消费者对书店的新诉求,推动了实体书店的转型发展。

三是实体书店自身发展的必然结果。回顾实体书店的发展历史,我们会发现,实体书店发展主要有三个阶段。以前的书店,只是图书销售的空间,以卖书为主,这可以说是书店的1.0版本。但几十年过去了,千篇一律的店内布局、陈旧不变的分类陈列、落后的营销手段,再加上网络书店在品种丰富度、价格折扣、便利程度上的冲击,这些都让传统书店在单纯卖书这条路上走到了尽头。大家逐渐形成共识,靠卖书走不下去了,于是开始了多元化经营。实体书店发展进入第二阶段,迈上了书店的2.0版本,即通过非书业务提升销售,为实体书店的生存与发展打下经济基础。

非书业务的发展一定程度上缓解了书店的生存问题，但是，并没有解决实体书店面临的根本问题。在新的时代背景下，实体书店还应该发挥更大的社会价值，比如传播优秀文化、传承历史文明；营造读书氛围，提升全民素质；引领文化风尚，提升城市品位；创建文化景观，拉动文化消费，等等。为此，实体书店迎来了发展的第三阶段，可以说是书店的 3.0 版本——成为文化生活方式的提供商。目前，一大批新型实体书店在全国各地纷纷开业，书店不再是单纯卖书的地方，而变成了一个惬意休闲之处、一个释放心灵之所、一个文化娱乐之地。因此，书店行业的整体回暖，也是实体书店转型发展到更高阶段的重要表现之一。

**记者：**从去年至今，一批各有特色的文轩实体书店相继开业，这背后有着怎样的发展思路和举措？

**何志勇：**新华文轩振兴实体书店，主要有战略和战术两个层面的思考。经过多年不断探索和实践总结，我们将文轩实体书店的战略定位，从传统发行渠道商转变为"阅读服务提供商"。这个"阅读服务提供商"有三层含义：一是经营理念的转变。我们要改变原来卖书的思维，由卖书扩大到为消费者提供阅读服务。要以"经营用户"为核心，深入挖掘其阅读服务需求，通过"+互联网"的方式，以阅读服务为切入，全面提升实体书店的文化消费终端服务品质。二是阅读服务体系的打造。我们建设阅读服务体系，首先要全功能，以实体书店、商超书店、电商平台、出版物协同供应链平台、文轩云图智能书店等为主体，着力构建线上线下、省内省外、内外服务、借卖结合的全方位、全功能的阅读服务网络体系；其次要多品牌，对不同的消费群体进行细分，打造轩客会、读读书吧、文轩BOOKS、kids winshare、文轩云图、国学书店、名人书店等，通过不同的品牌，服务不同的消费人群；再次要深覆盖，从省、市到县，从购物中心到城市社区，形成垂直纵深的阅读服务网络体系。三是为建设综合性文化消费服务集团奠定基础。阅读服务是大文化消费的核心，也是大出版传媒产业链的重要支撑，这是文轩未来产业发展的重心。未来，我们在阅读服务网络体系建设的基础上，要进一步丰富产品线与服务链，发挥全渠道优势，集聚特色文化商品，发展文创自有品牌；拓展文化消费服务的深度与广度，构建国内一流的大文化消费服务体系，奠定具有国际影响力的综合性文化服务集团的产业基础。

在战术策略上，我们主要是通过"一靠三抓"，也就是依靠自己，抓住政策，抓住市场，抓住资本，找到一条适合文轩特点的实体书店发展之路。

我们要依靠自己。实体书店一直都是新华文轩的主营业务。振兴实体书店我们责无旁贷。振兴实体书店的最根本动力还是来自我们自身，来自企业发展的要求。新华文轩近年来一直在加大对实体书店的投入力度，并在此基础上明确目标路径，提出具体可行的实施措施，用有效的举措和扎实的行动做好实体书店建设工作，擦亮"新华"品牌，努力实现振兴实体书店的目标。但同时，我们也清醒地认识到，振兴实体书店需要巨大的投入，短期内难以产生明显的经济效益，仅靠新华文轩的单方面投入难以持续。因此，还需要通过"三抓"方针，借助外力共同推动实体书店的振兴。"三抓"就是要抓住政策、抓住市场、抓住资本。

抓住政策，就是要用好政策，争取政府资源支持。实体书店作为一个城市和地区重要的文化地标和公共文化服务设施，彰显着城市的文化品位，更是文化"软实力"的载体。大批实体书店的消失，将会给城市文化丰富性和多样性带来损失，甚至是一种文化灾难，因此，振兴实体书店已成为全社会的共识。振兴实体书店面临着巨大的投入，既需要文化企业和社会各界共同努力，也需要各级政府大力支持。当前，各级党委、政府高度重视公共文化服务体系建设，我们要善于抓住政策，要积极争取建设用地优惠条件、专项扶持政策、补贴机制等，让企业用有限的投入做更多的事，以达到事半功倍的效果。

抓住市场，就是要抓住市场发展的机遇，通过市场化运营，让消费者回到我们身边。一是要回应新的市场需求。通过实施细分市场多品牌发展策略，以多品牌建设满足不同层次消费者的需求。随着读者需求日益个性化、多元化，我们要在已有新华文轩、轩客会、读读书吧等品牌的基础上进一步细分消费者群体，剖析其需求，孵化培育文轩BOOKS、kids winshare、国学书店、名人书店等特色主题书店品牌，为读者提供特色化、个性化的文化消费服务。二是要借助科技的力量推动转型发展。我们要充分利用移动互联网技术、物联网技术等新兴技术，加强文轩实体书店的科技含量。将信息技术作为贯穿实体书店经营的神经，建设智慧书城，推动线上和线下融合发展，打通书店与读者之间的互动渠道，深挖会员群体经营价值，用大数据经营对接社会资源，扩展书店业务发展空间，建立共享阅读商业文化体系，实现文轩实体书店的升级转型发展。三是要促进跨产业融合发展。当今跨产业融合已经成为重要发展趋势，文轩办实体书店，不能故步自封，要主动与相关产业对接。采用"商业地产＋文化"的创新经营模式的"文轩BOOKS"就是一个产业融合的案例，下一步我们还要主动加强与文化旅游、影视娱乐、教育培训、信息产业等相关产业的融合，借力发展，振兴实体书店。

抓住资本，就是要善于利用资本手段发展实体书店。当前，在全民阅读推广、书香社会建设、书店业态文化属性被看好的背景下，我们一定要充分发挥资本运营的优势，引入更多社会资本来办实体书店。一方面，对条件成熟的实体书店品牌实施公司化运作，引入社会资本对具有发展潜力的实体书店品牌进行重点培育，创新经营机制，激发内部发展活力，加快形成有影响力的文化品牌；另一方面，引入社会资本，通过联合投资的方式开展大型文化产业基础设施项目建设和物业运营，将实体书店从沉重的物业负担中解脱出来，专注于文化服务经营，通过提升物业的文化含量支持物业的运营。

通过战略和战术两个层面的思考，新华文轩实体书店建设的思路逐渐清晰，"振兴实体书店"迈出了更加有力的步伐，实体书店建设也取得了不俗的业绩。

**记者：**新华文轩旗下的电商平台也同样为同行瞩目，您如何看待振兴实体书店与发展电商的关系？对文轩实体书店的融合发展，您有着怎样的考虑？

**何志勇：**实体书店和电商平台文轩网是新华文轩基于大众阅读服务市场构建的两个定位不同的渠道：实体书店通过网点完善

和业态创新,积极培育新兴业务,为消费者提供便利的阅读及相关文化体验服务,发展为文化消费体验场所;而文轩网则通过持续完善供应链体系建设和提升消费体验,不断做大销售规模,进入全国图书电商第一梯队,成为新华文轩面向全国的图书销售主渠道。在前台分工的同时,我们还着力在后台搭建渠道共享机制,包括产品共享、客户共享和市场信息共享等,构建文轩在阅读服务市场的整体竞争力。2016年,文轩内部进行了一项重大的改革,整合图书采购业务,把一般图书的采购集中到文轩网,实现内部购销一体、线上线下采购一体。现在,实体书店与文轩网共享70余万的图书品种供应,解决了线下门店陈列有限的问题,能够满足不同层次的读者需求;下一步,我们还要运用互联网思维,进一步推进实体书店的融合发展——线上线下融合、对内对外服务融合和馆店业务融合。

纵观整个零售行业的发展,线上线下融合已成趋势。新华文轩要打通线上线下的关节,推进"互联网+"与"实体书店+"联动,贯通线上线下的供应链与价值链,利用互联网新技术和新媒体手段,在用户、产品、数据、营销、体验等多个方面进行融合,促进实体门店的客户体验提升和商业模式升级,创新文化消费服务供给。一是通过信息化建设,将智慧门店系统、网店系统和ERP业务信息化系统进行一体化贯通,逐步实现O2O线上线下协同融合,打造综合性的文化消费服务平台;二是以互联网技术、大数据技术、物联网技术等为基础,以会员体系建设为纽带,加强电商业务与线下门店在客户共享、市场信息共享、营销推广等方面的协同合作,构建前台专业化经营、后台规模化运营的格局。

在努力发展自营实体门店和网络书店的同时，我们还着眼于行业需求，主动承载引领产业发展的使命，推进对内对外服务融合，打造出版物供应链协同交易平台，为全国实体门店和出版机构提供全品种的产品信息和市场大数据服务，解决实体门店陈列空间有限与品种选择难的问题，解决出版机构市场信息不完整的问题。目前，出版物供应链协同交易平台不仅为文轩旗下的数百家门店提供服务，而且已经为多个省份的实体书店提供出版物供应解决方案。

除了上述线上线下融合、对内对外服务融合之外，我们还在馆店业务融合上做文章。馆店业务融合，是指通过建设智能化的图书馆（室）与书店销售业务相结合，共同打造阅读服务平台。图书馆与书店是服务读者的两个渠道和两种业态，长期以来处于各自独立运行的状态。新华文轩通过技术创新与模式创新，以服务读者需求为中心，打造了采用"线上用户平台+线下智能借阅终端"模式的文轩云图智能书店，可以设置在社区、商场、车站、学校等方便读者的场所，进行数字阅读、阅读社交等，开展多样化的阅读体验，形成"1公里阅读圈"。文轩云图智能书店定期进行图书的更新和选配，不但开展图书借阅服务，还提供图书购买等服务，实现图书馆与书店业态的"零距离"融合，满足了读者多样化的阅读需求。

**记者：**从轩客会—格调书店，到文轩云图，再到最新的文轩BOOKS，文轩实体书店一直走在转型创新之路上。您认为在实体书店转型发展中，最关键的因素是什么？

**何志勇**：回望书店的发展历史，结合新华文轩自身一路走来的经验，我认为，在实体书店转型发展中，最为关键的因素就是要拥有新的理念与思维。只有从理念上、思维上做到了转型，才能真正实现实体书店的转型。在新的历史时期，面临新的发展形势，我们特别需要以下五个新思维：

第一是产业思维。实体书店的困境表面上看是书店经营出了问题，从深层次看，是出版产业运行规则发生了巨大的变化。数字阅读对纸质书的冲击、电子商务对实体书店的冲击、泛娱乐对图书阅读的冲击，改写了出版产业的生产模式、流通模式与消费模式，实体书店与出版社都受到了极大影响。从近年来出版社的表现来看，基本上顶住了冲击，逐步找准了自己的定位，还有所发展。实体书店也要尽快在新的产业版图中找到自己的位置，从售卖图书物质产品的"书商"转变到精神文化产品的消费服务提供商，跳出传统的产品经营思维，从产业经营角度去思考，从业态、商业模式、产品组合等方面进行全新的布局。通过跨产业融合发展的模式，不断提高图书、阅读等在国民大众中的传播力和渗透力，提高实体书店在国家文化建设中的价值和地位。

第二是文化思维。我们发展文化产业，要注重经济与文化相互融合，也就是说，经济发展的问题要用文化方式去解决，文化传播的问题要用经济手段去解决。当前实体书店面临着经济发展的压力，更需要打好文化牌，以文化为媒，推动经营业态、商业模式的转型，赋予实体书店更高的文化含量。从书店的发展历史来看，大规模连锁书店的出现形成了出版工业化的流通模式，电子商务的兴起是工业化流通模式从线下向线上的延伸，都是以获取经济价值为中心，图书的文化价值往往被忽略。书店本应该是创造图书文化价值最重要的场所之一。在大规模的连锁书店出现之前，独立书店往往就是文人汇集、品书鉴文之所，从这个意义上讲，实体书店要从工业化的经营模式回归到人文化的运营模式，从简单的经济思维转变到丰富的文化思维。

第三是互联网思维。互联网的本质就是联通一切。实体书店的转型也要运用万物互联的精神，联通产业链上下游，连接作者、经营者与读者，链接相关文化生产服务提供商，把书店办成上游出版社的新产品发布地、市场信息的搜集地，办成作者与读者的情感交流地、心灵栖息地，办成多元文化生活的体验地、时代风尚的传播地。唯有如此，实体书店才能跳出卖书的传统模式，开辟更广阔的发展空间。

第四是资本经营思维。我们运用资本经营思维办实体书店，除了要去投资、并购有前景的书店业态之外，还要有聚集资源的意识。纵观国内新型民营书店的崛起，资本起到了重要的推动作用。可以说没有资本的进入，就没有实体书店的复兴。此外，资本的一个重要作用就是能够在较短的时间内聚集社会资源并为我所用，而不需要经过漫长的原始积累过程，所以我们办实体书店应该高度重视资本的作用。实体书店要考虑用资本经营等多种方式，把硬件资源、软件资源聚集在一起。比如，引进职业经理人、开发新型业态等都可以考虑用资本运营的方式来解决。

第五是设计思维。传统书店购进图书销售，卖不掉的还可以退给出版社，不承担存货风险。近年来逐步开展的多元经营，引进了文具、学教产品，甚至售卖咖啡饮品等，基本上还是"销售"

思维模式。这种模式适合于物资匮乏时代。但今天我们已经处于物质丰富、供大于求的后消费时代，工业化的标准产品难以满足消费者的多样化、个性化需求，消费者在寻求个性化的产品和服务。因此，从消费者的角度进行生活方式的设计，就成为实体书店的核心能力之一。实体书店围绕图书产品内容，为个人和机构消费者提供优秀的文化生活解决方案，甚至没有必要做大规模的店铺投资，消费者自然而然就会被吸引。因此，实体书店在店堂里摆书卖的同时，要转型为具有设计能力的知识运营平台，为消费者讲好文化故事，传播实体书店自己独特的文化生活价值观。

**记者：** 文轩云图智能书店代表全国新闻出版业参加迎接十九大"砥砺奋进的五年"大型成就展，受到了广泛好评。智能书店是不是未来书店的雏形？您认为实体书店未来的发展方向在何处？

**何志勇：** 新华文轩在不断推进传统书店转型的同时，也致力于采用新的经营模式和科技手段，发展全新阅读服务品牌，文轩云图智能书店就是新华文轩由专业的技术与产品研发团队，结合全民阅读的要求和未来书店的发展趋势，倾力打造的全民阅读推广解决方案。

"全民阅读"连续四年被写入政府工作报告，党和国家对全民阅读工作非常重视。未来，如何使阅读更加贴近普通人的生活、让阅读体验变得更为便捷，将成为全民阅读发展的方向。文轩云图智能书店就是基于这样的认识，研发推出的集借书、荐书、查书、还书、IP推送等复合性功能于一体的智能书店，它以用户为中心，通过互联网、物联网技术提供便捷的借阅体验——无人值守、自助借阅、24小时不打烊，真正拉近了阅读和读者的距离，体现了全时性、全域性、全民性。可以预见的是，以后如果进行规模化的建设推广，文轩云图智能书店将为更多的用户提供点多、面广、便捷、有趣的阅读服务，促进大众阅读习惯的养成，让阅读成为一种生活方式。

在我看来，未来实体书店可能会存在以下几个趋势：一是实体书店会成为人们生活空间的一部分。未来消费者来书店，是为了在一个有格调的地方，有文化氛围的地方，体验到相关的文化服务，书是他来的理由，但也可能不是他来的唯一目的。二是主题书店成常态。现在主题书店还不多，但以后主题书店会越来越多，而且还会将书店垂直延伸，组合进各种与主题相关的服务，比如儿童书店组合进儿童教育、美食书店组合进食材和针对主妇的烹饪培训，等等。三是小众书店将成为主流。按照长尾理论，未来的商业是小众市场，当某一小众群体的需求被识别并被充分满足，它就可能成为一个大市场。书店也不会例外，读者市场会被进一步细分。四是实体书店成为新零售的入口之一。新零售是以消费者体验为中心的数据驱动的一种泛零售业态。图书作为一种标准化产品，品种多、价格低、消费者广泛，具有天然的引流功能，是新零售首当其冲的入口之一。五是"智能书架"将走入人们的普通生活。更小的尺寸、更有针对性的选书、更频繁的更新、更近的距离，未来的智能书店将会进化成更人性化的"智能书架"，让阅读随手可及，真正走进人们的普通生活。

面向未来，我们深知阅读服务永无止境，新华文轩实体书店建设要百尺竿头更进一步，努力跟上时代发展的步伐。我们相信有党委、政府的大力支持，有文轩人的奋发进取，牢记对图书的敬重、对文化的珍视、对读者的亲近，实体书店一定会迎来下一个绚丽的春天！

# 实体书店发展亟待来一场"行业大分工"*

实体书店是传播先进文化、增强人民精神力量、提升城市文化品质、促进社会和谐稳定的重要阵地。推动实体书店发展，强化实体书店在意识形态工作和国家文化发展格局中的地位，是新时代文化建设的重要内容。深入研究实体书店的转型升级路径，对推动实体书店发展具有重要意义。本文从实体书店运营模式变革上思考如何通过"行业大分工"塑造实体书店发展新的生态系统，期望探索出实体书店发展的新路子。

## 一、实体书店发展进入新阶段

实体书店在国家文化发展格局中的地位越来越突出，在意识形态工作中的意义越来越重要。实体书店不仅助力文化知识集聚、城市文化传播、人类文明传承，而且能为涵养城市文明、塑造城市品格、激发创新潜能注入活力。近年来，实体书店受到人们的广泛关注，很多实体书店成为城市的文化地标和文化集散地。透过书店，人们不仅能够感受一个城市的文化形象、文化气质，更

---

* 本文原载《中国出版传媒商报》2019年10月18日。

能触摸这座城市的灵魂。一座城市中存在着的大大小小的实体书店，折射出这座城市的文明程度。

在我国经济高速发展和人们收入水平逐步提高的大背景下，随着实体书店形象的改变和业态的创新，人们更愿意进入实体书店去感受文化气息，去体验文化新知。书店已成为城市文化休闲地、城市文化体验地，逛书店成为人们一种新的生活方式。图书这种文化商品，跟别的商品最大的不同就在于品种丰富。过百万种图书存量，为读者提供了巨大的选择空间。在书店翻阅实体图书，与在网上选购图书完全是两种不同的体验。读者走进书店看到现实的丰富的图书，能够感受到独特的文化气息，感受到某个领域的进步，感受到文化前沿的变化。读书人进书店，享受的正是这种浸润在文化之中的感觉。这种感觉是网上书店所不能给予的，也是读者更愿意走进实体书店的重要原因。所以，书店是一个文化场所，逛书店是一种文化行为。今天的书店已经不是单纯的卖书场所了，它让更多的人进入书店得到文化熏陶、文化洗礼和思想启迪，已经有着比卖书更大的意义了。

进入新世纪，随着网络书店的飞速发展和数字阅读的普及，实体书店受到巨大冲击，读者大量流失，实体书店在逆境中艰难求生，数量不断减少。很多经营多年的书店，悄然从读者视线中消失。据统计，2005 年至 2013 年，国有书店共减少 1944 家，民营书店共减少 3801 家。

党的十八大以来，以习近平同志为核心的党中央高度重视全民阅读和公共文化服务设施建设，把发展实体书店作为满足人民群众对美好生活追求的重要实现方式，出台了一系列加大对实体书店扶持的政策。2013年，国家新闻出版广电总局联合财政部发布实施《关于开展实体书店扶持试点工作的通知》；2016年6月，中央11部委联合发布《关于支持实体书店发展的指导意见》；2017年1月，国务院印发《"十三五"推进基本公共服务均等化规划》，专门强调推动全民阅读、扶持实体书店发展。2018年，图书批发零售免征增值税政策进一步延续。扶持实体书店政策的力度之大、范围之广，可谓前所未有。

在政策推动下，实体书店行业逐渐复苏，呈现出全新面貌，实体书店发展进入一个新阶段。

一是门店数量恢复增长，逆转了书店"数量降"的问题。自2016年起，实体书店数量恢复增长。据国家新闻出版署每年发布的《全国新闻出版业基本情况》，2016年全国共有出版物发行网点16.3万个，其中新华书店及其发行网点为8996个。2018年，全国共有出版物发行网点17.15万个，比2016年增长5.21%，其中新华书店及其发行网点9591个，比2016年增长6.61%。

二是门店形象得到改观，基本解决了读者"不愿来"的问题。近年来一批"最美书店"惊艳亮相，从选址到设计，从外观到店堂，都给人以时尚、高端的深刻印象，改变了人们对实体书店陈旧呆板的形象认知，读者又愿意回到书店来了。这些书店场景更具设计感，内涵丰富，风格各异，古典与时尚之美交相辉映，成为新的城市文化地标，大大增加了对读者的吸引力。

三是门店业态持续创新，初步解决了读者"留不住"的问题。实体书店以读者需要为中心，借鉴其他行业先进的运营经验，不断推进书店业态创新。24小时书店、智慧书店、无人书店、共享书店等新兴业态不断涌现，"图书＋美食""图书＋咖啡""图书＋民宿"等跨界融合服务也让读者耳目一新。读者的阅读体验有了很大改观，愿意在书店坐下来、留下来了。

近年来实体书店发生的变化，给整个行业带来了新的希望。

## 二、实体书店商业模式亟待变革

尽管实体书店复苏明显，发展成效显著，但是必须看到，整个实体书店行业的经营状况并没有出现根本性好转，实体书店的商业模式远落后于时代步伐，实体书店的繁荣仍然前路漫漫。

### （一）实体书店行业经营状况没有根本性的改善

一是数量增加但没有带来销售增长。据开卷数据，2018 年中国图书零售市场码洋规模达 894 亿元，继续保持增长，同比增长 11.3%。其中，网店继续高速增长，但增速有所放缓，为 24.7%，码洋规模达 573 亿元；而实体书店则是负增长，同比下降 6.69%，码洋规模为 321 亿元。2019 上半年图书零售市场同比上升 10.82%，继续保持两位数的增长；但实体店仍然呈负增长态势，同比下降 11.72%。由此可见，实体书店数量的回升，并没有带来实体书店销售量的增长。这个情况说明实体书店还处在"看上去很美"的状态，整个行业的经营并没有实质性的好转。

二是颜值改观但没有推动价值提升。没有读者走进书店，就谈不上实体书店的发展。近几年通过强化设计，注重布局，实体书店的形象和面貌不断得到改进。业界也通过评选"最美书店"

来引导实体书店形象的提升。实体书店外观形象的改善，对吸引读者走进书店效果明显。在很多地方，高颜值的新式书店吸引了众多游客，成了旅游景点、网红打卡地。应该说，不管书店的人流是为书而来还是为看风景而来，能够吸引更多的人到书店，肯定是一种进步。问题在于，书店形象改变了，内涵价值却提升不大，经营还是原来的老套路，没有更多更细的分类，缺少个性和特色。从实体书店的功能和作用来说，为读者提供更大的阅读价值和文化体验价值，才是实体书店真正的追求。所以，以颜值取悦读者的做法，可以取得一时的轰动效果，但难以提升长期的人文价值。如果留不住顾客的心，颜值再高，新鲜感过后，书店也会回到原来的状态。

三是业态丰富但没有提升盈利能力。为了与网络书店争夺客源，实体书店在卖场不断引进新的业态，咖啡、美食、文创基本上成为标配。这种转型对吸引读者起到了一定的作用。但是，实体书店的盈利能力并没有得到根本性的提升。在图书业务上，为了在网店的挤压下抓住读者，不得不给予读者更多的折扣，导致毛利率不断下降；同时，还要面对选品、进退货、物流、仓储等"后台"业务的成本开支，书店的经营成本因而居高不下。在非书业务上，新兴业态作为实体书店的附加业务，专业能力不强，优势不明显，在激烈的市场竞争中盈利空间有限。

从整个行业来看，绝大多数实体书店其实并没有找到可持续发展的商业模式，有客流无商流，有流量无销量。形象的改善和业态的丰富也掩盖不了开书店只赚吆喝不赚钱这一行业公开的秘密。

## （二）实体书店商业模式落后于时代步伐

在政府和社会的高度关注和大力支持下，为什么实体书店的发展仍不尽如人意？在我看来，主要是实体书店的商业模式落后于时代前行的步伐。在互联网时代，实体书店还在走过去的老路，仍然沿袭几十上百年一贯采用的"内部一体化"商业模式。实体书店"内部一体化"模式的最大特点，就是致力于对生产、服务、流通全过程的直接控制，追求"大而全""小而全"。在这种模式下，实体书店不管规模大小，都要把资金筹措、开店设计、物业选址、装修装潢、选品组织、客户分析、营销活动、物流配送、结算付款等业务作为书店经营必不可少的工作，面面俱到。

"内部一体化"商业模式，在今天已成为实体书店进一步发展的巨大障碍。

一是在辅助性业务上消耗大量资源，成本居高不下。当我们深入到实体书店内部加以观察，可以看到"内部一体化"模式最为落后的地方在于，书店要耗费大量的人力、物力和财力去从事与书店主业经营既不直接相关、自身又不擅长的"后台"辅助性工作，包括在数量众多的供货单位提供的数十万种图书中选品进货、对来自四面八方的商品进行物流仓储管理、与成百上千的出版发行单位进行结算与退货，等等。由于整个行业没有一个为实体书店提供"后台"支持的服务体系，实体书店不管规模大小，都不得不从最基础的事务做起，而且单个实体书店做这些工作，也不可能建立专业队伍应对竞争，因而效率低、效果差，并且还要消耗大量的人力、物力和财力资源，成为书店经营总成本中的重要部分。

正是由于实体书店在"后台"辅助性工作中消耗了大量资源，因而在读者服务"主业"上就无力投入更多资源。结果是，"前台"读者服务缺乏特色，销售上不去；"后台"辅助业务繁琐多头，成本下不来。这种窘况使很多有开书店情怀的人望而却步。

二是不能利用互联网时代新技术，管理原始落后。当我们从实体书店外部加以观察，可以发现，实体书店行业被"内部一体化"模式隔离成一个个独立的书店，相互之间封闭独立。不管规模大小，实体书店都难以把互联网新技术运用到书店经营管理中，无论是行业分析，还是选品进货，都无法与行业大数据进行有效链接，更无法站在行业的高度进行大数据收集、分析、处理。因此，实体书店只能停留在靠习惯和感觉做事，凭经验选品进货的水平。这种原始、落后的管理，使实体书店既无法掌握客户消费数据，无法准确把握市场热点与趋势，也无法实时了解供应链上各个环节的数据，无法通过销售、库存数据分析等来合理地制订经营计划。

仅就图书选品来说，如果说在几十年前图书存量只有几万个品种，依靠人工选品还可行的话，那么，到今天图书品种已多达百万，面对这样庞大的数字，任何个人的经验与认知都是不够的。实体书店只有依靠互联网大数据进行选品，才能做到最佳陈列。但是，整个行业却没有一套体系来为实体书店提供包括大数据在内的供应链服务，实体书店只能在原始落后的管理中艰难前行。

我们说，任何技术革命对产业发展的影响，都是挑战与机遇并存。互联网也不例外。但是，对实体书店行业来说，一方面受到互联网催生的新业态的巨大冲击，另一方面却远离互联网，没有用互联网的思维与技术推动变革、寻求新的发展空间。

三是不能适应文化消费个性化需求，销售增长乏力。当我们从消费者的角度去观察实体书店，可以看到，受"内部一体化"模式的限制，实体书店难以在读者服务上投入太多资源，致使实体书店经营都"一般化"，形成"千店一面"的行业固态。如果说在过去读者需求还处于大众化、从众化的时代，实体书店难以满足读者需要的矛盾还不突出，那么，随着新时代我国社会主要矛盾的转化，人们的个性化需求日益凸显，实体书店"内部一体化"模式的弊端就显现出来了。

随着互联网经济的快速发展，发端于大工业时代的大规模生产、大规模流通与大规模消费的"统一市场"实际上已经不存在了，每个人都根据自己的年龄、收入、审美、偏好等去选择不同的产品与服务，几乎所有的消费服务行业都在彻底细分。对文化消费来说，这个特征更为明显。因为文化消费的对象不仅仅是商品功能本身，更重要的是附着在商品上的精神、体验和娱乐。如果说人们对商品功能的追求有一致性，那么对消费商品的体验追求就千差万别了。为一部作品"万人空巷"的时代已经结束。个性化消费时代的到来，给实体书店传统商业模式提出了挑战。由于实体书店对客户的消费愿望基本不了解、不掌握，只能沿袭传统零售业"货卖堆山"的模式，读者的消费行为大多成了"一锤子买卖"，购书对书店和读者来说都是"偶然"事件，因此，吸引不了越来越追求个性的人群，销售自然也就上不去。尽管实体书店颜值的提升使书店的人流量增加，但是真正被"黏住"的读者并不多。可以说，今天实体书店的颜值在变，形象在变，但实质没有变。

书店没有跟随特定的读者需要来确定自己的定位，未能有针对性地确立书店形象和经营策略。这种以不变应万变、大而化之的经营之道，使书店有大小之分、颜值高与颜值低之分，却没有类型之分、适合与不适合之分。书店的价值不在谁更"美"，而在谁更有"缘"、更有"效"。

## 三、实体书店发展需要来一场"行业大分工"

破解实体书店"内部一体化"模式的行业弊端，出路在于推动"行业大分工"，把实体书店的业务分解为两个不同性质的行业，分别由两类不同的经营主体来运营。通过"行业大分工"，把实体书店"后台"辅助性业务交给专业的行业供应链服务商。行业供应链服务商以专业高效的服务能力，为实体书店提供"后台"业务支持。实体书店作为"前台"则专注于提升读者服务业务的核心竞争力，使实体书店经营更高效，读者服务更专业，经营成本更节约，从而实现实体书店的可持续发展。

### （一）推进实体书店"前台"和"后台"业务分离，让实体书店专注于"前台"经营

实体书店经营大致可以分为"前台"和"后台"两类业务。"前台"是指直接面对消费者的业务，包括卖场管理、产品营销、会员服务等业务；"后台"是指为实现商品销售而开展的辅助性业务，包括开店筹备、商品组织、物流服务、数据服务、财务结算等。实体书店的"前台"和"后台"业务具有显著的差异。

——"前台"是2C业务，是服务于消费者的业务，这是书店的主营业务、根本性业务。"前台"业务通过为消费者提供有价值的产品与服务而实现营收，目标是为消费者营造更好的阅读体验，"黏住"一批读者；"后台"是2B业务，是服务于书店的业务，这是书店行业的辅助性、服务性业务。"后台"业务通过提高实体书店供应链效率而实现成本节约，增加营收，目标是支持书店专注主业，从提供更加高效的行业服务中实现自身价值。

　　——"前台"是个性化业务，面对不同层次的读者群体，确定自身的定位，为特定消费者营造阅读体验，提供差异化的产品和服务，以个性化为显著特征；"后台"是标准化业务，虽然对不同的书店服务会有所不同，但更多是行业通用的、模块化的服务，以集约化为导向，更多地体现行业共享效应。

　　——"前台"是小而美的业务，在营业场地有限、经营规模有限的情况下，主要通过找准自己的定位，培养忠实读者群，形成自身的经营特色，走"小而美"的经营路线；"后台"是规模化的业务，聚集整个行业资源为各个实体书店服务，通过共享资源、规模经营发挥规模经济优势，降低运营成本。

　　——"前台"是轻资产业务，书店经营者要专注于为读者提供服务，专注于提升书店价值和品牌影响力，主要从事品牌经营、氛围营造、媒体运营、活动策划、服务输出等"轻"业务，经营灵活，沉没成本低，"船小好调头"；"后台"是重资产业务，包含物业装备、商品组织、物流配送、大数据分析、财务结算等诸多环节，需要占用大量的资金，投入大量的资源，使用大量的设施设备。

　　从实体书店"前台"和"后台"业务的差异可以看出，要提高实体书店整个行业的效率，需要进行"前台"和"后台"的分离，将实体书店从繁琐的"后台"业务中解放出来，使其能够把主要精力和资源投入到"前台"业务上，专注于为消费者提供高质量服务。

**（二）构建行业供应链服务体系，为实体书店经营提供强大支持**

"前台"的解放需要"后台"给力。推动实体书店"行业大分工"的关键，在于构建行业供应链服务体系。当前实体书店难以走出"内部一体化"商业模式的根本原因，就是缺乏一个能够服务全行业的供应链服务体系。因此，加强实体书店行业供应链服务体系建设，是推动实体书店发展的有效途径。供应链服务体系由若干有实力的企业组成，通过市场竞争不断优化，最终形成相对稳定的体系。为了有力地支撑实体书店经营，供应链服务体系至少应具备以下几大功能：

一是商品组织与智能选品功能。实体书店因为卖场空间有限，如何在上百万种可供书目中选出适合本店读者的精品图书，是吸引读者的首要问题。行业供应链服务体系具有货源全覆盖的商品组织能力，可以发挥集合上游出版商、链接行业上下游及网上书店的数据信息优势，通过规模化、高效率的商品组织和大数据分析，为不同专业、不同地域、不同风格的书店提供更为精准的商品组织和智能选品服务，解决实体书店无力利用行业大数据选品的难题。通过提供结构化商品，形成书店特色和影响力，提升书店的独特文化价值，推动实体书店经营朝着更加个性化的方向迈进。

二是营销顾问与统筹策划功能。实体书店要吸引读者，需要快速捕捉阅读风尚，追踪文化热点，成为社会文化变迁的预知者、感知者、记录者、服务者。"后台"供应链服务体系要发挥组织行业营销资源、聚合社会文化信息的优势，通过营销资源共享、营销信息共享、营销活动统筹，通过线上、线下营销活动协同，为实体书店提供营销支持，切实解决实体书店缺乏营销资源、缺乏产品信息、难以动态调整库存备货、难以适时开展营销活动等问题。

在供应链服务体系统筹下，不同区域的实体书店可以联合开展营销活动，扩大影响力，提升书店与周边消费者互动的黏性，带动实体书店的客流和收入增加。

三是物流配送与统一结算功能。书店与出版社表面上是上下游关系，实际上是相向的不对应关系。每家实体书店都要面对成百上千的出版社，是一种"一对多"的扇形网状业务关系；每家出版社也要面对成千上万的实体书店，也是一种"一对多"的扇形网状业务关系。这种不对应的业务关系，无论对实体书店，还是对出版社，都要承担大量繁琐复杂的发货与结算业务。实体书店和出版社之间由于信息不对称，不仅会影响发货与结算效率，还会影响供货关系。行业供应链服务体系，需要发挥连接实体书店与出版社的"桥"的功能，将实体书店和出版社的网状业务关系整合为一个链条。通过行业供应链服务体系集约、柔性、经济的储存运输体系，可以对实体书店的商品需求进行无差别快速响应，快速到货，实现采购"少进勤添"、陈列"多品种、少复本"，减少缺货焦虑，提升书店坪效，降低滞销退货风险。实体书店只需与供应链服务平台"一对一"购货结算，小书店也能得到大出版社的货源；出版社只需与供应链服务平台"一对一"发货结算，小出版社也有进入大市场的机会。有了供应链服务体系的物流与结算功能，实体书店和出版社可以省掉大量业务头绪，降低经营成本，提高行业整体效益。

四是信用支持与金融服务功能。作为小微企业，信誉往往是实体书店特别是新开店经营的最大障碍。由于中小书店缺乏信誉背书，时常选好的货不能及时拿到，而出版社有货却不敢及时发出。这些都构成实体书店行业的经营成本，最终降低了行业整体效益。行业供应链服务体系中的大企业，通过自身商业信用和交易信息的传递、延伸、流转，可以为实体书店提供信用支持，提升实体书店的信用水平。利用大数据、云计算、物联网等新技术，供应链服务体系中的金融服务者通过对经营活动中的商流、物流、资金流、信息流等海量数据的归集整合，实现信息共享，有效降低金融风险。供应链服务体系中的大企业，还可以通过与商业银行、出版商、设备提供商等相关企业合作，创新供应链金融服务模式，开发担保、交易、信用等金融产品，为实体书店提供低成本、高效率的金融服务，解决实体书店在新业态引进、规模扩大、技术改造、转型升级等过程中的资金难题。

推进实体书店行业大分工的本质，就是要加快发展整个行业的服务能力建设，让书店"后台"业务社会化、标准化、低成本化，推动开店要素提供者、解决方案提供者、生产服务提供者和最终产品服务提供者等组成一个完整的行业体系，以分工、合作、共享、共赢为目标，实现整个行业的良性运转。

## 四、塑造实体书店发展新的生态系统

### （一）通过"行业大分工"重塑实体书店发展生态系统

经济学常识告诉我们，人类社会进步是伴随着社会分工不断细化而实现的。分工越细，经济越发达。推动实体书店"行业大分工"，就是要跳出就单个书店说书店的思维，从行业的角度，把实体书店一系列"后台"业务剥离出来，形成行业生态中新的独立经营主体，重塑实体书店生态系统。

行业供应链服务体系的经营主体与实体书店经营主体、不同读者群体一起，共同构成实体书店行业新的生态系统。在新的生态系统下，供应链服务体系通过集成实体书店发展所需的各种要素，通过协同创新，整合成解决方案提供给实体书店，营造实体书店发展的良好环境。

推进实体书店"行业大分工"的意义，就是通过建设行业供应链服务体系，把实体书店从繁重的"后台"业务中解放出来，让实体书店运作变得更单纯、更简单。经营者专注于"前台"经营，就能够从图书选品、活动策划、氛围营造、场景设计等各个方面形成自己的特色，为读者营造更好的体验感，真正"黏住"一批读者。如果说阿里巴巴搭建一个互联网平台，让线上开办网络书店变得容易，那么建设行业供应链服务体系，就是要让线下开办实体书店变得更容易。只有服务体系健全，让开办书店更简单，才会吸引更多的人投身到书店行业，让更多有书店情怀的"读书人"成为"卖书人"，实体书店才能走向繁荣。

以集约化、规模化运作降低"后台"业务成本，让书店经营能赚钱。实体书店"后台"业务交给供应链服务体系后，通过供应链服务企业集约化、规模化运作，书店原来"后台"业务的开支能够得到大部分消化，经营成本大为降低，从而为实体书店发展创造更加有利的条件。这种情况下，书店能否赚钱，更多取决于"前台"读者服务能力。只要经营对路，管理有方，就能够生存发展。原来那种经营再努力也不挣钱的窘况将会改变。

以经营可持续吸引更多人进入书店行业，让书店形态多样化。实体书店与任何行业一样，必须有利可图，经营可持续，行业才能兴旺。只要实体书店经营环境合适，多数书店经营可持续，就会吸引更多怀揣书店梦想的人进入书店行业。不同的书店面对不同的读者群，会有不同的定位，会朝着不同的方向发展，整个行业就会朝气蓬勃，衍生出书店的丰富性和多样性，最终形成"千店千面"的格局。

## （二）以新的行业生态系统促进实体书店自我变革和完善

在新的生态系统下，实体书店利用行业供应链服务体系提供的解决方案推动商业模式转型升级，形成"专业高效、形态多样、服务健全"的发展格局。在市场机制作用下，实体书店将获得新的发展。建设实体书店不仅仅是书店人自己的事情，还需要社会各方力量共同参与。实体书店的发展也不能仅仅依靠政府的号召和支持，还需要发挥市场机制的作用。推动"行业大分工"，就是在新的生态系统下，通过市场机制的作用，让开店要素提供商、解决方案提供商、商品供应服务商等为实体书店提供专业、高效的第三方服务，从而化解"后台"服务落后制约"前台"服务水平提升的问题，促进实体书店自我变革和完善，最终实现整个行业的良性运转。

让书店经营更专业。办好一家书店，"黏住"一批读者，是一件非常不容易的事情，需要精益求精，持之以恒。行业供应链服务体系的建立，为书店经营走向专业化、精细化提供了条件。办好一家书店需要特别的能力和付出。对文化的珍视、对图书的喜爱、对读者的尊重，是书店经营者的基本素质。投入大量精力和资源来专注于读者服务，则是书店经营者的基本要求。只有发扬工匠精神，营造独特的氛围，策划有针对性的活动，才能把读者从网上书店吸引到实体书店来。专业、专业、再专业，是实体书店追求的目标。

让书店定位更精准。借助行业供应链服务体系连接书店数量多、客户广的优势，建立一套实体书店的用户经营体系，帮助实体书店精准定位。通过建立用户购买行为分析、用户在线服务等系统，解决实体书店与读者之间信息不对称的问题，突破实体书店信息孤岛，掌握消费者的需求信息和用户反馈信息，深度经营用户，"黏住"用户，将读者购买图书的"偶然"行为转化为"必然"举措，精准锁定一批用户。

让书店功能更智慧。借助行业供应链服务体系，引进先进的零售经营技术，书店会变得更加智慧化。智能选品技术将改善实体书店的库存状况，解决实体书店进销存平衡的难题。用户画像技术将利用客户大数据，发现书店消费者，基于服务场景实现读者需求与产品服务的自动匹配。按需供应技术通过与行业供应链服务平台连接，将解决传统书店解决不了的短版书的长尾供应难题，使书店服务无盲区。新的生态系统将使实体书店变成智慧化的文化服务站。

让书店业务更开阔。借助行业供应链服务体系，作为小微企业的实体书店也能够突破传统规模经济的限制，通过连接海量产品平台，与网络书店形成互补，摆脱实体门店规模小、品种有限的不利影响，推动实体书店不断开发新的客户群体，拓展新的消费市场，实现小门店大生意。新的生态体系将促进线下实体书店业务扩展到线上，推动书店线上线下融合发展，实体书店的业务空间将变得更加开阔。

在新的生态系统下，实体书店的"前台"运营将变得更加专业，实体书店的功能将会加速转变，从卖场空间转变为文化空间、生活空间、体验空间。实体书店"后台"服务解决方案提供商通过整合资源帮助实体书店解决个性化问题，将为"前台"提供更加专业化、智能化的服务支撑。"前台"为"后台"提供数据反馈，"后台"为"前台"迭代服务效能，"前台"和"后台"相互促进，形成行业发展闭环，不断提升行业效率，让实体书店不仅"美"在有颜值，而且"好"在有价值，切实推动实体书店发展进入美好新时代。

# 新华文轩要勇做行业供应链服务先锋[*]

## ——《中国出版传媒商报》记者专访

《中国出版传媒商报》编者按：10月18日，《中国出版传媒商报》刊登了新华文轩董事长何志勇的长篇文章《实体书店发展亟待来一场"行业大分工"》。文章甫一发表，就引起了出版发行行业的极大反响，引发了众多业内人士的关注和讨论。"行业大分工"是在什么样的背景下提出的？它究竟是一种理论设想还是新的行业实践？新华文轩在行业供应链服务业务方面发展如何？究竟能为整个行业带来什么？带着这些问题，《中国出版传媒商报》记者采访了新华文轩董事长何志勇，听听他对行业供应链服务与实体书店行业转型升级之间关系的理解，也带领大家进一步了解新华文轩在行业供应链服务方面的思考与做法。现将采访全文刊登如下，供大家学习参考。

---

[*] 本文原载《中国出版传媒商报》2019年11月15日。

**《中国出版传媒商报》（以下简称"商报"）**：您提到，实体书店需要来一场"行业大分工"，以专业高效的供应链服务，解放实体书店的生产力，促进行业的转型升级。您思考并提出这一理论的契机是什么？

**何志勇**：实体书店"行业大分工"的提出，并不是偶然的灵光一现，也不是没有现实基础的理论探讨，这背后的支撑是新华文轩自成立以来14年的实践探索与经验总结，是对出版发行行业当前实际的市场需求的积极回应，也是文轩核心能力提升到一定水平的自然之举。具体来说，有三个方面的因素促使我们去思考行业供应链服务体系建设的问题。

一是实体书店的实践与思考。新华文轩是从图书发行业起家的，实体书店经营一直是我们的核心业务。近年来文轩实施"振兴实体书店"战略，我们对实体书店的发展有了更多的实践与思考。这几年，我们跟许多实体书店一样，致力于提升书店的形象和颜值，书店面貌焕然一新，读者更愿意走进实体书店了。正当我们为之欣喜之时，我们沮丧地发现，不管书店颜值是高是低、人流量是多是少，有一点是共同的，就是都不挣钱。书店发展不可持续，就不可能有实体书店的真正繁荣。由此我们感到，不断提升颜值的路子，并非一条实体书店发展的正确道路。所以，我在文中提出要跳出就单个书店说书店的思维，要从实体书店商业模式和行业生态建设上去找出路。我们认为，通过实体书店"行业大分工"，打破实体书店"内部一体化"商业模式，构建完备的行业供应链服务体系，重塑实体书店生态体系，让实体书店专注读者服务，使其经营更简单、更专业，经营能赚钱，从而能够实现实体书店的可持续发展。

二是文轩中盘的实践与思考。新华文轩一直有着"成为一家全国性出版传媒企业"的发展初心。早在成立之初，文轩就确立了"立足西部，放眼全国"的发展思路。在跨区域发展布局中，最有代表性的当属文轩中盘的建立。2006年，根据中宣部和原新闻出版总署"希望四川能率先打破区域壁垒，走向全国"的指示，文轩启动了"中盘战略"，希望以此打通全国出版产业链。2008年，新华文轩建立中盘事业部，并移师北京，这标志着新华文轩的渠道建设正式从四川省迈向全国。2009年，文轩中盘建成了按市场自然形成辐射范围的14家区域公司，将出版物批发的触角伸向全国80多个大中城市，形成了较完备的分销、馆配经营和大中专教材销售的布局。虽然文轩中盘的发展最后损失惨重，铩羽而归，但这强化了我们对行业供应链问题的特殊关注和研究。文轩中盘的实践，不管是经验还是教训，都是一笔宝贵的精神财富，让我们有了一个现实案例来深入思考行业供应链的问题。

三是文轩网的实践与思考。虽然之前的种种探索都遭遇了挫折，但这并没有让我们放弃"走向全国"的发展战略。这之后我们将目光转向了互联网，转向了图书电商业务。从2007年"文轩网"上线至今，文轩网高速发展十余年，销售规模从2007年的不到100万元增长到2018年的24亿元，打破了当当、京东、亚马逊"三足鼎立"的传统电商格局，成为"新华系"电商第一。这个变化的背后是新华文轩逐步形成了强大的供应链服务能力。在这种情况下，我们开始思考如何利用好自身已有的优势去开辟新的业务领域，建设行业供应链服务体系的问题。因此，我们把思路从图书电商的 2C 模式中跳了出来，转向了 2B 市场。基于我们已经建立起的优势去服务 B 端的组织和机构，这是一块蓝海市场，市场潜力很大。可以说，文轩"出版物供应链协同平台"的建设，是我们对文轩网发展逻辑的自然延伸，也是"行业大分工"理论的实践支撑。

**商报**：您提到了文轩在中盘业务方面的探索，从文轩中盘到文轩在线，再到现在的出版物供应链协同平台，新华文轩一直没有放弃"出版中盘"。在您看来，中盘在当前的出版发行行业有着怎样的价值？

**何志勇**：虽然文轩在实体中盘的发展上遭遇了挫折，但这并不代表为行业提供服务的"中盘"这一模式和思路是错的。

所谓中盘，就是出版业生产销售供应链中连接上游出版社和下游零售店的大型中间商，也可以说就是行业供应链服务商。在信息化时代，图书批发商已经不再是简单的产品分销渠道，而是信息流、资金流、物流密集交汇的中转站。毫不夸张地说，中盘应该是现代出版物发行活动的中心，组织、引导、控制着图书发行活动，调节着出版物的生产和需求。缺少这一环节，出版物的经济效益甚至社会效益都很难实现。

简单来说，中盘赖以存在的理论基础就是专业分工。按照亚当·斯密的分工理论，要解放出版生产力，就不能让每个节点都承担出版产业链条的所有功能，尤其是市场服务，必须建立一个专业化的市场服务机构，也就是中盘。但在目前，我国还没有形成一个有力的书业中盘，这不能不说是一个遗憾。

如果我们把目光投向国外，就会发现，像日本、美国、德国这些出版强国，都有畅通的出版流通体系和强大的出版中盘。

先来看看日本。日本有多达3000家出版社和1.4万多家书店，这还不包括遍地开花的可以卖书的便利店，销售网点遍布全国各个街道、乡村。但日本的代理销售商很少，只有几十家，可以说日本的图书基本上都是依靠中盘来实现流通，尤其是其中的东贩和日贩两家中盘商，包揽了70%的业务，是支撑日本图书流通的支柱。东贩公司将自己定位于"承担出版社和读者之间的信息沟通，向出版物销售网点提供高效流通服务的专业化企业"。借助先进的管理和信息化能力，东贩解决了出版社发货、销售、货款回收等问题，还不断向出版商提供市场信息和选题方向。另外，凭借着东贩强大的物流和仓储能力，书店可以在不增加营业面积、不增加备货的情况下，实现无限库存的备货销售，这极大地解放了书店的生产力，仅这一点就深受销售终端的欢迎。

美国也是如此。英格拉姆是美国最大的图书中盘商，早在20世纪，它就看到了信息技术的重要性，将自身定位为"产品分销+信息分销"的集成服务商，只做一件事，就是帮助上游出版商把产品更好地推向市场，帮助下游客户购买到更适合的产品。英格拉姆建立起了庞大的书目数据库，便于产业链上游和下游的信息交换。便捷即时的电子订购服务，结合先进的物流平台和高效的配送服务，让书店实现了零库存。进入21世纪，在数字技术的浪潮下，出版商大都没有能力去设计开发一套数字出版解决方案，英格拉姆则通过自身的技术优势和对出版商的全面了解，为出版商提供全方位的数字出版解决方案，使出版商能够把更多精力投注于如何以最佳的方式设计、开发和呈现内容上。无独有偶，英格拉姆和东贩一样，也一直秉承着"帮助客户销售更多产品"的宗旨，专心做出版社和书店背后的服务商。

美国、日本等出版强国的中盘作用对我国出版业的发展是有一定借鉴意义的。当前我国有出版社580余家，有17万多个图书发行网点，在缺少一个强有力的中盘支持的情况下，上游和下游的需求很难精准对接。对书店而言，他们想要得到有针对性的图书内容描述、消费客群画像、营销方案的制定与落实、便捷灵活的仓储和物流等方面的服务，但目前出版社并无多余的精力去满足书店个性化的需求。尤其是当前国有、民营、网络各渠道被分割，缺乏统一的市场布局，图书离开出版社的仓库后，在各级销售处流动，其中，有多少流到消费者手中，还有多少躺在仓库里，都是糊涂账，更不要奢望能从渠道那里得到有价值的选题服务。

基于美日等国的先进经验和我国出版发行业的现状，我们认为，我国出版市场需要一个强有力的"中盘"，这是一个重要的战略方向，新华文轩也一直没有放弃在这个方向上的探索。跨入互联网时代后，随着自身信息技术能力、仓储物流能力等的提升，我们看到了建设互联网中盘的可能性。也就是说，过去我们在地面难以实现的"中盘梦"，在今天完全有可能在空中通过互联网来实现。因此，近年来我们积极投身出版物供应链协同平台的建设，开始向行业供应链服务布局。

**商报：** 中盘对中国出版发行产业的发展意义重大，可是到现在，我们并没有一家真正意义上覆盖全国、有规模和影响力的出版中盘。您认为是什么原因导致了我国中盘的缺失？

**何志勇**：早在1996年，上海新闻出版局副局长陈昕就发表了题为《图书市场呼唤中盘雄起》的文章。此后二十余年间，业界培育、建设大中盘的呼声从未停止过。也是在这期间，中国的图书发行业经历了新华书店的连锁化，以及民营书店的沉浮、国外资本的介入、网络书店的崛起……外部形势的变迁和内部组织结构的变革，无一不对中盘建设提出了新的要求。

但为什么我国一直没有一个强有力的中盘呢？这有很多原因。在我看来，最主要的原因有二，一是体制原因，二是能力原因。

先说体制原因。中盘要对接上游绝大多数出版社和下游绝大多数销售终端，这就需要一个统一开放的出版市场，但由于历史原因形成的行业管理体制，出版业在经营主体上区域分割和所有制分割明显。目前中国几乎每个省都有一家出版发行集团，这些集团具有高度的同质化倾向，他们控制着本地绝大部分出版资源，有着稳定的收益，观念上容易形成比较强烈的区域封闭意识，反对跨区域经营，习惯于耕好自己的一亩三分地。在这种思维下，资源、人才、信息、技术等出版要素的自由流动受到限制，阻碍了统一、开放的出版大市场的形成。

再说能力问题。在能力上，我们缺乏一个横跨全国的强有力的出版服务商。这个强有力的出版服务商，需要有先进的信息管理平台、畅通的信息流通渠道和强大的仓储物流配送服务能力。但回看这些年来我们的出版社和书店，几乎都没有信息管理平台，就算有也种类繁多，没有统一的标准，这导致彼此之间不能共享信息，最终只能造成供给和需求的脱节。新华文轩以前实施过一项名为"凤凰行动"的计划，就是要打破内部信息流通壁垒，但因为信息标准、技术标准、作业标准不统一，该项目遭遇了极大困难。公司内部尚且如此，要连通全国出版社和书店更是难上加难。没有畅通的信息流通渠道，就很难为产业链的上下游提供有价值的服务。另外，我国地域辽阔、地形多样，再加上与西方国家相比较为落后的仓储与物流配送服务，要在全国范围内实现书店零库存，这在以前几乎是不可能的事情。

因此，虽然进入 21 世纪以来，中国出版产业化发展不断迈上新台阶，但中盘建设发展却很缓慢，始终无法出现像英格拉姆、东贩那样辐射全国的大型图书批发中盘。

**商报**：有人说您的"构建行业供应链服务体系"看上去很美，但实现的难度太大，在短期内无法实现。您也提及了中盘建设的种种困难。既然有这么多的困难，新华文轩为什么又要投身于互联网中盘的建设？或者说您的底气何在？

**何志勇**：我已注意到了这些反应。没错，构建行业供应链服务体系的确很难，并不是谁想做就能做出来的。对文轩来讲，打造出版物供应链协同平台并不是空谈理论的嘴皮子功夫，也不是不顾实际地蛮干一气，而是行业外部环境改善和文轩核心业务能力提升到一定水平的自然之举。

先说外部环境。首先，外部环境的改善得益于出版传媒行业的转企改制。党的十六大以来，新闻出版改革发展取得了巨大成就，包括印刷、发行、出版在内的经营性新闻出版单位转企改制的任务基本完成，加之兼并重组和上市融资的步伐加快，出版发行企业新型市场主体地位基本确立，现代企业制度初步建立，出版发行业的市场化程度正在不断提高，从前的行政区域分割就逐渐淡化了。其次，我国图书电商的迅猛发展也使外部环境不断得到改善。从1999年当当网上线，到后来的卓越、亚马逊中国、京东，再到文轩网，图书电商打破了传统图书出版和销售的单一模式，成为现代图书营销最重要的手段之一。大家开始习惯有覆盖全国的销售商的存在，长期形成的区域封闭意识渐渐淡化了，甚至随着资本向出版发行业的涌入，大家也开始纷纷试水跨区域经营，这就给全国中盘兴起创造了一个很好的条件。我们意识到，只要你能遵循市场规律，给上下游提供所需要的高质量供应链服务，那就有成功的机会。

再说我们的核心业务能力。文轩核心业务能力逐渐提升，这让我们有信心去承担"全国中盘"的重任。作为"新华系"的第一电商，新华文轩在做强做大国有图书电商的过程中，选择了一条最为吃力但也最为坚实的道路，那就是不断提升自身的能力。文轩致力于服务行业的底气来自以下几方面：

一是文轩电商丰富的经验。我们在互联网渠道开拓能力和互联网产品营销能力上狠下功夫，很快实现了单渠道经营向网络连锁多渠道经营的战略转型，建立了高效率、广覆盖、精细化的图书营销传播体系，历年"双11"的优秀成绩单就是这些基本能力的最佳体现。新华文轩还先后荣获国家新闻出版总署颁发的"数字出版转型示范企业"、商务部颁发的"电子商务示范企业"等荣誉称号。2018年，作为两家国有大型骨干电商企业之一入选中宣部"1+2+X"国有网络书店规划。文轩已成为全国新华书店互联网转型的标杆。

二是文轩强大的仓储物流配送能力。为支撑全渠道网络连锁经营，文轩持续推进供应链能力建设，建立了覆盖全国、适应多业态的三仓物流体系，包括以产地物流和区域销售为定位的天津仓和成都仓、以区域销售为定位的无锡仓，总面积约30万平方米。在库品种从5万个扩充到80万个，全年新出版20余万个品种均可在所有销售渠道同时发布、上架、销售，物流配送能力实现全国70%的城市次日达，比肩国内一流电商水平。

三是文轩先进的技术能力。早在2005年，新华文轩就上线了ERP信息系统，2017年又进行了大规模升级。回望过去的14年，以SAP为核心的ERP系统有效支持了新华文轩各个业务板块的快速发展。2016年，为了提升供应链服务能力，新华文轩与全球排名第三的企业应用软件提供商Infor公司签署战略合作协议，开发物流应用技术，优化电商物流作业流程，提高企业信息化、标准化、智能化水平。Infor WMS上线后体现出巨大价值：每天可处理100多万个SKU和10多万笔订单；高峰时段的任务处理能力提升50%，错误率降低40%；整体运营效率提高20%，劳动成本降低20%。物流运作差错率更是低到万分之三以下，远低于万分之六的行业平均水平。这些核心业务能力的提升，为我们建设出版物供应链协同平台打下了坚实的基础。

实际上，不单单文轩在致力于行业供应链服务，当前很多同行也已经意识到了这点，开始在往这个方向发力。可以说在图书行业供应链服务方面，开始逐渐形成这样一个共识：在区域壁垒不断瓦解、资本不断涌入、信息技术不断发展的当下，我们呼唤已久但迟迟还未出现的"中盘"快要破茧而出了。

**商报：**文轩出版物供应链协同平台与原来的中盘有什么区别？能详细介绍一下文轩出版物供应链协同平台的具体情况吗？

**何志勇：**十多年前，文轩想做全国的中盘，但铩羽而归。2016年，我们对文轩中盘进行战略调整，将其作为文轩出版面向全国的经销商，作为文轩本版图书与全国书店的桥梁。实际上，现在再叫中盘已经不合适了，只是沿袭了过去的名称而已。文轩要打造的真正的中盘，是基于互联网技术的出版物供应链协同平台。如果与过去的名称相呼应，可以叫"互联网中盘"。前后两者的区别，在于实现"中盘"这一愿景的思路、模式、方法都不一样了。

原来中盘的发展思路是靠人海战术；现在的发展思路是依托互联网技术。原来中盘的组织模式是网点经营；现在的组织模式是平台经营。原来中盘连接客户的方法是到处开分公司、"跑马圈地"，通过大量的网点连接出版社、书店；现在连接客户的方法是通过互联网连接全国的客户，甚至包括非书业务的客户。所以，中盘还是那个中盘，因为都是基于分工理念，都是基于服务行业的愿景；中盘又不是那个中盘，因为建设中盘的思路变了，模式变了，方法变了。

2015年，新华文轩再次介入行业供应链服务业务，利用已有的供应链资源，发挥渠道、物流、技术等核心能力，打造了一个服务于出版发行业所有参与者，涵盖从研发、生产到销售全供应链环节的网络服务平台——出版物供应链协同平台。这个平台是国内首个在国家图书信息交换标准的指导下，基于云计算、大数据、互联网等技术，面向出版发行业全产业链的全国性网络云平台。

从"行业大分工"的角度来看，出版物供应链协同平台是一个服务于行业的后台系统，通过B2B2C模式，在产品市场发布、产品采购和供应、营销组织、商品配送等环节，帮助B端共同服务好C端，真正打破实体书店"内部一体化"商业模式。通过连接上游的出版单位和下游的发行网点，通过聚合遍布全国的图书经营者，出版物供应链协同平台形成了多主体参与、线上线下融合、有渠道纵深的新的立体化营销体系，以协同发展思路开展面向行业的供应链赋能业务，为图书经营主体提供商品、物流、信息系统、大数据、营销支撑、信用金融化等全方位服务，辅助解决行业上下游信息不通畅、退货多存货多、图书适销匹配难等问题。说简单一点，这个出版物供应链协同平台就是一个基于互联网的图书中盘。

为了真正发挥图书中盘的作用，我们始终以市场化的方式建设供应链协同平台。首先做到行业全环节、全业态覆盖。我们坚持以行业信息标准为基础建立信息服务体系，对出版、印刷、发行各环节企业提供服务，支持大众图书实体零售、电商零售、图书馆业务等各类业态的行业服务。其次做到全品种、全地域覆盖。以全品种供应和覆盖全国读者的现代化物流为基础，形成现代流通体系。最后还要做到全开放、全自主运行。作为技术先进、规则完善、服务全面的第三方开放平台，各企业与平台自愿合作，自主决定是否参与、如何参与平台，通过市场机制不断促进和完善平台的功能和服务，以期实现更好的社会效益和经济效益。

那么，在出版物供应链协同平台上，销售终端能得到怎么样的专业服务呢？简单地说，就是完善的信息服务，快捷柔性的物流配送服务，全面的商品组织服务，智能的数据服务，强大的营销支持服务。

目前，出版物供应链协同平台已累计为上游1623家供应商提供服务，累计发布商品信息210万条，月均更新品种2万余条，月均订单近7万张，月均码洋约5亿。此外，平台还覆盖了下游实体书店及馆配商392家，实现川渝地区全覆盖，辐射陕西、内蒙古、新疆、广东、云南、北京等24个省、自治区、直辖市；覆盖网络书店近400家，涉及天猫、京东、当当等电商平台和大V店、腾讯视频等新媒体电商簇群。通过出版物供应链协同平台，出版单位在发布新书时只需一次性发布，下游客户在第一时间就可掌握新书出版情况，并能及时掌握各地区的采购情况、库存分布和销售状况。这个平台极大提升了图书采购和供应的效率，将原本平均七天的采购效率缩减到平均两天。互联网方式下的订购和订单管理，大大提升了商品流通效率。更让人欣喜的是，通过平台提供的供应链资源协同服务，让近800家电商、实体零售商、馆配商具备了百万种商品的供应能力、全国快速到达的电商物流能力以及基于大数据的品种经营能力。

**商报**：从目前的平台实际运营来看，已有通过专业分工给实体书店带来显著变化的情况吗？

**何志勇**：出版物供应链协同平台对实体书店的支持案例不仅有，而且非常多。这里我简单举几个例子。

一个是新华书店的案例。内蒙古新华是较早和我们平台合作的新华书店。2018年开始合作以来，从最初四家试点门店，经过一年的合作，扩展至80家门店。入驻文轩供应链协同平台后，一是在品种数量上，能够及时掌握全国上千家出版单位的新品情况，还可在80万个在库品种中任意选品，可经营的品种范围更多了；二是在选品上，能够得到线上线下、多渠道集成的大数据支持，选品质量更高了；三是物流速度更快了，从图书出版到门店陈列，平均为9天时间。

再一个是民营书店案例。很多读书人都有一个开书店的梦想。在以前，不懂选品、陈列、营销等中台、后台业务，开书店的梦想是很难实现的。但现在不同了。在新疆库尔勒有个叫聆壹阁的书店。创始团队对选品、陈列等图书经营缺乏经验，要是在以往，这个书店很有可能开不起来，但与新华文轩的平台合作之后，在平台的支持下，迅速完成了选品和上架，在很短的时间内顺利开业。在平台解决了供应链服务的后顾之忧的情况下，其团队专注于营销创新，通过丰富多彩的阅读活动，半年就实现盈利，团队有了信心，书店面积也从900平方米扩大至2000平方米。

还有西宁的几何书店，也是新书店、独立书店。创始人毕业于美术专业，从群艺馆出来创业，怀着普及大众文化的梦想，但是投入大、建设周期长的供应链体系让其望而却步。与文轩平台合作后，一切都迎刃而解。短短两年时间，从位于西宁的一家店，快速发展为上海、武汉、成都、合肥、南昌的连锁书店。其西宁店开业仅几个月就成了青海省的文化新坐标。

刚才说的都是不那么知名的书店，下面要说的这个书店则大名鼎鼎，那就是钟书阁。今年5月21日，我们与上海钟书阁签了一个战略合作协议，解决的就是供应链问题。正如上海钟书阁董事长金浩所言："如果为了这几十家书店单独去建供应链，成本太高了。因此，希望依托文轩在线的供应链系统，为钟书阁提供供应链服务支撑。"

通过这几个案例，大家的认识可能会更加直接。文轩出版物供应链协同平台正在做的事情，就是让各类实体书店的经营更容易，效率更高。

**商报**：文轩出版物供应链协同平台取得成绩不是偶然的。下一步，文轩出版物供应链协同平台会朝哪个方向努力？

**何志勇**：建设行业供应链服务体系不是一蹴而就的事，它是随着社会经济、技术发展不断完善的一个过程。尽管文轩出版物供应链协同平台取得了一些成绩，但还远没有成熟完善。目前，文轩出版物供应链协同平台提供的服务价值还不够细致，不够专业。我们的信息利用率还不够高，数据样本还不够丰富，对流通信息的商业智能分析还处于初级阶段。我们要继续坚持分享、共赢的发展理念，按照开放、合作的发展方式，积极与社会融合，发展商业智能，不断提升对于客户的价值。

互联网经济的一个重要特征在于网络效应——越多人用越好用，越好用越多人用。实现网络效应的方式在于连接，连接越多，价值越大。对于出版发行行业，不管你是做出版、做流通，还是做销售，都需要与社会有更多的连接。连接既有技术连接，也有商业连接；既有垂直产业的连接，也有横向产业的连接。按照"行业大分工"的趋势，我们要加快推动出版物供应链协同平台建设，占据供应链服务的行业制高点。我们要通过开放协作，顺势而为，与社会其他行业、其他资源融合，切实解决实体书店行业目前面临的各种问题。

**商报：**新华文轩在行业供应链服务方面，不单单是理论构想，而是真正落地实践。您认为文轩出版物供应链协同平台会为我国出版发行业带来什么影响？

**何志勇：**文轩出版物供应链协同平台是全国首创，是传统中盘业务"万马齐喑"时的不屈探索。在我看来，它的出现对出版发行行业来说有这么几方面的意义：

一是引导我们重新审视固有思维路径。最近我们常看到一句调侃：打败这家方便面的不是另外一家更好的方便面，而是外卖。如果你仔细琢磨，这句调侃背后其实道出了一个真相，那就是我们往往会陷入固定的思维误区。就实体书店来说，在实体书店发展遭遇瓶颈时，我们更多地将思考重心放在了面向终端客户的消费性服务业上，整个行业在理论上关注、研究最多的是如何改善对读者的服务，在实践上提出的解决办法也更多是如何通过提升书店的形象、引进不同的经营业态来提高实体书店服务水平，以吸引读者的回归，但对生产性服务业却缺乏应有的重视，这就造成了实体书店行业的金融、数据、物流、设计等第三方服务长期落后，这在很大程度上制约了实体书店走完文化服务"最后一公里"的能力。通过出版物供应链协同平台，我们力图为业界固有的思维模式撕开一道口子，打开一扇窗户，让我们在更开阔的视野中来思考问题，让大家更多去关注和重视生产性服务业在出版产业中的发展。

二是为出版中盘的发展积累经验。前面说过，到现在为止，我国还没有出现一个强有力的中盘，但这并不代表中盘这个模式不正确。恰恰相反，我们需要中盘，但因为种种原因，之前的种种尝试都不尽如人意，没有取得我们期望的效果。现在，新华文轩凭借自己曾有的探索，以及完备的核心业务能力，开始又一次向中盘发起冲击，这是国有文化企业的责任担当，也是引领行业发展的使命使然。出版物供应链协同平台的发展，将再一次将大家的目光聚焦在供应链服务上，也将为我国出版中盘的发展提供案例，积累经验。

三是重塑出版发行行业生态。推进"行业大分工"，就是要加快发展整个行业的生产性服务业，通过前台、后台业务的分离，推动开店要素提供者、解决方案提供者、生产服务提供者和最终产品服务提供者等组成一个完整的行业生态体系，实现整个行业的良性运转。出版物供应链协同平台将改善实体书店的整个生态链，对书店、出版商和读者三个层面进行价值重构。对于实体书店而言，后台系统提供了一揽子专业服务，让书店的经营更加聚焦，轻装上阵；对于出版商而言，自己的书会出现在合适的书店，销售数据会及时全面地反馈回来，以精准的数据指导选题策划与营销，帮助出版社实现更高效的运营；对于读者而言，更好的阅读服务体验成为可能，对全体读者来说，多元文化消费需求也能得到更好的满足。

四是提供实体书店转型升级的破局之法。通过文轩出版物供应链协同平台为实体书店提供后台服务的示范，可以带动全国更多的有条件的出版发行企业进入实体书店后台服务领域。经过市场竞争，最终会形成一批有实力、有能力的供应链服务商，这是支撑我国实体书店发展的强有力的"中盘"。有了这个新时代的中盘服务，实体书店就能够从繁重的后台业务中解放出来，专注于前台读者经营。一旦实体书店都把精力放在为读者提供更好的服务上，以更加专业的方式吸引读者、"黏住"读者，就会在激烈的市场竞争中创造出更加多样的书店业态，就会产生我们今天意想不到的实体书店经营之道。行业供应链服务体系建设，为实体书店发展创造了更多的可能，为实体书店的转型升级提供了新的解法。

  对出版发行行业来说，针对全行业提供的专业供应链服务才刚刚开始。我们深知，服务永无止境。对新华文轩来说，立足行业现状、树立大局眼光、着眼时代发展、满足市场需求，这应该是我们前进的方向，也会是正确的方向。我们将秉承对出版的敬畏、对文化的珍视、对读者的亲近，优化提升阅读服务，为行业的转型升级作出自己的贡献，不断推动社会主义文化走向繁荣兴盛。

# 实施"三多"策略，
# 开创振兴实体书店新局面[*]

## 一、文轩实体书店建设走上了正确发展道路

2016 年，甘霖部长提出了"振兴实体书店"的战略发展要求。作为我省文化产业发展的龙头企业，做好振兴实体书店工作，擦亮"新华"品牌，是新华文轩义不容辞的职责。为此，2017 年，我们站在履行社会责任、谋求产业发展的高度，谋划实体书店振兴发展工作，在对自身优势和行业趋势进行全面分析的基础上，找到了一条适合文轩特点的实体书店建设、发展之路。

一是对零售连锁事业部的定位和要求更加明确。我在前年调研时就给零售事业部提出了要求，就是四句话——"履行责任，扩大影响，增加规模，不拖后腿"。零售事业部去年按照这个要求去做，工作取得了显著成效。

做好书店业务是我们的责任。新华文轩，起点在书店，形象也在书店。如果书店没有办好，就是我们的失职。作为国有文化企业，履行社会责任是我们最重要的工作。不论你赚了多少钱，如果社会责任没有履行到位，钱再多都没有用。老实说，过去我

---

[*] 本文摘自 2018 年 3 月 26 日在文轩零售连锁事业部 2018 年度经营工作会上的讲话。

们的行业影响和社会形象不尽如人意。在系统内，很多省新华书店的业务做得比我们好，来文轩交流学习借鉴的单位，越来越少；在系统外，来成都开设的各种书店越来越多，形态越来越好，这使文轩的社会影响力有所下降。这两年，我们采取了多种举措，状况有所改观。履行好责任，就需要有好的形象，就需要扩大社会影响，这是相辅相成的。

推动书店发展，需要扩大规模。规模在扩大，说明我们在发展。规模没有什么变化，说明发展缓慢。从文轩内部来说，零售连锁事业部是人员最多的业务板块，门店发展好不好，关系到公司的整体发展，所以我们要求不能拖后腿。只有不断进取，不断发展壮大，才能在文轩产业格局中有零售队伍的应有地位。如果我们的事业越做越小，越做越亏，你说这个业务板块能有多高的地位呢？问题还在于，有那么多新开的民营书店，难道都是在持续亏损？他们能做好，难道我们就做不好？这些问题，连外行都会问。

二是"三个转变"见到了实效。去年我们提出了要在观念、思路、做法上实现三个转变，希望走一条适合文轩特点的实体书店发展之路。

转变观念，就是要把振兴实体书店放在与振兴四川出版同样重要的地位，举文轩之力推动实体书店的建设发展。发挥文轩作为振兴实体书店的主力军和责任主体作用，重新审视过去的思路和做法，用好政策，抓住资源，广泛合作，谋求实体书店的大发展。

转变思路，就是从文轩发展战略、社会责任的层面研究发展思路和举措。一是对考核指标做出调整，抓住机遇，推动中办、国办《关于推动国有文化企业把社会效益放在首位、实现社会效益和经济效益相统一的指导意见》落地，从根本上解决上市文化企业经济指标增长考核压力越来越大、实体书店建设投入乏力、可持续发展能力不足的难题；二是主动联系和衔接各级党委、政府，把实体书店建设纳入政府公共文化服务体系建设规划中，发挥实体书店在文化惠民、文化繁荣发展中的独特作用；三是积极探索把实体书店建设与商业地产发展结合起来，抓住当前城市与房地产建设中注重文化品位的机遇，把城市文化地产建设与文轩实体书店建设协同起来，尤其是推进集团的文化地产与文轩书店业务融合发展。

转变做法，就是要通过高端、中端、大众等多品牌建设和运营，满足不同层次大众阅读消费需求，应对激烈的市场竞争。"多品牌"的建设，必然需要"多团队"来经营。要在多团队之间保持适度竞争，激发内部发展的活力。同时，要探索采用资本介入、团队持股等体制机制创新，解决经营团队的活力、动力问题。

三是"三个依靠"为我们发展零售门店事业提供了有力抓手。"三个转变"要落到实处，最大的体现，就是"三个依靠"，即"依靠党委、政府，依靠市场主体，依靠资本力量"。为什么我要用"依靠"二字，就是要求我们要在这三个方面，花大力气，才靠得住，不然，就靠不住。过去我们最大的问题在于，把实体书店建设完全捧在自己的手里，缺乏开放合作的观念和方式。文轩BOOKS九方店给我们带来了一个突破。大家终于相信，"三个依靠"是有可能的，也是靠得住的。目前尽管这"三个依靠"还没有完全见到实效，但已经为我们带来了新的面貌。

依靠政府，其实就是要用好前不久中央11部委出台的关于推动实体书店发展的政策。我们要切实抓住党委、政府推动和完善公共文化服务体系建设和文化惠民工程，支持实体书店发展的重大机遇，把国家支持实体书店发展的政策与文轩振兴实体书店的内在要求结合起来，形成振兴实体书店的合力。

依靠市场，就是要抓住市场发展机遇，用好社会力量，通过市场化运营，寻求合作伙伴，以合作减轻我们在实体书店建设中资产性投入的压力，同时让更多的人、更多的资源投入到实体书店建设中来。

依靠资本，就是要利用资本的力量和手段，促进实体书店快速发展、创新发展。过去我们习惯于独家开设书店，对书店建设的投入大包大揽。我们要在转变观念中，寻求用资本的方式来推动实体书店发展，不仅在资源投入上要借助资本的力量，而且在体制机制改革中也要通过社会资本的参与来建立更加有效率的管理体制和长效机制。

## 二、振兴实体书店成效初步显现

2017年，我们以"三个转变"和"三个依靠"为工作指导，措施得力，扎实行动，全面推进实体书店建设，密集实施了一批建设项目，打造全覆盖、多层次、多品牌、多业态的现代阅读服务网络体系，取得了良好的经营业绩。可以说，2017年是振兴实体书店初见成效之年。

一是完成经营目标。2017年零售事业部出版物总销售码洋达到7.13亿元，同比增长3708万元，增长率为5.48%，图书零售增幅高于全国平均水平，高于开卷公司发布的同期线下渠道增长率

（2.33%），实现了较高的增长速度。这个表面看起来并不高的增幅，在我们看来却特别不容易，具有标志性的意义，传统门店图书零售结束了连续两年的负增长，实现了恢复性增长。

二是创新经营模式。我们与中航九方购物中心合作，采用"阅读+地产"模式，打造了高颜值、复合型文化消费场所——文轩BOOKS九方店。这个店对文轩实体书店建设具有标志性意义，在多方面做了新的探索，树立了文轩的新形象，让文轩站上了实体书店建设的制高点。同时国学书店"格致书馆"、宜宾购书中心、新眉山书城、郫县百伦书店等一大批书店相继开业，形成重点突出、多点开花的新局面，推动了全省实体书店建设的整体发展。

三是履行主渠道社会责任。圆满完成了党的十九大文件及学习辅导读物、《习近平谈治国理政》（第二卷）等时政类读物在四川地区的出版发行任务。零售事业部高度重视这项政治任务，与出版、印刷、在线、物流等业务板块协同作战、形成合力，打赢了这场攻坚战，使时政读物销售过亿元，主题出版物销售位列全国前列。

四是创新阅读服务模式。通过书香天府全民阅读"七进"活动，在全省开展了七千余场各类阅读活动，极大地提升了新华文轩的品牌影响力。在助力全民阅读活动开展的同时，零售业务也取得了可喜的成绩，显现出文轩服务阅读的新能力。

五是文轩实体书店"多品牌"体系架构初步显现。零售事业部认真贯彻文轩实体书店建设要走"多品牌"之路的要求，新华文轩、文轩BOOKS、轩客会、读读书吧、kids winshare、文轩云图智能书店等子品牌构成了新华文轩实体书店新的结构体系。其中，文轩BOOKS获得"中国最美书店"、中新协"年度最美书店"、今日头条"2017流量ICON时尚文化空间品牌"等政府、行业、媒体各类奖项20多项，形成了较大的社会影响力。

六是文轩云图智能书店走在行业前列。文轩云图智能书店和共享阅读，从技术储备到研发应用都走在了行业前列，得到了各级领导的肯定和读者的好评。亮相国家"砥砺奋进的五年"大型成就展，受到中宣部专门表扬；最近又被邀请到北京两会现场，为两会代表服务，取得了很好的社会效益。同时，文轩云图智能书店在北京市石景山区开始经营性落地运行，在成都、德阳等地城区以政府购买服务的方式开始产业性试点运行。这种以"文化＋科技"的方式重新定义智能书店，是令人欣喜的开端。

2018年1月8日下午，省委常委、宣传部部长甘霖同志到新华文轩调研实体书店发展情况，对新华文轩近两年来有效贯彻振兴实体书店战略部署，站在履行社会责任、谋求产业发展的高度，推进实体书店建设所取得的成绩给予了充分肯定。

## 三、以"三多"策略推动实体书店建设再上新台阶

2018年是文轩振兴实体书店的关键之年。"书店还是那个书店，书店已不是那个书店。"我们要在变与不变中找准我们工作的着力方向。

### （一）对标发展

过去较长一段时间里，由于多种原因，我们在门店建设上有

很多欠账，与全国先进的新华书店相比，在书店数量和质量上都有所欠缺，相比之下我们落后了。因此，我们要通过对标发展，在振兴实体书店的大潮中谋求赶超。

一要对准全国一流的企业，找差距，定目标。要通过与国内外先进企业对标，研究竞争对手，研究行业变化，找差距，添措施。要研究新零售对实体书店的新要求，研究用户需求，为不同的阅读群体量身打造不同的阅读产品和服务。

二要继续把振兴实体书店摆在与振兴四川出版同等重要的位置，加大对实体书店建设的支持力度。要从公司层面增添措施，调动资源，各相关部门和业务环节要协同配合，帮助解决书店经营中遇到的困难。要加强零售人才队伍建设，制定科学考核机制，逐步解决当期利润增长与书店建设投入之间的矛盾。要对新开门店给予一定的培育期。在把坚持社会效益放在首位的前提下，努力实现两个效益的有机统一。

### （二）创新发展

振兴实体书店，必须创新。鉴于文轩实体书店的现状，用传统的老办法，很难有大的发展。因此，创新发展才是振兴文轩实体书店的希望之路。我们要在前年提出的"三个转变"和"三个依靠"的基础上，在原来提出的"多品牌、多团队"的基础上，增加一个"多"，就是"多模式"。这就是我们要强调的"三多"策略。

前两年，我们提出文轩门店要通过"多品牌、多团队"建设，来完善实体书店网络布局，形成文轩实体书店新的格局。过去，文轩门店形象单调，品牌单一，高端不高，低端不低。这种格局难以适应今天读者多层次的需要，因此，我们必须用"多品牌"的方式，来满足读者多层次的需要。同时，文轩实体书店面临的竞争对手也是多层次的，单一的文轩书店品牌，也难以应对多层次的竞争，因此，也需要用"多品牌"来应对不同书店的竞争。

文轩书店要走"多品牌"之路，必然要求多个团队来经营不同层次的品牌书店。过去那种与单一品牌相对应的大一统的经营团队，不可能做好不同层次品牌的经营。专业化的经营，要求有专业化的团队来运营。"多品牌"建设，必然要求"多团队"运营。

要做到"多团队"运营，就不能用一个模子来套不同的经营团队。"多团队"运营要求各个团队相互之间有不同，有竞争；否则就是单一团队，"多品牌"也就难以形成，团队的内在活力就不能释放。不同的经营团队，必然要求以不同的模式来搭建，采取多种模式来运营和管理。因此，"多团队"运营，必然要求"多模式"发展。

通过"多模式"来发展实体书店，对振兴实体书店具有重大意义。一方面有利于广泛利用外部资源，推动合作，创新方式，以更加多样的措施，聚集更多的社会资源，共同来振兴实体书店；另一方面有利于内部经营机制创新，充分利用文轩各种优势，探索多种增强内在活力的方式，创造出新的、更加有效的实体书店建设模式。

### （三）精细发展

实体书店是靠管理求生的行业。门店管理、员工管理、产品管理、形象管理、品牌管理等，无不要求我们精益求精。我们在振兴出版中提出了精准出版、精细出版、精品出版的"三精出版"理念。这个理念也适用于文轩卖场业务。我们要做到项目精准、管理精细、服务精品。甘霖部长在调研时特别强调，振兴实体书店是系统工程，既要顶层统一规划，又要底层管理到位；要把公司理念传递到末端，传递到门店基层员工，要将传统门店营业员转化为新零售推销员；要实施精细化管理，着手制定零售事业部的人才发展计划，聚焦阅读服务的能力培养，选拔一批真正优秀的业务骨干，形成可持续发展的人才梯队和运营能力。

管理精细，服务精品，关键在人。从单一的售书到多元化经营再到文化消费体验，书店承载的功能在悄然改变，对员工的素质也提出了新的更高的要求。零售事业部实施"厉害了，我的伙伴"选品师培养计划，就是聚焦阅读服务选品、陈列、推荐三大核心能力的建设，通过比赛涌现人才，通过竞争选拔人才。这是一个非常好的开端。

# 推动馆店融合发展，建设阅读服务新高地*

## 一、融合发展是图书馆与书店的历史要求和共同使命

图书馆与书店是一个国家最重要的文化基础设施，承担着传播文化、传承文明、传递知识的重要使命。服务读者、服务阅读、服务文化消费是图书馆与书店的共同责任。

1972年，联合国教科文组织向全世界发出了"走向阅读社会"的倡议，1995年又宣布每年4月23日为"世界读书日"，希冀散居在全球各地的人们，都能享受阅读带来的乐趣，都能尊重和感谢为人类文明作出贡献的文学、文化、科学思想大师们，都能保护知识产权。今年，我们迎来了第23个世界读书日，全世界100多个国家都在以不同的方式举办各种阅读活动，庆祝这一人类共同的节日。中国以纪念世界读书日为标志，广泛开展全民阅读活动，已走过了12年的历程。在此背景下，服务好大众阅读、满足阅读需求，就成为图书馆和书店的共同课题。

随着时代的发展，图书馆与书店的功能已从满足基本阅读需

---

\* 本文摘自2018年5月28日在"丝绸之路国际图书馆联盟成立暨'阅读·城市·文化'图书馆、书店融合发展学术研讨会"上的主旨演讲。

求，向满足阅读文化消费需求和提供知识服务升级。一方面，随着互联网技术的普及，内容生产空前繁荣，信息量剧增，人们获取有效信息和系统知识的难度加大；另一方面，随着人们对高品质生活的追求，对知识和信息的需求量越来越大。长期以来，图书馆存储图书文献供人们查阅使用，书店陈列图书供人们阅读购买，二者关注的重心不是"人"，而是"物"。随着社会的发展和技术的进步，人们获取信息的方式越来越便捷，渠道越来越多。因此，图书馆和书店要将关注的重心从"物"转移到"人"，不仅要关注图书资源的有效传承和高效流通，更要关注为我们的阅读服务对象"人"提供了什么价值。正如纽约公共图书馆馆长安东尼·马克斯所说："我们要把地上区域给人使用，而不是用来储藏图书。"

以上这些是图书馆和书店共同面临的问题，但又不能靠自身力量去很好地解决。基于图书馆和书店在新时代面临的共同使命和责任要求，融合发展便成为不二之选。

## 二、推进馆店融合发展，不断提升阅读服务的层次与水平

图书馆与书店作为阅读文化服务主体，有一个共同的发展目标，就是提升服务阅读的层次与水平。进入互联网时代，人们的阅读方式发生了很大的变化，阅读需求也呈现出多样化和个性化，传统的图书馆与书店面临着越来越多的新挑战。在这种情况下，图书馆与书店只有跨界合作，走融合发展之路，打造阅读服务共

同体，切实解决单一图书馆和书店的问题，才能与新经济的特征对接起来，进而有效提升阅读服务的层次和水平。推进馆店融合发展，需要从三个方面着力解决所面临的问题。

1. 推进馆店融合发展，完善阅读服务体系。目前阅读文化服务体系还存在很多不足，公共阅读服务设施一般都是孤立运行，图书馆、文化馆、书店各有自己的体系，即使在同一系统内部也主要注重单体设施建设，没有从服务对象的角度去统一配置服务资源，使这些设施成为一个个"孤岛"。单体阅读服务设施可以建得很高大上，单一机构也可以把服务搞得有声有色，但不成体系，没有互联互通，这就很难承担起全民阅读服务的重任，提升阅读服务的层次和水平。我们要从唱独角戏的发展模式中跳出来，通过馆店融合搭建统一的阅读服务平台，提升服务公众阅读的层次与水平。

2. 推进馆店融合发展，创新阅读服务模式。提升阅读服务的层次与水平，不仅要创新阅读服务产品，还要创新阅读服务模式；不仅要做"有"的创新，更要做"无"的创新。目前，图书馆和书店作为各自独立的服务主体，在开展阅读服务过程中，往往呈现出服务产品单一、服务模式僵化、服务标准初级、服务绩效低下等问题。面对这种情况，我们要推进馆店融合发展，集聚双方的资源优势、空间优势、品牌优势和专业能力优势，打造"1+1 > 2"的融合发展核心能力，提供更高水准的阅读服务，创造出阅读服务的新业态、新形态与新模式，将馆店双方融为一体，合二为一，形成"你中有我、我中有你""互联互通、资源共享"的阅读服务新生态。

3. 推进馆店融合，提升阅读服务能力。互联网的发展催生了新的阅读消费群体，新的消费群体又产生了新的阅读消费行为和阅读消费习惯。要满足新零售、新经济形态下的个性化阅读消费、体验性阅读消费和价值性阅读消费，图书馆和书店必须不断改变观念、提升能力，通过融合发展，实现在阅读产品和服务的提供、阅读场景的打造、新技术的运用等方面的能力提升。

## 三、推进馆店融合发展，选择有效发展路径

文化消费市场的发展和全民阅读活动的开展，使图书馆与书店的融合发展成为一种趋势和潮流，人们在不同的区域用多种多样的方式进行着探索和创新。总结这些探索和创新的经验，可以从以下几个方面去思考和选择有效的发展路径：

1. 通过图书馆与书店的服务空间融合，拓展服务范围。图书馆与书店的服务空间融合，目的是要建立一个书店和图书馆的共同体，二者不仅要在物理空间上共存，更要在服务方式上共生。馆店空间融合，既是线下的，也是线上的。一方面，双方通过场景互置嵌入，引入对方资源，关联文化品牌，在阅读分享活动、文创产品销售、阅读服务提供等方面与图书产品融合，共处一区，树立起图书馆和书店新的服务形象，丰富服务内容，给读者带来更广阔的阅读文化享受；另一方面，通过网络空间的融合，将各自网站、微信、APP等网络服务进行系统对接，让书店与图书馆真正成为共生共长的有机体，为读者提供更高品质的阅读文化服务。这方面的案例有：四川省图书馆与新华文轩合作的"馆中

店"——文轩读读书吧，成都市图书馆与文轩BOOKS合作的"店中馆"——城市阅读空间，安徽新华书店与安徽铜陵市图书馆、安徽职业学院图书馆融为一体的"综合阅读文化空间"等。

2. 通过图书馆与书店的阅读活动融合，丰富服务内容。开展多元化的阅读文化活动，需要更加丰富的阅读服务产品。图书馆和书店为读者服务，不能"一借了之"或"一卖了之"，还应该通过开展丰富多彩的阅读活动，搭建作者与读者、专家学者文化名人与读者、出版者与读者沟通交流、互动分享的平台，提升阅读活动产生的参与度与幸福感。这就需要改变传统的馆"借"、店"卖"的服务模式，激发读者的阅读兴趣和参与意识，营造更加浓厚的阅读氛围，培养大众良好的阅读习惯，真正使阅读成为一种生活态度和生活方式。在世界读书日，各地图书馆和书店联合开展的阅读活动就是很好的实践。

3. 通过图书馆与书店的信息系统融合，实现互联互通。互联网时代是以用户体验为核心的大数据时代。近年来，图书馆和书店各自在利用互联网、物联网等新技术为读者提供精准服务方面，做了大量工作。当下，推动图书馆和书店的融合，需要打通数据壁垒，消除信息孤岛，建立统一的阅读服务云平台。通过新技术的应用，一方面可以实现购书、借书和还书等线上线下一体化的服务，进一步扩大服务空间范围，满足读者的个性化需求；另一方面，借助大数据技术，还可以对读者的购、借、阅行为数据进行分析，为图书馆的馆藏结构改善、书店阅读产品和服务的组织提供依据，推动服务方式的变革，以等量的阅读资源服务更多的阅读群体。内蒙古新华书店与内蒙古图书馆推出的"你读书，我买单"的"彩云模式"和"鸿雁阅读"、四川文轩云图推出的集"借、购、还、查、引"于一体的 24 小时智能书店等，都是可圈可点的典型案例。

4. 通过图书馆与书店的服务理念融合，打造阅读服务共同体。在传播人类文明的历史进程中，图书馆和书店有着天然的亲近性，扮演着相同或相似的角色。一方面，二者都是图书文献提供者，都以读者为服务对象，都注重对阅读氛围的营造，实体书店"以人为本"的服务理念，与图书馆所倡导的"读者至上"也颇为相似。另一方面，图书馆的藏书结构和网点布局，又与书店存在着差异性，这种差异构成了二者的互补性。这种相同性与互补性，就是馆店融合发展、共建阅读服务共同体的坚实基础。面向未来，图书馆与书店要进一步发挥双方的互补效应，以读者为中心，以提供更高品质的阅读服务为导向，重新定义双方共同的服务理念，制定共同的发展愿景和目标，联合上游出版单位和社会机构，推进文献资源选择、信息系统构建、人力资源建设、阅读品牌打造、服务模式创新、业务流程再造等方面的深度融合，共享共建，打造阅读服务共同体。

## 四、推动馆店融合发展，建设阅读服务新高地

图书馆和书店在历史基因、功能特点、服务对象、技术应用、场景设置等方面，都有着共通性、一致性。随着互联网经济的发展，阅读文化消费市场变化日趋多元。新零售催生出泛零售和无界零售形态，书店以多品牌、多形态呈现，已经随处可见；新阅读催

生出泛阅读和无界阅读，图书馆也以不同形态和方式服务于读者。未来，对图书馆和书店的融合发展，我们可以这样描述：你中有我，我中有你；功能叠加，互联互通；资源互动，信息共享。

我们要通过图书馆与书店的融合发展，推动建设阅读服务新高地。这个高地有两个显著的特点：一是馆店融合发展云平台，通过这个平台打通图书馆之间、书店之间、图书馆和书店之间的信息孤岛状态；二是社会大阅读服务体系，构建从出版（内容供给）到发行（内容、服务传输传送），到图书馆、读者（内容使用、分享、收藏）的社会大阅读服务体系，形成阅读文化消费供应链。

馆店融合发展是一项长期的任务，是一个系统性工程，需要馆店双方的共同努力，需要有一个好的顶层设计和规划，需要一个开放多元的平台。衷心希望有越来越多的馆店融合发展的成功案例呈现出来！

# 推进"品牌经营+融合发展"
# 开创振兴实体书店新局面[*]

2020年注定是不平凡的一年,一场突如其来的疫情到目前还没有结束,但其对社会经济的影响已经逐渐显现。对文轩来说,实体书店受到的冲击尤其明显。四年前,我们踏上振兴实体书店之路,还在爬坡,还没到终点,今年又遇到了真正的大考。但无论怎么艰难,我们只有迎难而上一条路。今天,在这个特殊的时期召开零售业务工作会,就是要站在文轩战略发展的高度研究零售业务发展,部署今年全年的经营工作,并为未来三至五年振兴实体书店第二阶段的工作谋篇布局。

## 一、振兴实体书店四年来的主要成绩

2016年,省委常委、宣传部部长甘霖同志做出了"振兴实体书店"的重要指示,转瞬间四年已经过去。四年来,我们深入贯彻落实省委领导指示精神,提高对实体书店业务的认识,从文轩战略的高度加快振兴实体书店,推进实体书店转型升级,不断拓

---

[*] 本文摘自2020年4月17日在新华文轩2020年零售业务工作会上的讲话,原文刊载于《文轩人》2020年第4期。

展现代阅读服务网络体系，用市场化的经营思维走出了一条独具特色的实体书店创新发展之路，取得了较为显著的成效。

### （一）品牌建设实现三大跨越

四年来，为了改变实体书店单一、落后的品牌形象，文轩零售业务按照"多品牌建设、多团队运营、多模式发展"的思路推进实体书店品牌转型升级，取得了显著的成效。

首先，品牌定位实现了从模糊到清晰的跨越。四年前，实体书店在我们的产业结构中到底起什么作用，一直都没有清晰的定位。有人将其视为"社会责任的体现"，忽视了它的产业属性；有人将其视为主要的亏损来源，建议削减相关预算，收缩规模。这四年来，通过不断思考和探索，我们明确了实体书店的市场经营主体定位，坚持两个效益相统一，既要品牌形象，也要经济效益，用品牌形象带动效益的提升，用两个效益支持品牌建设，推动实体书店从扶持对象向市场化经营主体转型。

其次，品牌布局实现了从单一向多元的跨越。四年前，我们全省实体书店主要采用"新华文轩"这个品牌。四年来，我们通过细分市场，细分客群，深入推进多品牌建设，形成了"新华文轩""轩客会""文轩BOOKS""Kids Winshare"等多个品牌，通过对实体书店品牌进行市场定位，赋予不同的文化内涵，用不同的品牌去服务不同的细分市场，改变了文轩"千店一面"的品牌结构，得到消费者认同。

再次，品牌形象实现了从低端到高端的跨越。四年来，我们通过品牌换新计划，深入推进既有品牌升级和新品牌打造工作，投入资源，用全新的理念，对文轩原有实体书店进行改造，开办新型实体书店；对经营业态进行升级，营造更加高端的阅读文化环境和氛围，并通过专业化团队运营和创新性的发展模式来为读者提供便捷、舒适、智能和个性化的阅读服务，实体书店的品牌形象不断提升，改变了原来新华书店门店陈旧呆板的形象。

## （二）两个效益稳步增长

一是取得了良好的经营业绩。四年来，文轩零售根据市场变化，主动创新经营，拓展客户市场，取得了良好的经营业绩。连续四年，文轩实体书店销售增长率均高于全国实体书店平均水平，2016年，零售事业部实现销售12.59亿元，同比增长-0.32%，当年全国实体书店零售销售下降2.33%；2017年，零售事业部实现销售13.11亿元，同比增长4.93%。其中图书零售（含音像）4.8亿元，同比增长4.4%，高于全国实体书店2.33%的增速；2018年，零售事业部实现销售码洋超14亿元，其中图书零售5.3亿元，同比增长13.68%，而同期全国出版物零售增长率为-6.68%；2019年，零售事业部销售规模14.15亿元，其中图书零售同比增长3.47%，高于全国-4.24%的增速。从这些数据可以看出，文轩实体书店在一个下行的出版物零售市场中实现了逆势上扬。

二是获得了良好的社会效益。四年来，文轩零售事业部组建专业时政读物经营团队，建立"文件类政治读物+热点时政读物"的直销模式，做好中央重要文件和学习辅导读物出版发行工作，把党和国家的声音传遍全川每个角落，忠实履行了文化传播主渠道、主阵地的职责使命。新华文轩每年还围绕全省全民阅读工作策划开展重点活动，如"新华嘉年华"百店大联展活动、"4.23"书香天府全民阅读活动启动仪式等，营造"书香天府"浓厚的阅读文化氛围。每年新华文轩实体书店开展全民阅读相关文化活动逾7000场次，打造了"文轩姐姐讲故事"等一系列阅读服务品牌，深受广大读者的欢迎，获得了良好的社会效益。

### （三）阅读服务能力大幅提升

一是实体书店网络体系建设取得新进展。四年来，文轩零售事业部按照实体书店振兴发展规划，整合社会资源，深入推进"大书城顶天立地、小书店铺天盖地"的垂直纵深阅读服务网络体系建设，不断完善从省、市到县（区），从购物中心到社区、机关和校园的实体书店网络体系建设。目前已在全省建有171家不同类型的实体书店，实现"一县一店"全覆盖。通过新建和改造，一批陈旧的实体书店退出历史舞台，全省实体书店形象大为改观，阅读服务能力大幅提升，有力地支撑着服务全面小康的书香社会建设。

二是通过举办大型展会推动阅读服务能力大幅提升。2019年，零售事业部担当重任，为将首届天府书展成功办成一场真正的"全民阅读嘉年华"发挥了重要作用，综合性阅读服务能力得到了检验。在首届天府书展工作推进过程中，文轩零售人全力以赴，圆满地完成了招商招展、展示展销、活动组织、商品管理等一系列繁重而繁琐的工作。零售事业部组织在全省21个市州县所有新华文轩门店和相关阅读场馆设置了200多个分会场，营造了浓厚的阅读文化氛围。文轩零售的年轻人还策划了爆款营销事件"城市读行者"，著名作家蒙曼、105岁的马识途老先生、王火老先生、青年作家苑子文等共计127位各行业知名人物加入到了"城市读行者"活动中来。"城市读行者"事件不仅得到了省委领导的关注,也受到了各个行业大咖的点赞。

**(四)行业影响力显著扩大**

四年来,文轩实体书店在行业中的影响力不断提升,一批新型实体书店还成了当地城市的文化名片,这个显著变化是有目共睹的。

一是荣获各类行业大奖。四年来,文轩实体书店屡获殊荣,这种荣誉来自方方面面,有行业协会颁发的,也有媒体评选的,像成都购书中心被中国发行协会、中国新华书店协会评选为"中国改革开放40年图书发行业致敬影响力书城",文轩BOOKS九方店被评为"年度最美书店"等等,这些荣誉代表了各界对文轩实体书店建设成绩的肯定。

二是受到主流媒体的高度关注。四年来,很多媒体自发地来关注文轩实体书店的建设,这其中既有《中国新闻出版广电报》这样的行业媒体,也有《四川日报》这样的省级主流媒体,中央电视台等中央主流媒体也多次关注报道文轩实体书店的发展,文轩实体书店在媒体的曝光率大幅度提高。

三是受到党委和政府的充分肯定。四年来,文轩实体书店的变化,受到了党委、政府相关领导和社会各界人士的充分肯定和赞赏。特别是作为文轩实体书店标杆的文轩BOOKS,更是收获了广泛的赞誉。2018年全年,文轩BOOKS九方店接待各级领导、文化名人等共计237场、1400人次。现在,党委、政府的相关领导纷纷到文轩的新型实体书店来考察调研，充分体现了文轩实体书店的品牌影响力。

## 二、实体书店面临的形势和问题

### （一）文轩实体书店面临的新形势

从短期来看，这次新冠肺炎疫情将给实体书店的经营带来巨大的挑战。

新冠疫情使国家经济下行压力进一步加大，各行业经济复苏需要较长的周期，短期内人们收入减少，用于文化消费的开支将逐步缩减，图书市场必将受到波及。老百姓宽裕的资金少了，一般图书消费必然下降。目前，多家机构已经预测，2020年很可能是出版业的首个负增长年，前些年实体书店本来就在负增长，今年无疑是雪上加霜，实体书店行业寒意更浓。

从长期来看，线下零售市场将发生两个变化。

一是线下消费加速向线上消费转移。本世纪以来，实体书店一直受到网络书店和其他新零售业态的冲击，市场占有率不断下降。今年的疫情更加快了这一趋势。在疫情的影响下，人们的消费观念、行为方式明显改变，实体书店的客群关系、服务模式将发生重大变化，线下消费将继续并加速向线上转移。

二是实体书店分化加快，品牌书店的地位更加凸显。实体书店主要以小微企业为主，在现金流断裂的情况下，将出现一波倒闭潮。一些没有经营特色、资本实力弱小、无品牌影响力的书店，将不得不退出历史舞台。前几年在政策扶持下的整个行业回暖将被迫终止，实体书店行业将迎来新一轮洗牌，没有品牌和实力的书店很难生存下来。

**（二）文轩实体书店发展中存在的主要问题**

尽管四年来文轩实体书店发展成效显著，但是必须看到，其经营状况并没有出现根本性转变，转型升级还任重道远。总体来看，还存在三个方面的问题。

一是拓展思路有局限。近几年，尽管文轩在实体书店的拓展上取得了实效，2017年新开了10家门店，2018年新开了15家，2019年新开了11家，但是在数量上和质量上都有不足。与发展好的省级新华书店比较，我们在书店数量、营业面积等方面，不但跟浙江、江苏差距很大，与山东、湖南、河南等相比也不占优势。与一些高端的民营书店比较，我们大多数书店仍然沿用传统模式经营，市场拓展打不开局面，在机制创新、业态创新、技术创新等方向还不如优秀的民营书店。

二是零售业态显单一。近年来，文轩实体书店的零售业态有变化，有进步，但总体上看还存在两个方面的问题。一方面，门店经营主要以线下为主，线上业务基本没有开展。我们主要还是坐店经营的模式，等客上门，还没有充分利用新兴的网络渠道去拓展我们的市场。前些年我们推动文轩内部线上线下融合，还没有什么效果。另一方面，我们线下的业态也逐渐落后了。文轩早在2008年的时候就开始探索多元化经营了，那个时候我们叫非书业务，后来我们在书店进一步引进新的业态，卖书的同时还提供咖啡和文创产品。这种转型对吸引读者起到了一定的作用，满足了一部分人消费升级的需求。但是，现在实体书店中咖啡、美食、文创基本上已经成为标配，既然大家都有了，那对读者而言，这个业态就又显得单一了。

三是文化价值不突出。近几年我们通过投入资金，强化设计，注重布局，实体书店的形象和面貌得到较大改进，但作为实体书店内涵的文化价值提升还不足。一是实体书店的文化体验感还不强。今天，读者角色已经发生了改变，由以前的购书群体转变为文化消费群体，但我们大多数书店还是传统卖书的套路，没有营造出良好的文化消费环境。我们说，实体书店是城市的文化符号，是城市的一个文化去处，那就要让读者一走进书店就感受到浓浓的文化氛围。二是有影响力的文化活动还不多。我们全年开展了上千场的文化活动，但真正有影响力的、能吸引读者、留住读者、"黏住"读者的并不多，大多数活动只有形式，没有多少精神文化内涵。我们书店的颜值变了，但以颜值取悦读者的做法，可以取得一时的轰动效果，但难以实现经营的持续。如何为读者提供更多的阅读价值和文化体验价值，是需要思考的问题。

## 三、推进"品牌经营＋融合发展"，开创文轩零售业务新局面

### （一）强化零售事业部的市场主体地位，从战略高度推动零售门店业务发展

这几年，我们不断深化对零售业务的认识。去年 8 月，我们

在公司层面召开了零售工作会,针对零售经营工作面临的问题,特别是长期以来定位模糊不清的问题,从根子上理清思路,形成共识,首次把零售板块作为独立的市场主体,在资源配置和管控方式上进行调整,调动了零售板块的积极性。近年来文轩零售业务板块的变化有目共睹,零售门店同志的精气神起来了,与2016年振兴实体书店之前形成了鲜明的对比。这说明,只要措施得当,推进有力,传统业务也可以有新的作为。

文轩是发行起家的。实体书店业务,是文轩看家的主业,是文轩发展的根基,是文轩品牌的支撑,更是党和政府交给我们的文化阵地。文轩的社会形象,很大程度上是零售门店塑造的。可以说,零售门店的形象代表了文轩的形象。零售门店的形象不好,文轩的形象就不会好。设想一下,如果文轩门店形象一团糟,文轩会有今天这样的社会形象吗?因此,无论市场风云如何变幻,这个主业不但不能丢,而且还要有更大的作为;这个阵地不但不能丢,而且还要更加巩固。下一步,在明确市场主体地位的基础上,还要将零售门店作为公司的战略业务板块,全力做好工作,公司各相关环节都要研究如何支持零售板块的发展问题,提出建设性的意见和举措。这也是今天我们召开全公司大会的目的所在。

**(二)振兴实体书店进入新阶段,需要采取新举措**

2016年,我刚到文轩之时,在零售板块的调研座谈会上,针对零售业务面临的情况,明确提出了十六字要求,即"履行责任、提升品牌、贡献规模、不拖后腿",今天来看,零售事业部较好地完成了自己的职责使命。为了落实零售业务发展的总要求,我们必须从对外拓展和对内经营两方面发力。

在对外拓展上，为了解决实体书店拓展过程中投入大、收益低、回报长、风险高等突出矛盾，我们转变工作思路，提出了"依靠政府、依靠市场、依靠资本"的"三靠"策略，改变原来文轩开书店自己大包大揽的做法，充分调动政府资源和社会资源共同办书店，大大减轻了文轩的投入负担，也给书店拓展打开了一条新路。文轩BOOKS等新型书店就是充分贯彻这一思路的成功案例，今年还将开业的文轩BOOKS招商花园店和Kids Winshare儿童书店仁和新城店，合作方更是提出了更加优厚的条件邀请文轩入住。

在对内经营上，我们注重经营内涵的提升，提出了"多品牌建设、多团队运营、多模式发展"的"三多"策略，改变原来粗放、单一的经营方式，对市场进行精耕细作，针对不同的消费群体打造不同的书店品牌，提供差异化的服务；应对不同的竞争对手，用不同的品牌、以不同的团队去参与竞争，基本改变了文轩实体书店原来"千店一面"、经营雷同的状况，实体书店的经营内涵得到较大提升。

过去四年文轩零售走过的路，是一条改革创新之路。正是解放思想、勇于创新，零售事业部才取得了在整体市场不断下滑的大环境下逆势增长的成绩。

四年后的今天，我们又站在了新的起点。面向未来，我们的实体书店何去何从？下一步，我们要继续坚持改革创新，认真分析我们面临的形势，充分总结四年来的成功经验，在原来的经营思路上深化提升，走"品牌经营＋融合发展"之路，从纵横两方面布局，横向扩张靠品牌，纵向拓展靠融合，通过纵横两个维度的开拓，寻求文轩实体书店发展的新突破。

### （三）强化品牌经营，进一步拓宽实体书店的发展之路

实体书店的品牌建设，对文轩具有特别的意义。前面已经讲到，实体书店办得好不好，不仅仅是关系到文轩的经济效益，更重要的是关系到文轩的文化使命和责任担当，关系到文轩品牌的好坏。从这个意义上讲，文轩实体书店的形象不仅影响书店的品牌，更关乎文轩的品牌。文轩的品牌形象，更多的是通过实体书店的形象来树立的，文轩书店品牌起不来，文轩品牌就好不了。抓好实体书店的品牌建设，就是给文轩品牌增添最大的亮色。

要充分运用文轩品牌影响力进行市场扩张。我们花功夫打造实体书店品牌，就是要运用品牌影响力进行市场扩张。这种扩张模式，是成本最低、效果最好的书店拓展模式。文轩BOOKS的横空出世，就是品牌拓展的结果。有了这个实体书店高端品牌，我们在品牌拓展上就更加主动。也正是文轩实体书店有了品牌影响力，现在来找文轩洽谈合作的地方政府和大企业越来越多了，条件也越来越优厚了。下个月月底，文轩BOOKS又一个新店要开业，就是招商花园店；另外，9月份还有一个儿童书店仁和新城店开业，这都是品牌拓展的结果。我们要集中力量把这两个店做好，让消费者和潜在的合作伙伴都认同，进一步提升文轩实体书店的品牌影响力，为未来开辟更加广阔的发展道路。

### （四）推进融合发展，加快实体书店转型升级步伐

融合发展是实体书店发展的必由之路。今天，书店的客户消

费行为发生了巨大变化，以前是读者只能到店面购书，现在更多是通过网络购买。我们的竞争对手也发生了变化，以前我们的对手是其他书店，现在我们的对手是所有能够卖书的场所，既有地面的，也有空中的；既有书店的，也有不是书店的。所以，如果我们还继续死守地面门店，死守老套的经营方式，路必然越走越窄，客户必然越来越少，在市场中必然越来越被边缘化。只有推动线上线下融合发展，实体书店才有未来，才有希望。只有加快多业态融合发展，我们才能走近消费者，成为文化消费的核心地带。

坚持方向大胆探索，走出一条独具特色的融合发展之路。文轩渠道的融合发展，我们很早就进行了规划，希望通过文轩网与零售门店的融合，走出一条融合发展的新路，但基本上没有什么效果。一个重要的原因就是没有找到适合的融合发展模式，没有形成融合发展的机制，还是"两张皮"。只要是两张皮，就会不断扯皮。所以，自去年开始，我们转变了融合发展的方向，推动文轩在线与实体书店各自独立发展。一方面推动文轩在线走一条"2C+2B"的融合发展路子，重点开拓2B业务，勇做实体书店行业供应链服务先锋；另一方面鼓励实体书店走出一条内生型的融合发展之路，从实体书店的实际经营出发，以门店为基础，去构建新型网上渠道，构建多业态、体验感更好的文化空间。我们各个门店，要善于用目前新兴的互联网方式，去探索新的渠道、新的模式。每个门店，一天一小步，一年一大步，三年就是一个跨越，实体书店就会闯出一片崭新的天地。

推进线上线下融合发展，优化实体书店的经营格局。近年来，随着互联网的飞速发展，图书销售渠道日新月异，曾经横扫千军的网络书店、电商平台都成了传统渠道。在融合发展中，各实体书店要以自身门店为基础，积极拓展直播带货、私域流量、社群营销等新型销售方式，考虑自身经营定位以及覆盖人群的差异，因地制宜，探索不同的融合发展方式。不论是网络直播还是社群营销，不论是借助平台还是自己开店，只要是有效的，就可以去尝试，我们也就走在了一条正确的发展道路上。要以各个实体书店为中心，构建一个生动活泼、形态多样、线上线下融合的新型实体书店生态体系，彻底改变坐店经营的传统模式。

推进业态融合，提升实体书店的文化内涵。从整个行业趋势来看，实体书店正从售卖图书物质产品的"书商"，转变为精神文化产品的消费服务提供商，正在加快业态转型升级的步伐。我们要拿出自我革新、二次创业的勇气，与潮流同步，与时代同行。我们要通过创新商业模式，推动经营业态从图书经营向文化服务升级，从产品销售向提供价值升级，把书店打造成城市文化休闲空间和美学享受空间，增强消费者的文化体验感，为消费者提供更多的文化价值。我们推进业态融合的核心，是要找到卖书这个业态与其他业态的联系，建立这个联系，把实体书店的各类业态整合成一个整体、一个服务生态。如果我们引进的业态与图书经营没有多大关系，对客人就没有什么吸引力，即使客人来了对你的经营也没有多少帮助。日本的茑屋书店，是围绕图书内容来进行业态设计。比如，卖菜谱书的旁边，就设计了一个厨房，他们把这个业态叫生活方案提供商，这些都值得我们学习借鉴。

## 四、推动内部机制改革，形成"赛马"新局面

推动振兴实体书店，不仅需要找到一条创新发展之路，还需要一套好的机制做保障。

首先，我们要进一步强化零售板块的市场主体地位。从文轩整体来说，不仅零售事业部要成为市场主体，而且各门店也要成为市场主体。只有成为市场主体，才会有创新的动力，才会在文轩各个门店之间形成一种你追我赶、生动活泼的发展局面。希望我们每个门店都能够发挥各自的优势和特色，通过线上线下、多种业态的方式"黏住"读者，各自走出一条创新之路，使得整个文轩零售门店形成一种生动的发展格局。

其次，我们要进一步调动市场主体的主动性和积极性。调动积极性，最根本的方式就是建立一套行之有效的机制。一是"赛马"机制。要在各个门店开展"赛马"，只有通过比赛，才能分出高下来，才能知道谁行谁不行。二是激励机制。对做得好的，要大张旗鼓地奖，要通过激励，形成相互之间的竞争，形成你追我赶的氛围。从今年开始，我们要在零售板块全面推行"赛马"机制。一方面，公司层面要开展零售业务的对标发展，向浙江、江苏等先进省份看齐，学习借鉴他们在门店网络拓展、经营创新等方面的先进经验，找准差距，迎头赶上。另一方面，在零售事业部内部，要在各门店、各机构全面推行"赛马"机制，要制定明确的"赛马"目标，与自己比，与同行比，与标杆比，激发斗志，释放活力，充分调动实体书店创新发展的积极性。要在"赛马"的基础上培养金牌店长、金牌营销，要与业绩挂钩，要把书店发展与个人收入紧密联系起

来，彻底改变零售板块个人收入增长缓慢的状态。公司运营中心等相关部门要尽快制定"零售业务'赛马'考核与奖惩制度措施"，为实体书店的发展提供制度保障。

同志们，作为文轩产业体系的重要组成部分，实体书店的建设与发展，不仅影响到文轩的经济效益，更是我们一份沉甸甸的责任。我们一定要提高政治站位，增强大局意识，牢记新华初心，不辱文化使命，继续深入推进"振兴实体书店"工作，主动作为，创新发展，以优异的经营业绩和强大的品牌影响力，为文轩产业发展再立新功，为四川文化强省建设和治蜀兴川大业再上新台阶贡献文轩力量。

# 新华文轩：
# 做国内一流的文化消费服务品牌[*]

## ——百道网记者专访

**百道网编者按**：前不久，中央 11 部委联合下发了《关于印发〈关于支持实体书店发展的指导意见〉的通知》，随后四川 11 个部门制定了《关于推进实体书店发展的实施意见》。以发行起家的新华文轩，在 2016 年出版业务整体扭亏、"振兴四川出版"取得阶段性成果的背景下，如何抓住实体书店的发展机遇快速发展呢？为此，本网记者采访了新华文轩董事长何志勇。

**百道网**：记得在之前百道网的一篇访谈中，何董事长谈到新华文轩回归 A 股后，将着力打造四川出版的影响力。从 2016 年振兴四川出版的成效上看，文轩出版全面扭亏，可以说取得了显著的阶段性成果。面对实体书店前所未有的发展机遇，文轩有哪些方面的考虑呢？

**何志勇**：2016 年新华文轩贯彻落实省委、省政府"振兴四川

---

[*] 本文为百道网记者令嘉在 2017 年 1 月 6 日对作者的专访。

出版"战略部署，文轩出版实现全面扭亏，取得了阶段性成果，但这仅仅是一个开端。接下来，我们将按照战略规划，全面推进实施。面对实体书店前所未有的发展机遇，新华文轩将着力推进传统书店转型升级，构建大书城"顶天立地"、区域网点"铺天盖地"覆盖全川的垂直纵深网络体系，打造新华文轩国内一流的文化消费服务品牌。具体而言，有三个方面：一是推进经营理念的转变，我们要改变原来的卖书思维，由卖书扩大到为消费者提供阅读服务，要以"经营用户"为核心，深入挖掘其阅读服务需求，通过"+互联网"的方式，以阅读服务为切入点，全面提升实体书店的文化消费终端服务品质；二是建设四川省全覆盖、全业态、全功能、多品牌、多模式的垂直纵深的阅读服务网络体系；三是全面提升综合性文化消费服务能力，拓展文化消费服务的深度与广度，构建国内一流的大文化消费服务体系。

**百道网**：您如何看待线上大型网店渠道的分散化对产业生态起到的作用？

**何志勇**：专业渠道型电商的崛起主要是借助天猫、京东等大型电商平台的入口和流量，不断提升商品组织和网络营销能力，完善自身供应链服务，打造专业品牌，从而得到快速发展。线上大型网店渠道的分散化对优化产业生态起到了促进作用。

第一，有利于构建充分竞争的市场格局，维护良好的市场秩序，避免行业垄断掠夺消费者剩余，维护消费者的利益，从而确保出版物电子商务行业的持续健康发展。

第二，有利于推进电商行业的升级发展。在市场竞争的推动下，电商行业的价格竞争将逐渐演变为电子商务商品组织能力、物流配送能力和营销创新能力的竞争。专业渠道型电商基于自身在传统书业里多年积累的商品组织与物流配送能力，着力发展和打造具有自身特色的电子商务竞争优势；本着对出版物的专注与专业，通过不断优化供应链，缩短图书上架时间，增加上架品种数和动销品种数，在图书营销方面积极创新，不断优化消费者的购物体验，持续推动电商行业的升级。

第三，有利于推动出版业的整体发展。在市场竞争中，大型电商网站将从过去单纯的零售平台发展为集零售、产品推广和品牌传播为一体的综合性平台，平台上的大数据也能帮助优化出版供应链，协助出版单位构建从选题立项、策划编辑到后续的营销推广、品牌建立的整体价值链竞争优势，更精准地提升服务体验和销量，从而有利于出版业的整体发展。

**百道网**：文轩网为什么能快速发展？

**何志勇**：文轩网的快速发展首先得益于文轩有一支能打硬仗、永不言弃的优秀团队，这支队伍在互联网大潮中大胆探索，具有强烈的进取精神和务实的经营作风，从而推动文轩网的发展登上一个又一个新台阶。

文轩网的快速发展也得益于文轩供应链的整体实力。网络书店的发展表面上是比销售能力，实际上是拼企业的供应链整体实力。文轩实行中央采购制度，能够从客户需求出发，不断完善品种结构。2016年，文轩网上架品种数达到70万种，动销品种全年达到了63万种，动销率达到90%。同时建设了覆盖全国的三大物流配送基地，持续加强仓储能力建设，存储品种计划达到 50 万种，华北、东北地区的订单到货时间比原来缩短了 3 天以上。

文轩网的快速发展还得益于经营不断创新。文轩网持续完善多渠道网络连锁店模式，先后开设了少儿、考试、经管、励志等专业品类经营店。随着移动端在网购中的销售占比逐年上升，文轩网紧跟消费者习惯改变的步伐，对移动端的多个板块进行优化改善，不断优化页面布局，加强对移动端的运营，满足消费新需求。2016 年，文轩网移动端流量超过 50%，移动端销售超过 70%。

**百道网**：您认为文轩公司在支持文轩网的发展上做对了哪些事情？

**何志勇**：当然，文轩网的发展与文轩公司的大力支持分不开。

一是在战略定位上，新华文轩对整个行业的变化进行前瞻性研判，把握电商快速发展的趋势，早在 2008 年就开始发展电商业务，并将其作为公司渠道升级转型的重要抓手，给予各种资源支持。

二是在信息系统建设上，通过与全球领先的企业级应用软件及服务供应商美国 Infor 公司开展合作，成功部署新华文轩供应链管理系统的解决方案——INFOR SCE 系统。INFOR SCE 系统有力支持了新华文轩电商平台的多渠道供应链管理、大数据量订单处理，大幅提升了作业能力与企业运营效率。

三是在业绩考核上，将电商业务作为战略培育板块，明确了其迅速做大规模的战略目标，注重对其销售收入和增长率的考核。

**百道网**：新华文轩旗下的实体书店也同样为同行瞩目，它在布局上有何特点？在实体书店整体利好的当下，它又将会如何推进发展？

**何志勇**：新华文轩构建了"书城顶天立地、网点铺天盖地"覆盖全川的垂直纵深网络体系。全省现有实体门店近200家，营业面积11.5万平方米，网点遍布四川省会、地级市、县级市及街道社区。门店类型包括大型文化MALL、中心书城、县级门店、轩客会主题特色店、读读书吧社区店、校园店、儿童书店等。此外，在全国一线城市的沃尔玛、家乐福、华润万家、大润发等大型连锁超市构建了800多家商超书店网点。

未来，新华文轩的实体店发展将把握国家支持实体书店发展的政策机遇，以经营用户为核心，以阅读服务为切入点，大力推进垂直纵深网络体系建设，创新开店模式，完善网点覆盖，改造升级传统门店，全面提升实体书店的品牌影响力，深度拓展机构业务，积极培育新兴业务，为消费者提供便利的阅读及文化相关服务。在具体实施策略上，做到以下两点：

一是在书店拓展模式上实施"一店一策"，通过加强对外合作，聚集相关社会资源，共同推动实体书店建设，将实体书店与当地文化市场紧密结合，推进九方文轩书城的"书城+商业地产"模式、名人主题文化沙龙店的"阿来书店"模式、文轩读读书吧的"社区免费物业+馆店互通"模式、与高校合作的轩客会成大店"新书免费借阅+阅读服务+创客空间"模式等。

二是持续推进实体书店业态创新，不断满足文化消费新需求；加快利用互联网、移动互联网等技术，打造智能化的文化消费中心；加强新华文轩供应链整体能力的建设，在商品组织、物流配送、信息系统方面支撑实体书店的升级转型。

**百道网**：文轩发行线上线下的发展如何协同，做到不打架？在渠道转型上文轩最终会形成一个什么样的格局？

**何志勇**：首先，实体书店和文轩网是新华文轩基于大众阅读服务市场构建的两个定位不同的渠道。未来，实体书店通过网点完善和业态创新，积极培育新兴业务，为消费者提供便利的阅读及相关文化体验服务，发展为文化消费体验场所；文轩网则通过持续完善供应链体系建设和提升消费体验，不断做大销售规模，进入全国图书电商第一梯队，成为新华文轩面向全国的图书销售主渠道。

其次，纵观整个零售行业的发展，线上线下融合已成趋势，未来新华文轩也将推进线上线下融合发展。一是通过信息化建设，将智慧门店系统、PC网店系统和ERP业务信息化系统进行一体化贯通，逐步实现O2O线上线下协同融合，打造综合性的文化消费服务平台，做实做强综合性文化消费服务业务板块；二是以互联网技术、大数据技术、物联网技术和云计算信息技术为基础，以会员体系建设为纽带，加强电商业务与线下门店在用户共享、营销推广等方面的协同合作，促进线上线下资源充分整合，实现销售规模的快速壮大和市场影响力的快速提升，打造国内一流的文化消费服务品牌。

# 后 记

  我于2014年承接中宣部"四个一批"人才研究课题，其间因工作变动，课题内容有所调整。在中宣部干部局的催促下，课题最近得以完成，准备以《出版沉思录：四川故事》为题，送出版社出版。与课题结项一起出版的，还有两本文集，一本辑录了我思考、推进出版改革发表的文章、讲座和部分讲话；另一本辑录了近四年来我在振兴四川出版过程中的思考，包括一些文章、讲话等。由此形成了《出版沉思录：改革探索》《出版沉思录：振兴之路》《出版沉思录：四川故事》三本书。

  《出版沉思录：改革探索》收录了我在2001年到2015年期间写的出版改革发展和近几年实体书店改革发展方面的文章。有的是在报刊上发表过的，有的是研究课题的内容，有的是在大学或培训班讲座的内容，还有一部分是在不同场合的讲话内容。看上去内容很杂乱，但有一个统一的主题，就是出版的改革与发展。这里的出版是指包括发行的"大出版"。

  之所以辑录本书，主要有两方面的考虑：

  一是时代大背景。2001年以后的这15年，是我国出版业思想碰撞、观念重树、体制调整、产业发展、格局形成的重要时期。正是这个时期的出版大改革、大发展，形成了今天富有生机与活力的出版发展体制机制。我国出版改革有一个标志性的事件，就是2001年8月中共中央办公厅、国务院办公厅颁发的《关于转发〈中央宣传部、国家广电总局、新闻出版总署关于深化新闻出版广播影视业改革的若干意见〉的通知》（中办发〔2001〕17号），简称"中办17号文件"。可以说，我国出版业新的产业格局是在这期间形成的。这一时期，我国出版工作者大都经历了对出版本质、产业属性、转企改制、集团化发展、互联网"冲击"等问题的认知。作为这一时期的出版管理者、改革参与者，必然会踏着时代节拍，积极投身到改革大潮。本书所辑录文章，大都是这一时期思考和探索的成果。

二是个人原因。从2000年开始，我从大学出版社转到省新闻出版局工作，此后在出版行业多个集团履职，一直没有离开出版行业。不同的工作岗位，使我更多地关注宏观层面的出版改革，写了一些出版改革方面的文章。老实说，尽管我是从事出版工作，但这之前我真没有想过把过去的文章结集出版。只是近期的两个情况，让我鼓起勇气出这几本书：其一是中宣部支持"四个一批"人才将其有代表性的作品结集出版，目前已经推出了很多个人文集。这些"批友"的文集给了我把过去一些文章整理出版的勇气和信心。其二是2015年年末，我担任新华文轩出版传媒股份有限公司董事长，肩负振兴四川出版牵头人的重任。令人欣慰的是，振兴四川出版在短短几年就见到了显著成效。我提出的很多思路和想法，也得到实践的印证。这让我感觉这些研究和思考可以为进一步深化出版改革提供一些启示，整理出版这些研究和思考成果，即使不够全面、准确，也有丰富出版理论的意义，至少是一份有益的甚至是难得的史料。在整理文集的过程中，为了使内容表述更加明晰，我把2016年之后振兴四川出版的思考和做法，辑录在《出版沉思录：振兴之路》中。因此，辑录2001年至2015年这一时间段的成果，也有时间上的考量。需要说明的是，因这本文集的书名是《出版沉思录：改革探索》，故而将2015年之后有关实体书店改革探索的文章放在里面，也就"顺理成章"了。内容的编排，按照出版社改革、出版业改革、出版集团改革、期刊集团改革、实体书店改革等，作了一个简单的分类，以方便读者阅读。

这本文集的出版，还得益于中宣部文化名家暨"四个一批"人才自主选题研究项目主管部门的"催促"结项。虽我一直秉持"只有想得到，才能做得到"的做事原则，在振兴四川出版过程中，深入研究四川出版落后的症结所在，然后对症下药，但课题研究这件事，也是松一阵紧一阵的，总是没有时间对思考成果进行系统梳理，致使研究课题的结项，一拖再拖。正在分身乏术之际，不曾想暴发新型冠状病毒肺炎疫情。在家"自我隔离"的日子，为我"赢得"了静下心来梳理过往研究成果、完成课题研究的时间。这次疫情带给我们的影响，会是深远的。只愿祖国早日战胜疫情，不幸被感染的患者早日康复。

本书所辑录的是过去不同时期的文章，在今天看来，这些文章带有明显的"时代烙印"，具有一定的局限性，但作为一个时代的思想记录，选编时并未作编辑处理，特意让其留存，以作为时代变化的见证。

这里要特别感谢老领导柳斌杰为本书作序。斌杰同志在四川担任省委常委、宣传部部长时，就是我特别敬重的有水平有魄力的领导。2001年斌杰同志在中央党校省部班学习并作为四川学员的领队的时候，我刚好有幸进入中央党校中青班学习。这使我有更多机会与斌杰同志接触。从这个时候开始，我与斌杰同志就建立了亲密的上下级关系。特别巧合的是，斌杰同志离开四川，到新闻出版总署任职，仍然是我的直接领导，这让我获益多多。这么多年，不管我在哪个单位，都得到斌杰同志的关心支持。斌杰同志的教诲和鼓励，是我能够多年保持出版激情的重要原因。

本书在资料收集整理与编辑出版过程中，得到了赵学锋、杨希贵、张纪亮等人的大力支持和帮助，还有李蓓等编辑人员的悉心帮助，在此一并表示感谢。

最后还要感谢商务印书馆的厚爱与支持。商务印书馆作为我国出版界的翘楚，出版该书，让我深感荣幸。

鉴于认知局限，书中内容定有不少错讹之处，望业界朋友和广大读者多多批评指正。

何志勇
2020年5月1日